28 Líderes de negocios que cambiaron al mundo

Gurús empresariales que rompieron las reglas del juego y revolucionaron la forma de hacer negocios

RHYMER RIGBY

28 Líderes de negocios que cambiaron al mundo

Gurús empresariales que rompieron las reglas del juego y revolucionaron la forma de hacer negocios

RHYMER RIGBY

AGUILAR

28 Líderes de negocios que cambiaron al mundo

Título original:
28 Business Thinkers Who Changed The World.
Publicado en inglés por Kogan Page Limited, Londres.

De esta edición:

Av. Río Mixcoac número 274, Col. Acacias
México, D.F., C.P. 03240
Teléfono: 5420 7530

Traducción al español 2012: Alejandra Ramos
Primera edición: junio de 2012

ISBN: 978-607-11-1899-8

La cubierta es una adaptación de la edición original.
Adaptación de interiores: Edwin Octavio Ramírez Mendieta

Impreso en México

Índice

Introducción
¿Qué se necesita para ser un gran pensador de negocios?

La descripción que ofrece Rupert Murdoch podría ser una primera respuesta muy acertada: "La habilidad de ver, de manera consciente, lo que nos espera a la vuelta de la esquina." Sin embargo, entre más lo analizamos, más nos damos cuenta de que definir a un gran pensador de negocios es tan complicado como sujetar gelatina en la pared con clavos. Por una parte, en muchos casos es sencillo definir en una frase, o menos, lo que hicieron estas personas. Por ejemplo, Ingvar Kamprad llevó el estilo a las masas, Warren Buffett invirtió en aquello que entendía bien y en lo que creía; Anita Roddick hizo negocios para el cambio social; Howard Schultz definió al café como una declaración de estilo de vida. Sin embargo, aunque siguiéramos así no llegaríamos muy lejos.

Tal vez hicieron algo original de verdad o, en algunos casos, algo abrumadoramente obvio, pero eso sólo lo podemos distinguir al hacer un análisis retrospectivo. Por ejemplo, la Gran Propuesta Única de ventas (USP, por sus siglas en inglés) de Mary Kay Ash, fue usar su negocio para ofrecerles a las mujeres las oportunidades que les fueron negadas en todos los otros lugares. A veces la gente encuentra una manera novedosa de hacer algo que ya existe; por ejemplo, aunque es obvio que Google no fue el primer sistema de búsqueda en Internet, sí fue mucho, mucho mejor que los anteriores. En otras ocasiones ni siquiera se necesita ser innovador en absoluto: Ray Kroc no creó el concepto original de McDonald's ni fue el primero en tener cadenas de restaurantes. Y tal como lo sugieren las continuas comparaciones con Hearst, Rupert Murdoch no fue el primer magnate en anticipar las posibilidades que ofrecen los medios para incrementar el poder y la influencia.

Tarde o temprano uno se da cuenta de que, tal vez, es posible escribir una lista de los atributos que hacen que una persona de negocios ordinaria pase de tener un buen desempeño cotidiano, a gozar del tipo de éxito que llega a cambiar a un sector y, a veces, al mundo. Sin embargo, no existe una receta con ingredientes mágicos.

En una muy entretenida y cáustica reseña escrita en 1987, P. J. O'Rourke, escribió: "Son los jóvenes narcisistas de la administración en los Estados Unidos. Y cada uno de ellos lleva bajo el brazo una copia de *Iacocca: La biografía*... Ahí está el secreto. El pequeño soñador lo sabe, si lee con la suficiente atención, tal vez logre descifrar el código." O'Rourke nunca trató de ocultar el desprecio que sentía por Iacocca. En la misma reseña, unos renglones más adelante, lo describió como un "charlatán presuntuoso, bocón y lamebotas". Pero también señaló un aspecto más serio, algo tan evidente que, tal vez por lo mismo, se soslaya con frecuencia. Las más de las veces, el secreto del éxito de alguien radica en que no hay ningún secreto. O mejor dicho, que el secreto es tan evidente que no queda nada que ocultar.

Por supuesto, cualquier lista de este tipo sería arbitraria hasta cierto punto. Es como una lista de las 100 mejores películas, canciones o libros. Fuera de un contexto universal específico, siempre se puede argumentar que se debió dejar fuera a X, y que Y debió haber sido incluida. En el caso de nuestra lista, también habrá casos marginales. El criterio ha sido, sencillamente, que de una forma u otra **los pensadores que aquí se presentan son innovadores que tuvieron un impacto significativo y duradero en el ámbito de los negocios y, a veces, incluso en el mundo.**

Lo anterior nos dejó un campo de acción bastante amplio, incluso nos instó a incluir a Tim Berners-Lee, un hombre que es académico por encima de todo. Dicho lo anterior, y debido a que él fue la persona que impulsó la creación de la red informática mundial (www), no resulta difícil declarar que, básicamente, modificó el panorama que la gente de todo el mundo tenía de los negocios. Este tipo de razonamiento también tiene un límite, por supuesto. Si los parámetros se ampliaran demasiado tendríamos que empezar a incluir a políticos, artistas y otros. Pero Berners-Lee se queda porque innovó el mundo de los negocios de manera directa. El mismo razonamiento también es aplicable, en menor medida, a gente como Anita Roddick. Hay personalidades que construyeron imperios de negocios mucho más grandes que el suyo, pero no están en nuestra lista. A Anita la incluimos porque fue la primera en fusionar los negocios y las preocupaciones éticas de una forma atractiva para las masas, y porque al mismo tiempo causó un impacto global totalmente desproporcionado al tamaño de su negocio.

La lista también tiene un sesgo importante hacia los norteamericanos pero eso no debería sorprender a nadie. El siglo XX, en el que se construyó la mayor parte del ámbito de los negocios, le perteneció predominantemente a los Estados Unidos. Asimismo, la mayoría de los cambios que más movimiento produjeron —de la automatización, a la compra de productos en el extranjero para eliminar costos, pasando por la revolución del *dotcom* y la crisis financiera—, tuvo su origen en los Estados Unidos. Durante casi cien años la mayor concentración de riqueza y talento empresarial de la que ha sido testigo el mundo, surgió en ese país. Si el libro se hubiese publicado en 1911, lo más probable sería que los británicos dominaran la lista, y si hubiese sido dado a conocer cien años antes, entonces habría prevalecido la gente de negocios de India y China.

Pero hay una razón más para lo anterior: la naturaleza del capitalismo anglosajón es tal vez muy propicia para que surja tanta gente con la capacidad de influir en los demás.

El capitalismo tiene, por la manera en que se practica en los Estados Unidos, dos atributos notables que lo separan de las otras tendencias. En primer lugar, el que gana se lo lleva todo. Esta regla tiende a producir figuras heroicas bastante notables a las que se les venera, sobre todo, porque de cierta forma representan el sueño capitalista estadounidense. En lugares como Europa y Japón también hay gente de negocios con gran influencia, sin embargo, su perfil suele ser más bajo. Además, en esos sitios la cultura en conjunto es bastante más consensual (el Reino Unido, como siempre, permanece en medio de los dos extremos). Por otra parte, el capitalismo de los Estados Unidos es disruptivo a un punto extraordinario, en particular si se le compara con el de un país como Japón. En Norteamérica los paradigmas viejos fenecen con rapidez y de inmediato surgen nuevos modelos que los sustituyen. Esta tendencia también fomenta la creación de figuras heroicas. Los factores que se acaban de mencionar le otorgan a este régimen económico fortaleza y debilidad al mismo tiempo, pero a pesar de ello, el capitalismo que se practica de esta manera suele producir más personajes icónicos que sus otras variantes.

Si resulta tan difícil elegir por sus acciones a las personas que cambiaron el juego, ¿entonces por qué no tratar de hacerlo por sus atributos? Por ejemplo, uno esperaría que, para ser un gran pensador de negocios, fuera necesario ser inteligente a un punto fuera de lo normal. Y ciertamente algunos de la lista lo son, en particular, aquellos que se desarrollaron en industrias que privilegian la tecnología. Bill Gates, Steve Jobs y el dúo Google son, sin lugar a dudas, personas con un intelecto notable, sin embargo, ser inteligente no es un prerrequisito. El antiguo cliché de que para varios negocios en realidad no se requiere saber de física nuclear, es bastante más cierto de lo que se podría pensar. En muchas industrias hay individuos sumamente exitosos que, aunque probablemente recibirían una calificación muy alta en el aspecto de la inteligencia emocional, no son particularmente destacados en su desempeño intelectual. Sir Martin Sorrell dice: "Los negocios no son como hacer neurocirugías, ¿verdad?" (Rigby, 2004).

Con los antecedentes sucede algo similar. Es muy tentador pensar que los Rockefeller de nuestra era fueron ascendiendo sin esfuerzo gracias a plataformas de lanzamiento de color dorado o que con sus garras fueron abriéndose paso a partir de la pobreza más extrema porque a veces así sucede. Oprah Winfrey creció en condiciones muy difíciles en la zona del sur profundo pero en la lista también se puede encontrar a otros que, como dice el dicho, "nacieron con cuchara de plata". Pero también hay varias personas que pertenecieron a la clase media porque los grandes pensadores de negocios provienen de todo tipo de entornos.

Robert Peston de la BBC (2009) ha comentado que la "herida del empresario" (concepto que sugiere una infancia espantosa de la que se trata de escapar de manera constante) puede ser la clave del éxito. Y es posible que haya algo de cierto en esta noción. Lo que se conoce como ambición saludable no es necesariamente lo que hace felices o motiva a los ambiciosos recalcitrantes y, por lo tanto, sus victorias a veces podrían depender del infortunio de otros. "Con frecuencia, la gente que es demasiado exitosa tiene ligeros o fuertes problemas psicológicos", dice Gerry Robinson, quien fue director del conglomerado Granada (Rigby, 2004). "Hay algo negativo en ese impulso. Podría ser la búsqueda de algo que no existe o el miedo al fracaso. Es decir, fíjate en personas como Murdoch, ¿por qué demonios hace lo que hace? ¿Acaso llevar a cabo un negocio más va a hacer alguna diferencia? Debería haber algo de aprendizaje en la vida."

Pero a pesar de todo, sí se puede ser un innovador bien equilibrado. Por cada Sam Walton hay varias personas más que tuvieron un éxito enorme y que se ven genuinamente felices. Richard Branson siempre está anticipando su siguiente paso, sin embargo, la fuerza que lo impulsa parecería estar vinculada a una especie de alegría infinita. Algunos otros, de Buffett al dúo Google, también se ven muy felices con su vida. No es necesario pisotear a la gente para triunfar porque, aunque existen aquellos como Zuckerberg, creador de Facebook, quien detrás de sí ha dejado un rastro de agraviados, también hay gente como Tim Berners-Lee y Anita Roddick. A ellos se les considera personas amables, bien equilibradas y contentas con sus vidas. Incluso Bill Gates, a pesar de los comentarios de sus detractores, decidió convertirse en el filántropo más importante de la historia.

Pero tal vez lo más sorprendente en este mundo que parece estar tan enfocado en la mocedad, es la noción de que la grandeza y el éxito siempre tienen una apariencia juvenil. Pues bien, no es así. Ray Kroc, el hombre detrás de McDonald's, tenía cincuenta años y estaba en el ocaso de su carrera cuando surgió su gran oportunidad. Cada vez que a Mary Kay Ash se le preguntó cómo logró triunfar con tanta rapidez, siempre contestó: "La respuesta es que, como era una mujer madura con venas varicosas, en realidad no tenía mucho tiempo para darle vueltas al asunto." Y justamente antes de que su carrera despegara, David Ogilvy escribió: "¿A alguna agencia le interesaría contratar a este hombre? Tiene 38 años de edad y está desempleado..."

Algo que todas estas personas parecen poseer, sin embargo, es ambición y energía que, en algunos casos, alcanza niveles extraordinarios. Ray Croc es un ejemplo muy claro de lo anterior, ya que él no fue quien tuvo la idea original para el restaurante, ni quien comenzó el negocio o aplicó el modelo de Henry Ford al negocio de la comida rápida. No obstante, tuvo la ambición –y visión– que a los hermanos McDonald (fundadores del negocio) les hizo falta. Fueron estos atributos, y no un nombre atractivo o un sistema inteligente, los que convirtieron a un puñado de restaurantes de California en una de las marcas más reconocidas del mundo. Según Sir Richard Greenbury, quien fue Director corporativo de M&S, hay atributos que no se pueden fabricar: "O lo tienes o no. Es parte del carácter de uno." Pero tal vez hay todavía otro factor que comparten las personas de la lista: el apetito por el riesgo. A la mayoría de los grandes innovadores, y en particular los de alto nivel empresarial, le gusta arriesgarse de una forma que a los demás no.

Por otra parte, aunque los rasgos mencionados podrían ser una condición necesaria, no son lo único que se necesita. En términos de factores externos también existen la sincronía y el clima de negocios, entre muchos otros. Quién eres, la habilidad para relacionarte con la gente y el tacto político seguramente te ayudarán, aunque claro, un poco de ferocidad y una estructura mental contraria a la de los demás, no te vendrían mal. Luego sigue lo más importante. En una ocasión Gerry Robinson me dijo: "Necesitas suerte. Todo mundo necesita un poco de ella."

Este aspecto se subestima un poco tal vez porque el ámbito de la administración o *management* suele percibirse a sí mismo como si fuera una gran ciencia. Sin embargo, tener un poco de suerte es crucial. De una forma muy memorable, Warren Buffett señaló que si hubiera nacido en Perú o en Bangladesh, tal vez habría terminado siendo un granjero y viviendo al día. Pero incluso aquellos que provienen de entornos desahogados han realizado una jugada en la industria correcta en el momento indicado. Lo mejor de todo es que tú creas tu propia suerte. Robinson también dice: "Cuando a la gente le va bien en la vida, por lo general se debe a que tiene un desempeño extraordinario en el área en que está trabajando." Con esto en mente, podríamos sospechar que a pesar de la pintoresca modestia de Buffett, si fuera granjero en Perú o en Bangladesh, no duraría mucho desempeñando esa actividad.

Entonces, ¿lo que estamos diciendo es que no se puede aprender de estas personas? Para nada. La historia de los negocios ilumina nuestro presente y el sendero por recorrer. Las anécdotas de los protagonistas de este libro forman parte de la trama histórica del siglo XX: tanto Grove como Soros escaparon del holocausto e iniciaron una vida nueva en los Estados Unidos. Asimismo, ante el hecho de que los grandes negocios han tenido un impacto cada vez más fuerte en la vida de la gente común, resulta interesante analizar la manera en que sus exponentes principales reflejan los cambios mundiales y, muy a menudo, también los provocan.

Los grandes líderes de negocios tienen mucho que enseñarnos a un nivel práctico. Aquellos que desean ser más innovadores podrían emular ciertos aspectos del comportamiento del dúo Google; para quienes quieren aprender acerca de marcas y publicidad no hay mejor modelo que Richard Branson; y cualquier persona que esté interesada en establecer un negocio con responsabilidad social, debería comenzar a leer la historia de Anita Roddick. Lo que definitivamente no se puede hacer es aprender *a ser* uno de estos líderes. Es posible que esta sea la razón por la que quienes estudian maestrías en negocios o administración suelen llegar a tener éxito pero no llegan a convertirse en impulsores del cambio. A la gente se le puede brindar mucha información pero no se le puede enseñar a ser lo que no es.

Así que, ahí tienes la receta: trabajo arduo, estar dispuesto a correr riesgos, aprovechar las circunstancias idóneas, un golpe de buena suerte y, quizás, un par de algunos otros ingredientes de la alacena del empresario. Ese es el secreto y no hay nada más. Si tienes lo que se necesita, lo más seguro es que ya lo sepas o tal vez ya lo estés consiguiendo de manera inconsciente. Y si no lo tienes, bueno, pues debes flagelarte por ello. Es probable que sólo seas una persona bien equilibrada que tiene el tipo de éxito que se puede medir con estándares ordinarios, esto también es bueno.

Referencias y otras lecturas

O'Rourke, PJ, "The deep thoughts of Lee Iacocca" (reseña), en *Give War a Chance*, 1987, pp. 145-50.

Peston, Robert, *The Entrepreneur's Wound*, BBC, Radio 4, 30 de octubre de 2009.

Rigby, Rhymer, "Naked ambition and how to get it", en *Management Today* (En línea) http://www.managementtoday.co.uk/news/450123/Naked-ambition

Capítulo Uno
Steve Jobs

Si se tuviera que elegir a un solo personaje que representara a Silicon Valley, la lista de contendientes probablemente tendría que incluir a Bill Hewlett y David Packard, Bill Gates (a pesar de que Microsoft no está en el valle), Andy Grove y el dúo Google. No obstante, para mucha gente la elección sería muy sencilla porque optaría de inmediato por Steve Jobs. Jobs fue, por una parte, el modelo del fanático de las computadoras que sabía tratar con la gente, y al que no le costaba trabajo mezclar su comprensión y amor por la tecnología con una visión ligeramente alternativa y extravagante. Por otra parte, nuestro protagonista fue un extraordinario hombre de negocios. Jobs fue cofundador, presidente y director ejecutivo de Apple, una empresa cuyo intuitivo entendimiento del diseño y del uso de la interfaz para el usuario, es posiblemente el más delicado del mundo.

Apple, la compañía que Jobs personifica, más que una aventura empresarial es un fenómeno cultural. El lanzamiento de sus productos siempre se convierte en un gran "evento", sus consumidores tienen una devoción que con frecuenciaraya en el fanatismo religioso, sus políticas generan una división de opiniones muy marcada y, además, su filosofía resulta interesante para cualquier persona involucrada en el diseño o tan sólo en el mundo del consumidor moderno. Por si esto fuera poco, mucha gente considera que Apple es Jobs y que Jobs es Apple.

Jobs nació en 1955. Su madre biológica era soltera y lo dio en adopción. La pareja que lo recibió la formaban Paul y Clara Jobs, quienes vivían en Mountain View, California. La vecina ciudad de San Francisco fue, durante la niñez y adolescencia del empresario, la capital de la contracultura. Pero además de que el norte de California se convirtió en la capital *hippy* del mundo, muy cerca de ahí se llevaba a cabo otra revolución. A partir de la década de los cincuenta las investigaciones realizadas en la Universidad Stanford provocaron que Silicon Valley (el término se acuñó en 1971) se convirtiera en el centro global de la alta tecnología. Las dos revoluciones del siglo XX que tuvieron lugar en el norte de California dejaron huella en Jobs, quien se convirtió en el liberal de la Costa Oeste por antonomasia: alternativo en sus opiniones y, en consecuencia, en la forma de dirigir su empresa. Jobs es también uno de los hombres de negocios más influyentes de finales del siglo XX, y en lo que se refiere a productos electrónicos de alta calidad para la vida cotidiana, no tiene comparación.

Después de terminar la preparatoria en Cupertino, California, Jobs empezó a estudiar ciencia, literatura y poesía en Reed College, en Portland, Oregon. Sin embargo sólo cursó un periodo y luego regresó a su pueblo, en donde consiguió empleo como técnico de Atari. Como ya entonces estaba obsesionado con la informática, también se unió al ahora legendario Homebrew Computer Club, en donde conoció a Steve Wozniak. Después de eso realizó un viaje a la India para obtener iluminación espiritual y luego regresó a Atari. En 1976 Jobs, Wozniak y Ronald Wayne (quien ahora sólo es una acotación más bien olvidada y melancólica en la historia del Valle) cofundaron Apple en el garaje de la casa de la familia de Jobs. En 1977 salió al mercado la Apple I. No tenía teclado, caja ni monitor. Su precio era de $666.66, el equivalente a poco menos de $2,500 dólares de 2010, y fue un éxito inmediato.

El inicio se dio con rapidez. En 1977 presentaron la Apple II, y en 1979 la Apple II+. En 1980 la empresa comenzó a cotizar en la bolsa, con lo que a Jobs se le asignó un valor de 165 millones de dólares. No obstante, lo que realmente puso a Apple en el camino que la llevó a lo que es ahora, fue una visita a Xerox en 1979. Después de adquirir acciones de esa compañía, Jobs fue a ver la Xerox Alto, la primera computadora con interfaz gráfica de usuario (GUI, por sus siglas en inglés). Esta interfaz gráfica es la que utilizan prácticamente todas las computadoras de escritorio y laptops en la actualidad. Apple ya había estado trabajando en una GUI pero lo que Jobs vio en Xerox lo impulsó a continuar esforzándose y, en 1983, la compañía lanzó la Apple Lisa. Las políticas internas ya eran un factor determinante en ese momento y, por alguna razón, Jobs fue expulsado del proyecto Lisa. Lo anterior no fue necesariamente malo ya que Lisa fue un fracaso comercial y llevó a Jobs a unirse al proyecto Macintosh. En 1984 salió al mercado la Apple Mac y tuvo un gran recibimiento, sobre todo por el famoso comercial que hace alusión a la novela *1984*.

A pesar de que a Jobs y Apple se les considera una entidad más bien indivisible, la gente olvida que tras el lanzamiento de la computadora Mac, Jobs no duró mucho más tiempo en la empresa, y que la separación duró más de una década. En 1985, después de una lucha de poder con el director ejecutivo John Sculley, Jobs fue despedido de Apple. Las razones que dieron origen a este enfrentamiento fueron poco sorprendentes después de todo: Jobs era inteligentísimo e inspirador pero también se dejaba llevar por su temperamento y sus caprichos, lo cual no tenía cabida en una empresa que cada vez se iba haciendo más y más grande, pero también más burocrática y corporativa.

Jobs dejó Apple y fundó NeXT, una empresa a la que sólo se le recuerda en algunos círculos de gente obsesionada con la informática. En honor a la verdad, debemos señalar que el cubo NeXT, el producto de esta empresa, tenía una apariencia hermosa y era muy avanzado en el aspecto tecnológico. Tal vez demasiado avanzado. El mayor problema, sin embargo, fue su precio de venta: costaba la gran cantidad de 6,500 dólares y, por eso, tuvo ventas muy mediocres. Jobs, sin embargo, estaba involucrado simultáneamente en otros proyectos. En 1986 le compró Pixar a George Lucas por 10 millones de dólares. En 1995 Pixar produjo *Toy Story* y lanzó su oferta pública inicial en la bolsa. El valor de Jobs había alcanzado los 585 millones de dólares. A pesar de lo anterior, era difícil deshacerse de la sensación de que Apple y Jobs eran como una de esas grandes bandas de rock cuyo genial pero problemático vocalista se había ido para realizar proyectos como solista. Funcionaban bien por separado pero no había nada como verlos juntos.

Apple continuó operando bien hasta mediados de los noventa, cuando el precio de sus acciones comenzó a caer. En 1996 Jobs le vendió NeXT a Apple por 430 millones de dólares que se cobraron en acciones. La compañía perdió 816 millones ese año y para 1997 muchos ya predecían su caída. Uno de los reportajes de *Newsweek* de julio de ese año expresa la opinión que muchos tenían entonces. El encabezado decía, "Una muerte en espiral: después de años de decadencia, Apple necesita una estrategia... y un salvador." Ese salvador era precisamente el inteligentísimo y problemático cofundador de la compañía.

Jobs regresó a Apple y ubicó a la gente de NeXT en puestos estratégicos porque, aunque hablando desde la perspectiva comercial NeXT tenía las mismas posibilidades de éxito que un cartucho mojado, su influencia sobre Apple y todo el ámbito de la informática era bastante significativa. En primer lugar, NeXT representó un gran avance en términos de interfaces gráficas, y en segundo, con esa empresa Jobs logró construir una cultura de negocios alternativa a la sofocante burocracia de otros lugares. Poco después de volver a Apple, Jobs asumió el cargo de director ejecutivo interino; dos años después el puesto se hizo permanente.

Con su fundador al mando, la empresa se enfocó y logró ser productiva de nuevo. Como director ejecutivo Jobs tiró a la basura una serie de proyectos como el Newton Handheld y se concentró en iMac. También diseñó el proceso de diversificación que convirtió a la compañía en una empresa de enseres electrónicos y en distribuidora de computadoras. En 2001 se lanzó el reproductor de música iPod, un producto que dejó en una desventaja inconmensurable a todos los competidores, y en 2007 hizo su debut el iPhone, que también logró dejar atrás irremediablemente a todos los demás teléfonos móviles. Actualmente ambos productos rebasan por mucho en ventas a las computadoras de la compañía. En 2010 Apple lanzó el iPad. Muchos dudaron del éxito que tendría el producto, particularmente porque las *tablets* tenían una historia bastante accidentada, sin embargo, sus impresionantes ventas demostraron que entre los leales compradores de Apple no se encontraban sus detractores. Una vez más predominó esa recurrente sensación de que Steve Jobs siempre sabía lo que el público quería antes de que este siquiera pensara en ello.

Mucha gente estuvo de acuerdo en que el fenómeno descrito era benéfico, pero, aunque el iPod y el iPhone se llevaron de calle a sus competidores, no lograron ayudar mucho a impulsar las ventas de las computadoras Mac. Además, mientras la compañía controlaba entre el 4 y el 8 por ciento del mercado de los sistemas operativos, Microsoft nunca estuvo por debajo del 90 por ciento. Por otra parte, la Mac tenía ganancias apenas modestas fuera de sus nichos tradicionales en la industria de la creatividad y entre los usuarios domésticos muy conscientes de la imagen. Pero al parecer Jobs siempre estuvo un paso adelante porque en la actualidad, a medida que pasa el tiempo, la gente va accediendo cada vez más a su teléfono desde una amplia gama de artefactos. Por todo lo anterior, ahora es posible que la transición de empresa de computadoras a empresa enfocada en el estilo de vida digital, haya sido un movimiento muy afortunado a largo plazo.

Los mercados tendrían que estar de acuerdo con ello. Tal vez debido a la imagen de boutique que tienen los productos y a la forma en que la empresa ha representado un movimiento contestatario, mucha gente tiende a olvidar lo inmensa que Apple es ahora. En abril de 2010 fue la segunda empresa de la lista S&P 500, tan sólo por debajo de Exxon Mobil (y por encima de Microsoft, su archirrival). Pero si se compara su desempeño bursátil con el de sus competidores principales, Apple siempre prevalece como líder. Así es, en contradicción a su postura alternativa, Apple es un negocio colosal y muy exitoso.

Este mismo tipo de contradicción se presenta en toda la compañía, y de hecho podría decirse que es un elemento clave tanto para Apple como para el hombre que la encarnó. La compañía se presenta a sí misma como una entidad marginada a pesar de que tiene control sobre 70 por ciento del mercado de los reproductores de MP3 y cerca de 50 por ciento del mercado de la telefonía móvil. Y aunque este fenómeno afecta la apertura, el bloqueo que Apple tiene sobre sus productos es mucho más fuerte que cualquiera de Microsoft (con Apple tienes que comprar el hardware *y también* el sistema operativo). De alguna forma esto le inyecta una ligera dosis de valores *hippies*, pero si lo que se desea es adquirir una computadora ecológica, entonces se debe comprar una Dell, no una Mac. Y a pesar de que Jobs dijo que "lo que distingue a los líderes de los seguidores es la innovación", Apple en realidad nunca ha sido la fuente original de alguno de sus productos. Comenzando con la Xerox Alto y pasando por el iPod y el iPhone, siempre hubo alguien más ahí antes que Apple. Así es, si tuviéramos que resumir la estrategia de la compañía, tendríamos que decir que, más que una innovadora genuina siempre ha sido una "genial segunda versión".

Por temor a que lo anterior suene a crítica, debo aclarar que no lo es en absoluto. El fenómeno se describe de una manera muy acertada en el título del libro de 2004, *La rápida segunda versión: cómo las empresas eluden la innovación radical para ingresar a nuevos mercados y dominarlos* (*Fast Second: How smart companies bypass radical innovation to enter and dominate new markets*).

Con mucha frecuencia, quienes innovan no logran cosechar los frutos de los nuevos mercados a los que ingresaron. Es mucho mejor ser el segundo porque eso te permite aprender de los errores de tu competidor. El primer reproductor de MP3, para quienes puedan estar interesados en el dato, fue el MP-Man F10, manufacturado por SaeHan Information Systems de Korea. Surgió en 1998, tres años antes de que el iPod y otros lo siguieran. Sin embargo, lo complejo de sus interfaces y lo difícil que era manejarlo lo convirtieron en un producto sólo para iniciados. El iPod, por otra parte, era muy fácil de usar y por eso llegó a dominar el mercado. La estrategia se repitió seis años después con el iPhone, aunque cabe señalar que el mercado ya era mucho más maduro. Apple presentó un producto funcional, hermoso y fácil de usar.

La genialidad de Apple radica en la interfaz del usuario, no en los detallitos. Jobs sabía que los consumidores desean artículos encantadores, pero que también sean encantadoramente fáciles de usar. A la mayoría de la gente no le preocupa la apertura (como es el caso del iPhone) ni las crudas cifras de desempeño (como las de los procesadores Mac); ni siquiera le interesa la calidad de sonido (razón por la cual tal vez el iPod no sea la primera elección del fanático perfeccionista). A la gente le importa cómo lucen los objetos y la sensación que producen al tacto, y por eso, la sofisticadísima apariencia y experiencia táctil de los productos Apple se han ganado a no solamente legiones de clientes leales, sino a legiones de clientes que están dispuestos a pagar una cantidad adicional importante. A estos individuos los personifica el ya estereotipado "fanático" de Apple (o *fanboi*, como se le conoce en inglés): un esclavizado seguidor de la compañía y sus productos. El *fanboi* fue muy bien descrito en la entrevista falsa del sitio de parodia, *Onion*, en la que el fanático dice: "Compraré prácticamente cualquier cosa que brille y que esté fabricada por Apple."

Pero a pesar del largo ciclo de éxitos, también hubo algunos nubarrones de tormenta en el cielo de Apple. Las ventas del iPod han bajado y los teléfonos Android (que hacen uso del sistema operativo gratuito y de fuente abierta de Google) están incursionando de manera muy seria en el mercado que, hasta hace poco, el iPhone gobernó sin rivales. Para los observadores de la tecnología resulta muy interesante ver cómo se modifica la dinámica Microsoft-Google-Apple. Hace algunos años, tanto Google como Apple eran anti-Microsoft, sin embargo, la situación ya no es tan clara ahora.

Durante algún tiempo la mayor preocupación de Apple (desde sus fanáticos hasta los accionistas, pasando por los empleados) fue la salud de Jobs. Jobs murió en 2011 y en sus últimos 10 años tuvo problemas serios, primero por cáncer pancreático y luego por un trasplante de hígado. Así que, la mayor pregunta fue, ¿qué pasará si Jobs se va? El precedente de 1990 no era nada alentador. Con frecuencia se dijo que en Apple sólo contaba la opinión de una persona: la de Steve Jobs. Así que, ¿podrá la compañía seguir siendo Apple sin él?

Referencias y otras lecturas

Aguilar, Quinn, "Do you know Steve Jobs?", en *Silicon Valley Curious*, junio 20, 2010.
Apple, Sitio de Internet, www.apple.com
Appleyard, Bryan, "Steve Jobs: the man who polished Apple", en *Times*, agosto 16, 2009.
Booth, Cathy; Jackson, David S. y Marchant, Valerie, "Steve's Job: restart Apple", en *Time*, agosto 18, 1997.
Campbell, Duncan, "Profile: Steve Jobs", en *The Guardian*, junio 18, Cnet.com, Apple turns 30, 2004.
Elkind, Peter, "The trouble with Steve Jobs", en *Fortune*, marzo 5, 2008.
Lohr, Steve, "Creating jobs", en *New York Times Magazine*, enero 12, 1997.

Markides, Constantinos C. y Geroski, Paul A., *Fast Second: How smart companies bypass radical innovation to enter and dominate new markets*, Jossey-Bass, San Francisco, California, 2004.
Usborne, David, "The iPod carrier", en *The Independent on Sunday*, enero 4, 2004.
Waters, Richard y Menn, Joseph, "Silicon Valley visionary who put Apple on top", en *The Financial Times*, diciembre 22, 2010.

Capítulo Dos
Richard Branson

Con más de 360 compañías distintas en el grupo Virgin, un interés que va desde los teléfonos móviles, al internet, trenes y bebidas, y con un valor neto de 2.6 mil millones de libras, Richard Branson es posiblemente el empresario más conocido del Reino Unido. Mucho de lo anterior se debe a ese amor que tiene por la publicidad y a que él todo lo conquista. A veces es difícil saber si es un hombre de negocios o una celebridad, pero sea cual sea el caso, el famoso británico barbado ha aparecido en los encabezados durante los últimos 30 años. En 1986 *The Sunday Times* escribió: "Ya sea anunciando automóviles o tarjetas de crédito, jugando con un avioncito a escala en la bañera o preparándose para conquistar el Atlántico... Branson se vende en la actualidad con la misma diligencia e imaginación con la que sus innumerables compañías distribuyen discos, películas y todo lo demás", (Brown, 1986).

En realidad las cosas han cambiado muy poco en los últimos veinticinco años. A los sesenta, Branson continúa siendo omnipresente y fungiendo como el rostro de la marca Virgin. La única diferencia verdadera es que ahora tiene más competidores. El magnate descubrió que la celebridad le puede funcionar tan bien como a las estrellas pop y a los artistas, mientras los otros hombres de negocios se visten de manera muy formal y se comportan con reservas. La idea de usar trucos publicitarios y aprovechar su propia imagen para vender sus productos, les era sencillamente inimaginable. Pero en la actualidad los hombres de negocios son noticia de todos los días en el hogar, y en su caso específico, Branson ha dejado de ser un inconformista para convertirse en pionero.

Branson nació en 1950 cerca de Guildford, en Surrey. Su padre fue abogado debido a una especie de tradición familiar, y su madre bailarina y asistente de vuelo en Sudamérica. En la escuela no fue sobresaliente pero más adelante descubrió que era disléxico y que su mal desempeño se debió a eso. No obstante, fue un buen atleta y con la ayuda de cursos intensivos de regularización, logró entrar a Stowe, una famosa escuela privada. A temprana edad mostró su inclinación por los negocios al fundar la revista *Student* a los 16 años estando en la escuela (sus fallidos intentos de negocios anteriormente incluyeron criar periquitos y sembrar árboles de Navidad). Branson dirigió la revista los siguientes tres años y ésta alcanzó un tiraje de 100,000 ejemplares.

En 1969 el joven editor puso un anuncio en su revista en el que ofrecía discos con descuento por envío postal. La industria de la música en aquel entonces era una especie de negocio cerrado en el que las disqueras y las tiendas conspiraban para recibir fuertes ganancias, por lo que la respuesta al ofrecimiento de Branson fue enorme. Al principio su único problema fue no contar con un gran inventario, sin embargo, poco después contactó a una tienda que le pudo proveer mercancía. El joven empresario descubrió que los discos eran un negocio más lucrativo que el de las revistas y, por lo tanto, cerró *Student*. Ese fue el comienzo de sus operaciones como negocio de música por envío postal. Por cierto, parece que el nombre Virgin lo sugirió un empleado, ya que la noción general era que ellos eran nuevos en los negocios, virgenes, y no tiene nada que ver con las Islas Vírgenes, como mucha gente cree.

La novia de Branson quedó embarazada en aquel tiempo pero abortó al bebé. La pareja tuvo muchos problemas para obtener ayuda y asesoría, por lo que, abrumado por la falta de apoyo, el joven empresario estableció un Centro de consejería estudiantil para ayudar a los jóvenes con problemas como drogas y embarazos no deseados. Estas actividades le dieron un perfil público bastante importante y, para cuando cumplió 20 años en 1971, Branson ya había hecho suficiente ruido para ser el tema de un documental de la BBC en el que se presentó, entre otras cosas, una secuencia ligeramente surrealista en la que el joven aparece caminando a la margen de un río, masticando heno y hablando de lo difícil que les fue a él y a su novia contactar a alguien para el aborto. A pesar de todo, el documental era en realidad acerca de los planes empresariales de un joven que estaba alcanzando sus objetivos poco a poco.

Los primeros años de Virgin fueron bastante precarios. A la compañía la golpeó un requerimiento fiscal de enormes proporciones y a veces los empleados tenían que fingir que no había nadie en la oficina cuando llegaban los recaudadores de impuestos. Debido principalmente a una huelga de los empleados de las oficinas postales a finales de 1970, Branson decidió que abriría tiendas físicas. Encontró un espacio arriba de una zapatería en Tottenham Court Road y ahí abrió su primera tienda de discos en enero de 1971. Su filosofía siguió siendo la misma: grandes volúmenes y grandes descuentos. Branson se expandió con rapidez debido, principalmente, a que creyó que la competencia trataría de abatirlo si no lo hacía. En aquel tiempo se le describió como la "versión estudiantil de Arthur Daley".

Una vez que importunó a las tiendas grandes, Branson comenzó a pensar en establecer su propia marca. Como ya tenía una cantidad considerable de dinero compró una gran casa antigua cerca de Oxford y la convirtió en un estudio de grabación. Así fundó la disquera Virgin, en 1972. Mike Oldfield fue el primer artista que firmó con la compañía y grabó la canción "Tubular Bells", de la cual se vendieron 5 millones de copias. Después de un breve periodo de poco éxito, los Sex Pistols firmaron con Virgin en 1977. En aquel tiempo eran tan controversiales que nadie más se había atrevido a trabajar con ellos. Fue un paso arriesgado pero les brindó enormes dividendos en términos de publicidad. A finales de los setenta y durante todos los ochenta Branson continuó expandiéndose y regodeándose en su recién adquirido papel de empresario predilecto del Reino Unido. Además, a medida que su imperio fue creciendo, aquellos que lo habían tildado de "capitalista *hippy*" se dieron cuenta de que tendrían que comenzar a tomarlo más en serio.

En 1984 Virgin abrió la aerolínea Virgin Atlantic, que ahora es la segunda línea de larga distancia más grande del Reino Unido. El siguiente año Branson trató de establecer un nuevo récord al cruzar el Atlántico para ganar el premio Blue Riband. El *Virgin Atlantic Challenger*, el barco en el que viajaba Branson, se hundió, sin embargo la publicidad no le vino nada mal al magnate, quien logró romper el récord en el *Virgin Atlantic Challenger II,* al año siguiente. El resto de la década de los ochenta fue un torbellino de aventuras. Virgin Records se hizo internacional. El grupo Virgin, por su parte, abrió una nueva compañía de aeronaves y globos aerostáticos, creó una marca de condones, se involucró en el ámbito de la hotelería y entró (y salió) del ámbito de la transmisión satelital. En los ochenta, el gran traspié del conglomerado fue su cotización en la bolsa, en 1986. Este periodo duró dos años pero la empresa logró hacerle frente al Lunes Negro. En 1988 Branson volvió a privatizar el conglomerado empresarial. Dijo estar harto de los trajes formales y del enfoque a corto plazo que tenía la gente de la zona bursátil de Londres. Cabe aclarar, sin embargo, que la gente de ahí también dijo estar harta de Branson.

La década de los noventa fue un poco más de lo mismo. Productos y servicios como libros, vodka y cola, radio, servicios nupciales para novias, trenes, cosméticos, gimnasios y teléfonos móviles, captaron la atención del empresario. En 1992 Branson le tuvo que vender Virgin Music a EMI para rescatar su aerolínea; dijo que incluso lloró cuando llevó a cabo la negociación porque Virgin Music fue su primer negocio. El empresario también trató de conseguir la operación de la Lotería Nacional del Reino Unido y para eso prometió que todas las ganancias serían para la caridad; sin embargo, perdió ante el consorcio Camelot. Mientras tanto, su capacidad de generar publicidad y sus intentos por romper récords continuaron avanzando, aunque esta vez, se movieron de la tierra al aire. En 1991 rompió un récord al atravesar el Océano Pacífico en globo aerostático, y de 1995 a 1998 intentó circunnavegar el mundo en globo. En 1999 el *Breitling Orbiter 3* venció a su equipo, sin embargo, como una suerte de premio de consolación, el empresario fue nombrado Sir Richard Branson, pasando así a formar parte de la Lista de Honor del Gobierno Británico correspondiente al Año Nuevo del siguiente milenio.

El comienzo del nuevo siglo fue casi tan bullicioso como los tiempos anteriores y, aunque para ese momento Branson ya tenía cincuenta y tantos años, su barba y melena características seguían presentes. Virgin lanzó Virgin Blue, una aerolínea australiana de bajo costo; el empresario vendió las Virgin Megastores británicas e irlandesas, estableció Virgin Fuel, una compañía que, para continuar con el creciente interés de Branson por los problemas ambientales, se enfocó en la producción de combustible limpio... y la lista continúa. A pesar de la enorme cantidad de negocios, hay algunos que destacan más que otros. Por ejemplo, Virgin Money, el grupo de servicios financieros de Branson, estuvo muy cerca de adquirir el abatido banco Northern Rock del Reino Unido, aunque finalmente no lo consiguió. El banco Rock permaneció bajo la custodia del gobierno británico. La segunda incursión que acaparó los titulares fue Virgin Galactic, enfocada en viajes espaciales para turistas; la compañía acepta reservaciones actualmente y toma muy en serio esta aventura empresarial. Finalmente, en 2007 Branson convocó, con Al Gore, al premio Virgin Earth Challenge para combatir el calentamiento global; el premio se le entregará a la primera persona o grupo que logre presentar un medio para eliminar miles de millones de toneladas de dióxido de carbono de la atmósfera anualmente durante diez años.

En general, lo que Branson ha logrado hacer mejor de manera consistente, es personificar a la marca Virgin. Por supuesto, hay muchas otras personas que hacen lo mismo con sus marcas (nos vienen a la mente Warren Buffett y los fallecidos Anita Roddick y Steve Jobs), sin embargo, con Branson es distinto, porque en todos los otros casos siempre existe una especie de producto central, ya sean inversiones, cosméticos o artículos electrónicos personales. Con Branson el tipo de producto es un asunto secundario. La marca Virgin se le puede adherir a cualquier cosa sin importar si se trata de condones, vodka, teléfonos móviles o aeroplanos. A veces funciona, a veces no, pero Branson siempre tiene qué intentar. Y cuando las cosas no salen bien, la gente rara vez le guarda rencor a Branson por el tropiezo.

Incluso las maniobras publicitarias que podrían verse ridículas en alguien que se sintiera menos cómodo con su estatus de celebridad, siempre le añaden más a la marca por el simple hecho de que son perfectamente congruentes con la personalidad de Branson. Hasta se podría llegar a pensar que toda la vida del magnate ha sido una suerte de maniobra publicitaria, pero eso en realidad no logra restarle méritos porque siempre parece divertirse muchísimo con todo lo que emprende. Robert Peston, periodista de la BBC (2009) se refirió a algo que denominó "La herida del empresario", es decir, aquella infancia infeliz o experiencia traumática que conduce a mucha gente al éxito pero que implica que el individuo nunca estará satisfecho ni será feliz. Branson es lo opuesto y, aunque claro, es un hombre hiperactivo y motivado, en general parece emprender aventuras por el simple hecho de que las disfruta de verdad.

A pesar de la adoración que Branson le tiene a la publicidad, hay un área en donde esta conspicua figura pública es demasiado discreta. Quienes revisan los asuntos financieros del empresario generalmente se quedan en las mismas. El libro

Branson, del reconocido periodista e investigador Tom Bower, nos muestra la imagen de un hombre que con frecuencia navega a la par del viento y cuyo equipo se ha enfrentado con mucha cercanía a la posibilidad de estar dirigiendo empresas que no son solventes. Muchos se preguntan: ¿Las compañías de Branson en verdad generan ganancias? Y si algunas de ellas lo hacen, ¿a cuáles subsidian? De hecho las cuentas de la compañía tenedora con frecuencia muestran que, excepto por las aerolíneas, las otras empresas en realidad generan muy poco dinero. La creencia general es que esta es la verdadera razón por la que a Branson le gusta que sus empresas sean privadas, no porque le desagrade el aletargamiento y la falta de imaginación de los empleados de la zona bursátil de Londres. Bower retrata a Branson como un desvergonzado que se publicita a sí mismo, un agudo manipulador y un hombre cuyo mayor talento es despojar a los banqueros de su dinero.

Las interminables maniobras publicitarias de Branson tal vez ya comenzaron a cansar a la gente. En 2008 el semanario *The Economist* señalo que últimamente el empresario pasa muy poco tiempo en el país que lo vio nacer: "En un principio los británicos acogieron a Sir Richard en su corazón por su imagen rebelde, pero muchos ya se están cansando de que se la pase haciéndose publicidad. Tal vez los norteamericanos puedan continuar aplaudiendo su cinismo." Quizás haya algo de verdad en lo anterior pero aún es muy pronto para remitir al magnate a la historia. En 2010 Richard Branson cumplió sesenta años, sin embargo, se ve quince más joven y, al parecer, es poco probable que le interese envejecer con gracia.

Referencias y otras lecturas

Appleyard, Bryan, "Record maker with no flip side", en *Times*, octubre 30, 1986.

Blackhurst, Chris, "At the court of King Richard", en *Management Today*, abril 1, 1998.

Bower, Tom, *Branson*, Fourth State, Londres, 2000.

Branson, Richard (1998) *Losing My Virginity.*
Branson, Richard (2009) *Business Stripped Bare: Adventures of a Global Entrepreneur.*
Brown, Mick (1986) Profile of Richard Branson, *Sunday Times*, 8 june
Moore, Martha T., "Rash, brash Branson has Virgin soaring", en *USA Today*, julio 5, 1995.
New Zealand Herald, "Branson: walking on water, or on thin ice", octubre 3, 2008.
Peston, Robert, *The Entrepreneur's Wound*, BBC Radio 4, octubre 30, 2009.
Specter, Michael, "A modern knight", en *Australian Women's Weekly*, agosto 31, 2007.

Capítulo Tres
Warren Buffett

Usualmente las reuniones generales de las empresas que se hacen anualmente son un asunto bastante escabroso. En ellas la única diversión la proveen los accionistas activistas que siempre arman alharaca a pesar de que, en realidad, su voto no tiene valor en comparación con el de los accionistas institucionales que, por lo general, ni siquiera se toman la molestia de asistir. Pero en Berkshire Hathaway las cosas son un poco distintas. A pesar de que el evento se lleva a cabo en los confines de Nebraska, en un pueblito llamado Omaha, el nivel de asistencia siempre es de alrededor de 30,000 personas. La Reunión General Anual de Berkshire Hathaway es el segundo evento más importante del año en el pueblo, después del Torneo de la Serie Mundial Colegial de Beisbol.

Kelly Broz, Directora de la Reunión Anual, atribuye en gran parte este nivel de asistencia a su legendario fundador: "Los accionistas están interesados en lo que Warren y Charlie (Munger, cofundador), tienen que decir acerca de las operaciones de Berkshire pero, sobre todo, por su filosofía de negocios y por sus opiniones sobre la economía en general. Por si fuera poco, Warren y Charlie son increíblemente divertidos cuando están juntos. Escucharlos en el escenario durante la sesión de seis horas de preguntas y respuestas, es una experiencia aleccionadora y divertida."

Warren Buffett es un personaje extraordinario. Más que un multimillonario, parece un individuo común o, quizás, un conferencista universitario. Vive con modestia. Es muy ingenioso y siempre tiene frases que uno quiere citar. Joyas como: "Sólo cuando sube la marea puedes darte cuenta de quién estaba nadando desnudo" parecen brotar con toda facilidad de su boca. También es increíblemente modesto y autocrítico, y además, atribuye gran parte de la adquisición de su fortuna a la suerte: "Si me dejaras tirado en el centro de Bangladesh, Perú o cualquier otro lugar, te darías cuenta de lo que este talento podría generar en verdad en el suelo equivocado." Lo más importante de todo, sin embargo, es que es el inversionista más exitoso del mundo. No es descabellado decir que, si no fuera por Buffett, mucha gente jamás habría escuchado hablar de Nebraska.

Al igual que muchas de las grandes estrategias de inversión, la de Buffett es extremadamente sencilla. Sólo invierte en compañías que entiende, en cuyo manejo confía, y que él piensa que tienen buenas expectativas de crecimiento a largo plazo. Buffett compra acciones y empresas a las que él considera que vale la pena aferrarse. Esta estrategia tan simple lo convirtió en el tercer hombre más rico del mundo (aunque cabe mencionar que también ha ocupado el primer y el segundo lugar). Buffett es conocido por ir siempre en contra de los demás y en muchas ocasiones se le ha visto hacer exactamente lo opuesto que otras personas que también hacen grandes cantidades de dinero pero que obedecen a la sabiduría más tradicional. En la primera década del siglo decidió permanecer al margen del auge de las empresas *dotcom* y abstenerse de adquirir derivados. Sin embargo, tal como lo muestran estos dos ejemplos, a pesar de que Buffett a veces se equivoca en lo inmediato, por lo general atina en el mediano y largo plazos. Por esta razón le llaman con frecuencia "El sabio" o "El oráculo de Omaha".

Buffett nació en 1930. Su padre fue corredor de bolsa y congresista republicano. Como muchas otras personas de negocios verdaderamente exitosas, mostró aptitudes a una edad muy temprana. A los seis años ya estaba desenvolviendo *six-packs* de Coca Cola para vender las botellas por separado con una ganancia de veinte centavos. A los 11 se hizo famoso por comprar sus primeras acciones a 38 dólares cada una. Poco después se desplomaron a 27, luego se recuperaron y el chico logró venderlas a 40 dólares y, a pesar de que obtuvo una modesta ganancia, si se hubiera quedado con ellas las habría visto llegar a los 200 dólares cada una. No obstante, a menudo se hace alusión a esta anécdota como una temprana lección sobre la inversión a largo plazo. Buffett llenó su primera declaración de impuestos en 1944 y antes de salir de la preparatoria ya había rentado máquinas de *pinball*, ahorrado miles de dólares entregando periódicos a domicilio (lo cual equivaldría actualmente a decenas de miles de dólares), y comprado poco más de 16 hectáreas de tierra de cultivo que le rentó a un granjero.

Tras graduarse de la preparatoria decidió no ir a la universidad, sin embargo, su padre se impuso y, antes de ser transferido a la Universidad de Nebraska, tuvo que asistir a la escuela de negocios Wharton, de la Universidad de Pennsylvania. Luego leyó *The Intelligent Investor* (*El inversionista inteligente*), un libro de Benjamin Graham en el que se le recomendaba a los inversionistas buscar lo que el autor denominó "empresas colilla de cigarro": negocios subestimados a los que todavía les quedaban algunas bocanadas de vida. Después de graduarse, Buffett fue rechazado de la Escuela de Negocios de Harvard, un hecho bastante famoso en la actualidad, pero se inscribió en Columbia, en donde obtuvo una Maestría en Economía. Luego se fue a trabajar para Graham.

Buffett estaba comenzando a desarrollar ideas de inversión propias: en lugar de encontrar compañías a punto de morir de las que todavía podía exprimir algo de ganancias, se interesó en adquirir negocios bien manejados pero poco populares. En 1957 estableció una sociedad de inversión en Nebraska.

Su objetivo era vencer al Índice Dow en un 10 por ciento. La sociedad se disolvió doce años después y, cuando lo hizo, logró una taza que estaba apenas debajo del 30 por ciento, en tanto que el Dow había obtenido una apreciación del 7.4.

Sin embargo, fue hasta 1962 que se cimentaron las bases de la institución que conocemos ahora. Ese año Buffett compró una abatida compañía textil de Massachusetts que se llamaba Berkshire Hathaway. La empresa era lo que Graham habría descrito como "una colilla de cigarro". Sin embargo, el plan de Buffett no era sacarle tan sólo un poco más de provecho. El inversionista comenzó a asignar sus recursos a otras áreas, particularmente la de seguros. Esto le generó un flujo continuo de ingresos de capital económico y, lo más importante de todo fue que, el vacío que se creó entre la recepción de los pagos y la atención de las reclamaciones, le significaron a Buffett un importante fondo de efectivo. Para colmo todo esto sucedió cuando los mercados de valores estaban en depresión: la combinación perfecta de circunstancias para favorecer a un hombre especializado en detectar valor a largo plazo, en donde los demás no veían nada.

En pocas palabras, esta ha sido la estrategia de Buffett. El reporte anual y las cuentas de la empresa salen bien libradas cuando su desempeño se compara con el de las empresas del Índice S&P 500. Entre 1996 y 2009 (fecha del último reporte disponible), Berkshire Hathaway ha promediado 20.3 por ciento compuesto al año, en tanto que el índice S&P 500 sólo ha obtenido 9.3 por ciento.

En términos todavía más crudos se puede decir que una inversión de 100 dólares en el S&P en 1965, ahora tendría un valor de 5,430 dólares, mientras que la misma inversión, de haberse hecho en Berkshire Hathaway, arrojaría ahora un valor de 434,057 dólares. Debido a lo anterior, no es de sorprenderse que la empresa haya hecho que varias personas se convirtieran en millonarios "sorpresa" en Omaha.

A pesar de todo lo anterior, las críticas para Buffett no siempre son favorables. Su ausencia del auge de las empresas *dotcom* fue muy discutida, pero a él le pareció que las efervescentes acciones de tecnología no eran una buena inversión a largo plazo y, además, no las entendía bien. Las acciones de Berkshire Hathaway hicieron 0.5 por ciento en 1999, mientras que el índice S&P logró un 21 por ciento y el Nasdaq creció en más del 80 por ciento. Cuando este índice se disparó vertiginosamente hasta los cielos, mucha gente cayó en la trampa y creyó que el precio de las acciones se había desvinculado de manera permanente de la habilidad de hacer dinero. En ese momento, Buffett fue duramente criticado. Pero luego, el 10 de marzo del año 2000, la burbuja se reventó y, durante los siguientes tres años, a pesar de que Berkshire Hathaway tuvo pérdidas en 2001, continuó obteniendo ganancias la mayor parte del tiempo. Mientras tanto, el S&P no hizo otra cosa que desplomarse. En cuanto al Nasdaq, podemos señalar que, a 10 años de distancia, aún no se ha recuperado y está al 50 por ciento de la altura que alcanzó durante el auge de las empresas *dotcom*. En tan sólo un año Buffett dejó de ser un dinosaurio que no entendía la nueva economía, para convertirse en una de las pocas personas que seguía invirtiendo sólo en lo que entendía. Estos sucesos le añadieron un ladrillo más al templo del gran Buffett, el gurú de los inversionistas.

El patrón se repitió una década más tarde. Con su típica mezcla de premonición y sencillez, poco después de la caída de las empresas *dotcom*, Buffett comenzó a advertir al mundo sobre los peligros del inflado intercambio de instrumentos financieros exóticos. En el reporte anual de 2002 de Berkshire Hathaway, escribió: “A mí me parece que los derivados son bombas de tiempo, tanto para quienes hacen negocios con ellos como para el sistema económico.” “Son armas financieras de destrucción masiva”, agregó y, además, las comparó con “el infierno... un lugar al que es muy fácil entrar pero del cual es casi imposible salir". Estas aseveraciones resultaron ser completamente acertadas y, además, fueron expresadas con el característico estilo de Buffett, un lenguaje que cualquier persona podía entender. Tenía razón, por supuesto, y aunque 2008 fue el peor año en la historia de Berkshire, la compañía sólo perdió un 9.6 por ciento que se puede comparar con el 37 por ciento que perdió el S&P.

Por si fuera poco, en los días más negros de 2008, cuando casi todo el ámbito financiero se preguntaba qué dirección tomarían las cosas, Buffett salió de compras. Hacia el final de ese año adquirió un pedazo de Goldman Sachs por 5 mil millones de dólares. Y lo único que tuvo que hacer fue seguir otro de sus remedios caseros: "Ten miedo cuando los otros sientan codicia; sé codicioso cuando los otros tengan miedo." En 2010, cuando todos estaban en la cacería del banco que le pertenecía parcialmente, Buffett ofreció apoyo incondicional a su abatido director ejecutivo, Lloyd Blankfein.

¿Acaso hay algo malo que decir sobre este inversionista? Bien, claro que ha cometido errores, sin embargo, en muchos casos, como en el de US Airways en la década de los noventa, su tendencia a aferrarse a algo durante años al final siempre le ha terminado beneficiando porque las acciones vuelven a subir de precio tarde o temprano. El culto a Buffett, la devota literatura que inspira y sus deslumbrados seguidores pueden ser un poco irritantes, sin embargo, resulta difícil encontrar algo que nos desagrade de este hombre de honestidad y modestia admirables. Buffett practica lo que predica. Se paga a sí mismo un salario de 100,000 dólares al año, el cual es una verdadera miseria en un país en el que directores ejecutivos mucho menos exitosos acostumbran pagarse a sí mismos millones. Este inversionista cena hamburguesas y bebe Coca-Cola, maneja un automóvil viejo y vive en una casa de Omaha que compró en 1957 por 31,500 dólares a pesar de que posee una casa de playa en Laguna Beach que vale cerca de 4 millones. En 1989 compró un jet privado al que bautizó *Indefensible*, en una suerte de burla a sí mismo ya que tiempo antes criticó con vehemencia los excesos cometidos por los directores ejecutivos en el área de transporte.

A pesar de todo, la imagen de un hombre al que la riqueza no le afecta a pesar de haber sido el hombre más rico del mundo, es genuina. Con mucha frecuencia la gente que le envía propuestas de negocios no solicitadas, recibe respuestas amables y sensibles. Hay montones de anécdotas sobre momentos en los que pudo salir con el típico "¿Acaso no sabes quién soy yo, idiota?" pero no lo hizo. Asimismo, los periodistas que llegan a llamar a su asistente personal para realizar una entrevista, a menudo se encuentran hablando de pronto con Buffett, ya que él mismo contesta el teléfono.

Buffett ya tiene ochenta y tantos años, y ha señalado que está en busca de un sucesor. Se rumora que podría ser Ajit Jain, el jefe de operaciones de seguros de Berkshire, a quien Buffett ha descrito como una "superestrella".

En absoluta concordancia con la filosofía de Buffett y su abierto desdén por el dinero heredado, sus hijos recibirán muy poco de su fortuna cuando él fallezca. En numerosas ocasiones ha señalado que aquellos que crecen con grandes fortunas son sólo miembros del "club del esperma con suerte". Asimismo, ha dicho: "Les quiero brindar a mis hijos sólo la cantidad suficiente para que sientan que pueden hacer algo, pero no tanto que les den ganas de no hacer nada." Respecto a su cuantiosa fortuna, Buffett anunció en 2006 que donaría 85 por ciento de su participación mayoritaria de Berkshire Hathaway a la caridad, y que cinco sextos serían para la Fundación Bill & Melinda Gates, la cual se enfoca en servicios de salud, educación y combate a la pobreza (Buffett y la familia Gates son buenos amigos). El valor estimado del obsequio era de 37 mil millones de dólares en 2006, lo que hace que este gesto sea el acto filantrópico más grande de la historia. Buffett señaló que el 15 por ciento restante también sería para la caridad.

En 2010, Buffett y Bill Gates propusieron que la gente rica cediera por lo menos la mitad de su fortuna a obras de caridad. En una carta a la revista *Fortune*, Buffett escribió:

> A mi suerte la favoreció el hecho de que viví en un sistema de mercado que, aunque por lo general funciona bien para nuestro país, a veces produce resultados distorsionados. Yo he trabajado en una economía que premia con medallas a quienes salvan las vidas de otros en un campo de batalla, y con cartas de agradecimiento a quienes educan a nuestros hijos. Sin embargo, para aquellos que pueden detectar los avalúos incorrectos de ciertos instrumentos financieros, la recompensa llega a sumar miles de millones de dólares. En pocas palabras, la distribución aleatoria de las varitas cortas y las largas, es caprichosa en extremo.

Buffett cree que donar la mayor parte de su fortuna es la mejor manera de retribuir a la sociedad por lo que la suerte le ha brindado a él.

Referencias y otras lecturas

Berkshire Hathaway sitio de Internet, "Reportes y estados financieros de Berkshire Hathaway", www.berkshirehathaway.com

Cornwell, Rupert, "Profile", en *Independent on Sunday*, Julio 27, 2002.

Kanter, Larry, "Warren Buffett", *Salon.com*, agosto 31, 1999.

Loomis, Carol J., "Warren Buffett gives away his fortune", en *Fortune*, junio 25, 2006.

Rigby, Rhymer, "Naked ambition and how to get it", en *Management Today*, septiembre 1, 2004.

Rigby, Rhymer, "AGMs that rally investors with a share of the fun", en *Financial Times*, febrero 10, 2009.

Schroeder, Alice, *The Snowball: Warren Buffett and the business of life*, Random House, Nueva York, 2008.

Sullivan, Aline, "Buffett, the Sage of Omaha, makes value strategy seem simple: secrets of a High Plains investor", en *The New York Times*, diciembre 20, 1997.

Capítulo Cuatro
Jeff Bezos

Si Andy Grove personifica a Silicon Valley Nivel I, y Steve Jobs a Silicon Valley Nivel II, entonces Jeff Bezzos es el avatar viviente de Silicon Valley Nivel III: la revolución del *dotcom*. Amazon, la compañía que aún encabeza, inició operaciones en Seattle en 1995 como una empresa que vendía libros por Internet. En sus primeros años, muy al estilo de las *dotcom*, el negocio se fue abriendo camino mientras generaba más de 500 millones de dólares. Sin embargo, a diferencia de muchas otras empresas de este tipo, Amazon sobrevivió y se convirtió en un coloso global que ahora tiene un valor de 56 mil millones. Es decir, no sólo sobrevivió, también prosperó y se transformó en una parte importantísima del panorama de la distribución minorista.

A pesar de que a Bezos y a Amazon se les usa con frecuencia para representar el ámbito de las empresas *dotcom*, el hecho es que ellos sobrevivieron por encima de los demás porque, en realidad, no eran como las otras empresas *dotcom* en muchos aspectos fundamentales. En primer lugar, el enfoque de la compañía siempre estuvo fijo en los clientes, en brindarles la mejor experiencia posible, y eso, hasta la fecha es un rasgo que Bezos se esfuerza en conservar con un fanatismo casi religioso. En segundo lugar, a diferencia de otros fundadores de empresas del ámbito, Bezos siempre tuvo en mente que su compañía no sería capaz de generar ganancias durante cuatro o cinco años. Por último, Amazon siempre se apegó a sus decisiones durante la caída de las *dotcom*, en tanto que otras empresas sencillamente perdieron la cabeza.

Bezos nació en Albuquerque, Nuevo México, en 1964. Cuando su madre dio a luz, ella era todavía una adolescente. Su matrimonio con el padre de su hijo fue muy breve, luego se volvió a casar cuando Jeff tenía cuatro años. El abuelo materno de Bezos poseía un rancho, fue director regional de la Comisión de Energía Atómica y, ciertamente, ejerció una influencia importante sobre el pequeño Jeffrey. Desde pequeño, Bezos destacó por un rasgo muy particular: era un niño súper inteligente y tenía una inclinación natural por la ciencia. Además mostró tener una gran inventiva siendo aún muy niño. Su precocidad fue señal de lo que vendría más adelante: ganó premios de ciencias y entró a la Universidad de Princeton. Ahí comenzó a estudiar física pero luego cambió esta materia por las computadoras y, finalmente, obtuvo un título en informática e ingeniería eléctrica.

Después de graduarse en 1986, Bezos comenzó a trabajar en el campo de las finanzas. Fue contratado por varias empresas de Wall Street en donde la informática se estaba poniendo de moda como herramienta que servía para predecir las tendencias del mercado de valores. En 1994, cuando se encontraba trabajando en el fondo de cobertura DE Shaw, tuvo una especie de revelación: se dio cuenta de que el número de usuarios de Internet estaba creciendo a un paso de más del 2,300 por ciento anual. Debido a lo anterior, el joven ingeniero, quien es famoso por ser sumamente meticuloso y metódico, se fijó en los primeros veinte negocios de envíos postales para tratar de detectar cuál se podría desempeñar mejor en el nuevo medio de comunicación. Entonces se inclinó por los libros porque resultaban el producto más natural para el mercado de envíos excepto por un detalle: el catálogo tendría que ser inmenso, lo cual significaba que el incipiente medio de Internet podría ofrecer un avance importante para este tipo de negocio. A pesar del razonamiento anterior, todo seguía siendo bastante hipotético porque en aquel tiempo el comercio por Internet en realidad no existía y muy poca gente contaba con correo electrónico.

Bezos continuó haciendo la tarea y su siguiente paso fue asistir a la convención de vendedores de libros de los Estados Unidos, en Los Angeles; ahí descubrió que los distribuidores mayoristas tenían listas electrónicas de sus productos. En ese momento su idea de que el internet era el medio idóneo para vender libros, creció. Su propuesta única de ventas fue muy obvia: una librería en línea que pudiera ofrecer una variedad mucho más amplia que aquellas que tenían que guardar sus inventarios en estantes. Por si fuera poco, los libros resultaron un producto genial para distribuirse en línea porque su radio peso-valor no implicaba un problema, no eran un producto perecedero, los clientes estaban, por lo general, dispuestos a esperar algunos días para recibirlos y, además, mucha gente vive lejos de las librerías bien surtidas, particularmente en los Estados Unidos. Una distribuidora de libros en línea sería como un milagro para todos ellos.

A pesar de todo lo anterior, Bezos no logró hacer que sus jefes se interesaran en el negocio y, por lo tanto, decidió emprenderlo con su esposa. Diseñó un plan de negocios y en 1994, con su familia y amigos apoyándolo como los primeros inversionistas, fundó Amazon.com. Dentro de la tradición de la forma en que inician los negocios en la Costa Oeste de los Estados Unidos, Amazon tuvo su nacimiento en un lugar muy humilde: el garaje de una casa de dos recámaras en Seattle. Bezos eligió esta ciudad porque en ella había una gran concentración de personas que sabían manejar la computadora y porque, según se cuenta, Nick Hanauer, un hombre de negocios de Seattle y el primer inversionista "externo", convenció al joven de dar el primer paso. Hanauer invirtió 40,000 dólares en la incipiente Amazon porque estaba convencido de las ven-tajas de la compañía, y en el auge de las empresas *dotcom* su inversión llegó a valer 250 millones de dólares. En cuanto Bezos probó el sitio con amigos y se convenció de que sí funcionaba como debía, presentó la librería en línea. Era julio de 1995. Según el sitio de la empresa, el primer libro que vendieron fue *Fluid Concepts and Creative Analogies: Computer models of the fundamental mechanisms of thought*.

En muy poco tiempo Amazon se convirtió en una de las compañías predilectas entre las *dotcom*. Bezos supo manejar a los medios y, además, los libros siempre fueron un producto que a la gente le interesó adquirir por internet. En 1997 la empresa reunió 54 millones de dólares en su oferta pública inicial, y en octubre del mismo año realizó su orden número "un millón". Con el buen ojo que Bezos siempre tuvo para la publicidad, decidió entregar el paquete personalmente en Japón. Sin embargo, sus detractores ya estaban poniendo el dedo en la llaga al señalar la cantidad de dinero que la compañía estaba perdiendo. Bezos siempre dijo que el crecimiento inicial era más importante que las ganancias y que estaba dispuesto a asumir pérdidas; a pesar de eso, la cantidad de dinero que estaba perdiendo hizo que algunas personas cuestionaran su estrategia.

Amazon comenzó a diversificarse tiempo después. En 1998 abrió una tienda de música y en 1999 se involucró en la distribución de ropa y aparatos electrónicos. También echó un vistazo más allá de los Estados Unidos. En 1998, por ejemplo, incursionó en Alemania y en el Reino Unido, y su tráfico se disparó. Para 1999 las ventas de la compañía subieron hasta alcanzar la embriagadora cifra de 1.6 mil millones de dólares. Amazon también lucía genial en muchos otros aspectos, como ventas y presencia, y soportaba bien el antiguo escrutinio al que se sometía a las empresas *dotcom*. La revista *Time* nombró a Bezos Persona del año (Ramo, 1999). A pesar de todo lo anterior, algunos aspectos bien definidos no parecían ser tan alentadores. Las pérdidas totales para noviembre de 1999 alcanzaron la cifra de 500 millones de dólares pero Bezos continuaba hablando de los peligros de apresurarse a obtener ganancias. La situación continuó así durante todo el año siguiente, en el que estalló la burbuja de las *dotcom*. En junio del año 2000, en cuanto un reporte sugirió que la empresa podría quedarse sin liquidez, las acciones se desplomaron 19 por ciento. No obstante, Amazon abrió más tiendas en Francia y Japón. En 2001 volvió a suceder lo mismo, la empresa anunció que recortaría su fuerza de trabajo, hubo más rumores y especulación sobre el hecho de que la compañía sería una más de las *dotcom* afectadas y los bromistas incluso empezaron a decir que la empresa era una bomba de tiempo y a llamarla "Amazon.bomb". A pesar de todo Bezos se mantuvo en calma y, si acaso, lo más cerca que estuvo de admitir que la situación no iba de acuerdo a sus planes, fue cuando les escribió una carta a sus accionistas en 2001 para decirles, "Auch, ha sido un año brutal." Y efectivamente, ese año Amazon perdió 1.4 mil millones de dólares.

Recuerdo que entrevisté a Jeff Bezos en aquel tiempo pero desde el punto de vista periodístico no fue mi mejor momento. Ese día hizo un calor infernal; de hecho fue uno de los días más calurosos en Londres. Por eso, y debido a que las empresas *dotcom* continuaban teniendo un aire de informalidad, pensé que sería buena idea ir a la entrevista en shorts. No estoy seguro de lo que Bezos habrá opinado al respecto pero hizo un par de bromas. No fue la mejor entrevista de mi vida; estaba convencido de que en lugar de admitir que Amazon jamás sería lucrativa, Bezos sólo estaba repitiendo una y otra vez su discurso corporativo. Ahora, por supuesto, me doy cuenta de que lo único que trataba de decir era que esa noción que estaba de moda en aquel entonces sobre el hecho de que Amazon estaba acabada, era falsa, y que yo era un idiota. Pero claro, ¿qué más puede esperar alguien que llega a entrevistar al hombre del año de *Time* en shorts?

La presión continuaba sin embargo. Bezos tuvo que hacer algo y por eso dijo que para fin de año la empresa sería redituable. A principios de 2002 Amazón reportó ganancias mínimas para el cuarto trimestre de 2001, superando así las expectativas de todo mundo. En los primeros meses de 2004 reportaría su primera ganancia anual de 2003, a siete años de haber sido fundada. Fue una cifra bastante saludable de 125 millones de dólares. Al parecer, Jeff Bezos, el eterno apologeta de las *dotcom* tenía razón después de todo. Logró desestimar a sus detractores y atacantes, sortear el descalabro y construir la mayor empresa minorista de distribución en línea. Actualmente la única empresa de los Estados Unidos que supera a Amazon en términos de capitalización de mercado es Walmart. Además, en 2009 en el Reino Unido, Verdict Research eligió a Amazon como la tercera empresa minorista favorita, sólo por debajo de John Lewis e IKEA.

A partir de que Amazon demostró que era un negocio viable, no dejó de innovar y evolucionar. En 2004 la empresa adquirió Joyo.com, un sitio chino al que le cambió el nombre a Amazon.cn en 2007; asimismo, se ha expandido hacia todas las categorías imaginables. A principios de la primera década del siglo, además de los suyos comenzó a vender productos de otras personas y, gracias a eso, dejó de ser tan sólo una empresa minorista y se convirtió en uno de los mercados en línea de mayor alcance y con más clientes. En 2007 la compañía empezó a vender descargas de MP3, con lo que se colocó en competencia directa con la hegemonía de la tienda iTunes de Apple. Pero, una vez más, Amazon lo hizo de manera distinta ya que, mientras iTunes y otros vendían música con Administración de derechos digitales (es decir que no se podía copiar, DRM, por sus siglas en inglés), la distribución de Amazon no implicaba esta política. Además, Amazon se enfocó en el formato MP3, el cual puede reproducirse en prácticamente cualquier aparato. Esta fue la clave que marcó la diferencia y que se granjeó la preferencia de muchos consumidores que llevaban algún tiempo lidiando con el manejo de Apple, al que percibían como obsesivamente controlador. Amazon ahora tiene

12 por ciento del mercado y Apple el 70 (NPD Group, mayo de 2010), sin embargo, la participación de Amazon continúa creciendo, en tanto que la de Apple permanece fija. La otra innovación destacada de la empresa de Bezos es el Kindle, un artefacto electrónico de lectura. En 2010 se tenía la percepción de que se habían vendido cerca de 8 millones de estos lectores electrónicos y, para hacer una comparación, ese mismo año Apple vendió aproximadamente 15 millones del iPad, su computadora en tableta. El iPad también se puede usar para leer libros aunque, a diferencia del Kindle, que se fabricó expresamente con ese propósito, no funciona bien bajo la luz directa del sol.

Por supuesto que Bezos ha cometido errores en el camino. En una ocasión, dijo: "Invertimos desde el inicio en todas las empresas de comercio electrónico que surgieron desde 1999 y que luego cayeron en bancarrota. Pets.com, living.com, kozmo.com. Participamos como inversionistas en muchas empresas de alto nivel que sólo fueron una llamarada y luego se extinguieron. Lo único bueno fue que tuvimos bastante compañía. Los sucesos no nos alejaron de nuestra misión pero, ciertamente, fueron un desperdicio de capital." (Quittner, 2008). La empresa incluso trató de involucrarse en el ámbito de los buscadores de internet (lección aprendida: no te metas con Google). Sin embargo, la diferencia entre ésta y muchas otras empresas *dotcom* que sí se convirtieron en bombas de tiempo, es que los principios fundamentales siempre fueron los correctos. Hubo una visión clara, el plan fue sensible, Bezos siempre cuidó mucho los detalles, y la compañía, en general, en todo momento representó una forma mejor de hacer las cosas. Además Amazon siempre ha estado obsesionada con la experiencia que les brinda a sus compradores y se preocupa por involucrarlos en sus procesos. La apabullante cantidad de información que reúne no sólo le permite ir personalizando sus ofrecimientos hasta crear "tiendas para clientes individuales", también le da la oportunidad de hacer que el sitio se perciba como una comunidad en donde la opinión de la gente sobre sus compras de verdad importa y les puede servir a otros.

En 2009, en la conferencia "Disruptive by design" de *Wired* se llevó a cabo una Sesión de preguntas y respuestas con Steve Levy. En ella le preguntaron a Bezos qué fue lo que permitió que Amazon sobreviviera a pesar de las dudas que muchos tenían sobre la compañía. Esto fue lo que contestó:

> Fueron dos cosas principalmente: las mediciones del negocio y el precio de las acciones. Después del descalabro económico los precios bajaron pero las mediciones continuaron mejorando... Tuvimos muchos detractores en esa época pero notamos que los críticos más duros también formaban parte del grupo de nuestros mejores clientes. Tener un equipo que está totalmente enfocado en fortalecer el producto te hace más resistente a las opiniones externas.

También vale la pena recordar que, de la misma forma en que Bezos fue una voz llena de optimismo durante la caída, también fue la voz de sobriedad que marcó los límites dentro de los peores excesos que se produjeron en el auge. A menudo le repetía a su equipo el siguiente mantra: "No porque este mes tus acciones estén 30 por ciento arriba te debes sentir 30 por ciento más inteligente, si no, cuando caiga su valor tendrás que sentirte 30 por ciento más estúpido." También dijo: "Una de las diferencias entre fundadores/empresarios y directores financieros es que los primeros siempre mantienen una actitud muy necia respecto a la visión del negocio y continúan trabajando en los detalles. El truco para ser empresario es saber cuándo ser necio y cuándo ser flexible. En mi caso, el truco radica en ser necio en lo que se refiere a los elementos de mayor envergadura."

Cabe mencionar que Bezos no es un empresario con el mismo molde de Branson. Bezos dijo en varias ocasiones que nunca ha tenido el deseo particular de salir corriendo y fundar otra compañía, aunque sí está interesado en otros rubros. Uno de ellos son los viajes espaciales que, al parecer, representan el pasatiempo de moda para los millonarios de nuestra época. En 2005 Bezos anunció Blue Origin, un proyecto con el que se enviará al espacio a los pasajeros que puedan pagar el boleto. La venta de 2 millones de acciones de Amazon que realizó en 2010 (venta que le dejó unos 92 millones de dólares) generó rumores de que podría acelerar sus actividades en el ámbito de los viajes espaciales. Pero aunque se trate solamente de un pasatiempo, si Bezos está involucrado, más vale mantenerse atento a lo que pase en el espacio.

Referencias y otras lecturas

Achievement.org, Biografía de Jeff Bezos.
Anderson, Chris, "The zen of Jeff Bezos", en *Wired*, 13, 2001.
Businessweek, "Jeff Bezos' risky bet", noviembre 13 de 2006.
Deutschman, Alan, "Inside the mind of Jeff Bezos", en *Fast Company*, agosto 1, 2004.
Frey, Christine y Cokk, John, "How amazon.com survived, thrived and turned a profit", en *Seattle Post-Intelligencer*, enero 28, 2004.
Quittner, Josh, "The charmed life of Amazon´s Jeff Bezos, en *Fortune*, abril 15, 2008.
Ramo, Joshua Cooper, "Jeffrey Preston Bezos, person of the year", en *Time*, diciembre 27, 1999.
Rigby, Rhymer, Entrevista con Jeff Bezos, en *Business 2.0*, 2001.

Capítulo Cinco
El dúo Google* (Sergey Brin y Larry Page)

Gracias en parte a un artículo publicado en *Playboy,* en septiembre de 2004, Sergey Brin y Larry Page serán por siempre conocidos como "Los muchachos de Google" ("The Google guys – America's newest billionaires"). Y a pesar de que esta monada de aliteración pueda parecer una forma bastante trivial de describir a dos de los empresarios de tecnología más adinerados e influyentes, finalmente eso es lo que son: un par de individuos. El título de *Play-boy* lo único que hizo fue darles un apodo bastante conveniente como equipo. Brin y Page son cofundadores del buscador de internet más grande del mundo, de una de las compañías de tecnología más candentes y, según algunos, de su valiosísima marca. Actualmente el dúo ocupa los puestos de presidente de tecnología (Brin) y director Ejecutivo (Page) y, además, posee la mayoría de acciones de la empresa; Eric Schmidt, a quien contrataron en 2001 fue el director ejecutivo hasta principios de 2011.

Page nació en Michigan y estudió ahí antes de inscribirse como estudiante de doctorado en la Universidad de Stanford, en California. Brin nació en Rusia pero sus padres emigraron a los Estados Unidos en 1979. Ahí se graduó de la Universidad de Maryland antes de cambiarse a Stanford para hacer un docto-

* N. del E. Aunque son dos personas, en este libro se consideran como una inteligencia cuyo éxito profesional se ha logrado en conjunto.

rado en Ciencias de la computación. Los dos jóvenes se hicieron amigos y luego, en 1996, comenzaron a trabajar juntos en un sistema de búsqueda que entonces se llamaba Backrub. En 1997 decidieron cambiarle el nombre por Google, que es una modificación del término matemático "gogol" (equivalente a un 1 seguido de 100 ceros) y una alusión a la vastísima cantidad de información que ya hay en línea.

En el más puro estilo Silicon Valley, el par logró convencer a Andy Bechtolsheim, cofundador de Sun Microsystems, de invertir 100,000 dólares. Abrieron una tienda en un garaje rentado y se establecieron como Google Technology Inc. En 1997 registraron el dominio google.com y la compañía se formó un año más tarde. Poco después contrataron a Craig Silverstein, su primer empleado y quien todavía funge como director de tecnología. En una entrevista de 2008 con *The Times* (Londres), el señor Silverstein dijo: "Siempre imaginé que seríamos una compañía de entre 80 y 100 personas." Actualmente la empresa cuenta con más de 20,000 empleados. Para finales de su primer año PC World le otorgó a Google el título de el buscador de internet más importante. Aquel fue sólo el principio de lo que se convertiría en un extraordinario ascenso. En menos de una década Google pasó de ser una compañía de la que pocos habían escuchado hablar, a ser un coloso de alcances globales.

Pero, ¿qué fue lo que el dúo Google hizo de manera distinta a los demás? Definitivamente no fueron los primeros en entrar al juego. De hecho, si uno le echa un vistazo a la lista de buscadores (Excite, Ask Jeeves, Lycos, que ahora sólo son una pálida sombra de lo que alguna vez fueron), es posible ver que Google fue de los últimos en comenzar a operar. No obstante, esta empresa les ofreció a los usuarios algo distinto. En primer lugar clasificó a las páginas de una manera diferente. Los otros buscadores las organizaron con base en el número de veces que el término de búsqueda aparecía en la página en cuestión; Google se dio cuenta de que las páginas importantes también tenían probabilidades de recibir visitas a través de otras páginas. Su algoritmo PageRank de clasificación de páginas analizó este dato y, según se dice, los resultados que arrojó eran más parecidos a la forma en que una persona asignaría la importancia a la página. En una entrevista de 2001 con *Businessweek*, Larry Page dijo: "Al conversar con todos los directores ejecutivos de las compañías de buscadores (los cuales más bien se estaban convirtiendo en portales) nos dimos cuenta de que, desde la perspectiva comercial, nadie iba a desarrollar buscadores. Todos dijeron: 'En realidad no nos interesa nuestro sistema de búsqueda.' Entonces descubrimos que ahí había una inmensa oportunidad de negocio y que nadie iba a trabajar en ella."

El segundo aspecto que diferencia en gran medida a Google de los otros es la pulcra apariencia de su página. En una era en la que muchos buscadores y portales se dedicaron a saturar su página principal, Google realizó un ejercicio minimalista. La página era en esencia, como hasta la fecha, un campo de búsqueda que tenía la palabra "Google" sobre un fondo blanco. Todos estos aspectos la hicieron muy agradable para los usuarios pero, claro, no generaba ingresos.

Los rasgos que distinguieron a Google de las típicas *dotcom* no terminaron en la experiencia del usuario ni en la tecnología. El tercer gran rasgo apareció en 2000 cuando la empresa comenzó a vender anuncios que surgían en concordancia con las búsquedas de los usuarios. Me refiero a los anuncios que aparecen abajo, del lado izquierdo de la pantalla. El modelo de ingresos fue (y sigue siendo) una combinación de empresas que "compran" estas palabras clave en un proceso de subasta y de proporción de clics. Es decir, cada vez que los usuarios llegan a un sitio a través de Google, la compañía a la que pertenece dicho sitio le paga al buscador una cantidad de dinero. Este sistema implicó que, a diferencia de muchos negocios que apenas comenzaban, Google recibiera un flujo interesante de ingresos desde una fase muy incipiente. Gracias a lo anterior no tuvo que pasar varios años quemando el dinero de los inversionistas y tratando de justificar, de una forma cada vez más compleja, la razón por la que la cantidad de visitantes era más importante que las ganancias. En lugar de eso la compañía presentó su primera ganancia a finales de 2001, apenas tres años después de establecerse de manera formal.

La última gran diferencia de esta compañía es cultural. Google ha sido reconocida durante mucho tiempo por ser un lugar genial para trabajar. Es legendaria por todo, desde la calidad de su cafetería, los alimentos, facilidades para el cuidado infantil, hasta sus instalaciones de entretenimiento, como los muros para escalar para sus empleados. Cuando escribí en un espacio semanal de *The Financial Times* sobre el lado disfrutable y extravagante de la vida corporativa, tuve que autoimponerme una regla que me obligaba a usar a Google solamente una vez cada tres meses porque, sin importar de qué aspecto escribiera, ellos parecían tenerlo todo. Ciertamente da la impresión de que este tipo de cultura surge de un sitio a muy alto nivel. Cuando entrevisté a Sergey Brin en 2001, excepto por su gran inteligencia, me dio la impresión de ser un individuo bastante común. Su oficina lucía algo descuidada y en uno de los rincones había una gran cantidad de equipo para esquiar. Pasamos 15 minutos de la entrevista hablando sobre lo que era esquiar en Lake Tahoe.

Tal vez la expresión más famosa de la filosofía de Google es su lema no oficial: "No seas malo." Mucha gente sabe que Page, Brin y Schmidt lo explicaron en un "Manual del propietario" de la compañía antes de que se lanzara la oferta pública inicial (IPO, por sus siglas en ingles) en 2004. Posiblemente la frase se acuñó para tranquilizar a los empleados temerosos de que la inclusión en la política bursátil cambiara la cultura de la empresa: "No seas malo. Estamos seguros de que a largo plazo, como accionistas y en todos los otros sentidos, nos irá mejor si la compañía realiza buenas acciones por el mundo incluso si tenemos que dejar de recibir algunas ganancias a corto plazo. Este es un aspecto importante de nuestra cultura y tratamos de compartirlo a todos los niveles dentro de la compañía." Más adelante Google hizo una revisión de estos conceptos y los clasificó en una "Escala del mal" que publica en su sitio de internet bajo el rubro de información corporativa.

La oferta pública inicial de la compañía le ayudó a recaudar 1.67 mil millones de dólares y permitió que muchos empleados se convirtieran en millonarios, pero a pesar de que la compañía cotiza en la bolsa, Page y Brin conservaron la mayoría de las acciones para continuar ejerciendo el control. Después de su exitosa oferta pública inicial Google no se durmió en sus laureles ni se mantuvo "exclusivamente" como un negocio basado en un buscador.

El altamente lucrativo corazón de Google (controla más de dos tercios del mercado de anuncios en línea) le ha permitido a la empresa apegarse a una estrategia de juego bastante inusual. En pocas palabras, esta empresa ha pasado gran parte de los últimos siete u ocho años lanzando productos que por lo general están bien diseñados y son inteligentes e innovadores. El más conocido de ellos es Gmail, su servicio de correo electrónico. Gmail se ha vuelto tan popular y fue tan bien recibido (en gran parte debido a la calidad de su diseño, el cual revolucionó el correo en línea) que algunas empresas como Rentokil mudaron sus sistemas corporativos a Gmail (*IT Pro* octubre 13 de 2009). Una vez más, Google entró tardíamente al mercado. Sus principales competidores son Hotmail, que ha estado presente desde 1996 y fue comprado por Microsoft en 1997, y Yahoo Mail, que hizo su debut también en 1997. Gmail apareció hasta 2004, sin embargo sus incursiones en el mercado son impresionantes. Hotmail tiene 360 millones de usuarios, Yahoo 284 y Gmail 173.

También cabe destacar que a Gmail se le percibe ampliamente como un servicio más atractivo y sofisticado que cualquiera de sus competidores. A Hotmail, por ejemplo, hace poco se le realizaron modificaciones estéticas generales y, según el blog de tecnología de *The New York Times* (mayo 18, 2010), la razón para hacerlo fue tratar de que fuera más parecido a Gmail. En Estados Unidos, Hotmail sufre un ligero "problema de percepción", según lo aseveró Chris Jones, vicepresidente de Microsoft. La gente siente que Hotmail está plagado de *spam* (correo basura), que tiene una capacidad de almacenaje pobre, que carece de bastantes rasgos ventajosos y, básicamente, que es un servicio de correo electrónico anticuado. "Esto se debe en parte a que Hotmail lleva bastante tiempo en uso", dijo Jones para celebrar a Hotmail como el primer servicio de correo electrónico que la hizo en grande. "Últimamente Gmail ha sido el primero en tener una gran bandeja de entrada, el primero en usar el Protocolo de Red de Acceso a Mensajes Electrónicos (IMAP, por sus siglas en inglés) y, debido a todas esas incursiones, su servicio está causando más euforia." La última oración tal vez ya es suficientemente ilustrativa de todo lo que se necesita saber respecto a la diferencia entre Microsoft y Google.

Aunque Gmail es uno de los mejores productos de Google, los nuevos son igual de interesantes y, quizás, causa de mayor preocupación para sus competidores. Recientemente la compañía lanzó su buscador Chrome, el cual fue muy bien recibido y ahora tiene a poco menos de 7 por ciento del mercado, tan sólo atrás de Firefox que controla 25 por ciento, y de Internet Explorer que abarca 60 por ciento (Netmarketshare, 2010). Lo más destacable es que Chrome se encuentra por encima de Safari, el buscador propiedad de Apple. Sin embargo, Chrome apunta hacia un aspecto todavía más revolucionario. Google no sólo quiere proveer a sus clientes con búsqueda y correo, también desea ofrecer un sistema operativo gratuito. Con estas acciones Google está colocando sus tanques de guerra directamente en el patio de Microsoft, ya que el sistema operativo de Windows actualmente se utiliza para operar el 90 por ciento de las computadoras de todo el mundo. El punto es que Chrome no sólo desea ser un buscador más: tiene contemplado transformarse en el futuro en un sistema operativo. Chrome se basa en Linux y será una fuente abierta (es decir, cualquier persona podrá tener acceso al código y modificarlo) y gratuita. El sistema está diseñado para pesar muy poco y para funcionar mejor en las laptops pequeñas en donde, según los planes, podrá ofrecer un "encendido casi instantáneo". Por supuesto, durante años ha habido sistemas operativos basados en Linux y sistemas gratuitos, sin embargo, ninguno de ellos ha estado tan cerca de ser adoptado masivamente para instalarse en computadoras de escritorio y laptops. Por ejemplo, se calcula que Ubuntu, el sistema más grande, tiene 12 millones de usuarios. Su bajo nivel de uso se debe, en parte, a la insuficiente cantidad de impulso corporativo, sin embargo, un sistema respaldado por Google ofrece expectativas muy diferentes.

Google ya tiene una estructura en el área de sistemas aunque, en este caso, ha lastimado a Apple más que a Microsoft. En 2008 lanzó un sistema operativo para teléfonos móviles llamado Android. Una vez más, se trata de un sistema que se basa en Linux; la compañía lo ofreció como una fuente abierta. Android ha tenido un gran éxito y, dependiendo a quién se decida creerle, podría estar pisándole los talones al iPhone o, incluso, tal vez tiene posibilidades de superarlo. Efectivamente, en 2010 algunos comentaristas sugirieron que en lo que se refería a las características del teléfono, Apple iba detrás de Google y no al revés. ¿Y qué hay en cuanto a Microsoft en el ámbito de telefonía? Bien, pues tal como lo comentó el bloguero de tecnología John Gruber: "El mayor perdedor esta semana fue… Microsoft. Sencillamente ni siquiera forman parte del juego… No tienen nada. No cuentan con artefactos interesantes, ni ofertas atractivas ni con una base de usuarios. La irrelevancia de Microsoft se puede dar por hecho."

Google también está encontrando otras maneras de hacerles perder el equilibrio a los jugadores más importantes del ámbito de la tecnología. Muy al principio, en 2006, se involucró en la zona de las aplicaciones en línea. Este tipo de aplicaciones son versiones simplificadas de programas como Word que no requieren nada más que un buscador para funcionar. Efectivamente: Google está ofreciendo en línea una versión rudimentaria de Office. Vale la pena enfatizar que las Apps (aplicaciones) de Google, incluso en su forma mandada a hacer, no compiten con la funcionalidad del Office de Microsoft, sin embargo, también es necesario señalar que la mayoría de los usuarios de este programa en realidad no necesitan mucho esa funcionalidad, y que a mediados de 2009 Microsoft lanzó una versión gratuita y en línea de Office.

De hecho, en lo que se refiere a muchos de sus productos, Google parece cubrir todas las perspectivas temporales: si los lanza primero, son inteligentes e innovadores, y si los lanza tardíamente hace que los anteriores parezcan aburridos e indiferentes a las necesidades de los usuarios. Muchos atribuyen lo anterior a la cultura corporativa. La percepción general es que Google tiene una fuerza de trabajo apasionada por lo que hace y un espíritu corporativo que estimula la innovación. Muchos saben que la empresa les ofrece a sus ingenieros usar 20 por ciento de su tiempo para analizar proyectos que les interesan a nivel personal. Esto se debe, en buena medida, al hecho de que los fundadores creen firmemente en la aplicación creativa de las nuevas tecnologías.

Por supuesto, no todo lo que Google toca se convierte en oro. El Google Video Player murió sin mayor bullicio en 2007 (la compañía compró YouTube); también existió Google Orkut, un intento nada exitoso por involucrarse en el ámbito de las redes sociales, y Google Answers, un producto que no se acerca ni un poco a la versión de Yahoo. Pero cuando se comparan estos productos fallidos con Gmail, Google Earth, Google Maps, Google Apps, Chrome y muchos otros, los fracasos palidecen. También se podría argumentar que Google desmotiva a otras compañías innovadoras porque, cualquier desarrollo que lleven a cabo en línea, será superado tarde o temprano por esta empresa y, por lo mismo, tal vez piensen que les valdría más terminar siendo compradas.

Debido al gran éxito de Google, los observadores de la competencia han incrementado su escrutinio de las actividades que realiza esta compañía y no dejan de quejarse de sus acciones y alcance. Google también se enfrenta a la creciente preocupación de quienes abogan por la privacidad y consideran que la cantidad de información personal de los usuarios a la que la empresa tiene acceso, es apabullante. Google ha logrado apaciguar hasta cierto punto a quienes temen por su privacidad, sin embargo la sospecha está latente. ¿Qué pasaría si algún día este enorme gigante bonachón decidiera usar parte de la información de una forma más agresiva y menos escrupulosa?

Resulta interesante que el mayor dolor de cabeza de la compañía hasta ahora no tiene tanto que ver con el aspecto tecnológico como con el político. Nuevamente, el problema radica en gran medida en el permanente deseo de Brin y Page de dirigir una empresa que no le haga daño a nadie, y en el hecho de que es más sencillo apegarse a un lema simpático cuando eres aquel personaje inocuo que le agrada a todo mundo, que cuando eres la empresa multinacional a la cabeza del mercado. Después de ejercer mucha presión, Google entró a China en 2006 con una versión censurada de su sistema de búsqueda. En aquel tiempo Brin declaró: "Sentimos que tal vez debíamos sacrificar un poco nuestros principios con el objetivo último de brindarles más información a los chinos... y así, marcar la diferencia." Esta acción provocó que el público empezara a percibir a la empresa como una especie de contorsionista en lo que se refería al aspecto ético debido a que traicionó sus raíces. Lo anterior debió ser particularmente difícil para Brin, quien recordaba lo que significó crecer en Rusia. Finalmente, combinando el deseo del gobierno chino de controlar la información con el anhelo de Google de que ésta fuera libre, se produjo un acuerdo que fue más allá de lo esperado. En marzo de 2010, después de que se detectaran ataques de hackers en la región continental de China, Google anunció que ya no estaba dispuesta a censurar sus resultados de búsqueda chinos y que éstos serían redirigidos a Hong Kong, en donde había más libertad. El suceso terminó de manera efectiva con la presencia de la compañía en China, pero cabe mencionar que este país era uno de los pocos mercados en los que Google no era la empresa número uno.

En cuanto a Page y Brin, podemos señalar que aún no llegan a los 40 años. Según Forbes, en 2010 fueron en conjunto, la vigésimo cuarta persona más rica del mundo. A pesar de que han dicho que venderán partes de la empresa para diluir su participación a menos del 50 por ciento, todavía son accionistas mayoritarios y su voto representa una influencia muy importante. Al parecer existen pocas razones para que cualquiera de ellos abandone la empresa que, apenas hace poco más de 10 años se ve preparada para continuar rompiendo los records de innovaciones con que irrumpen en el mercado. Por si fuera poco, ambos empresarios han externado su interés en el ámbito de las energías renovables.

Referencias y otras lecturas

"Enlightenment man" en *The Economist*, diciembre 6, 2008.
Ignatius, Adi, "Meet the Google guys", en *Time*, febrero 12, 2006.
Kang, Cecilia, "Cars and wind: what's next for Google as it pushes beyond the *web*?", en *The Washington Post*, octubre 12, 2010.
Malseed, Mark, "The story of Sergey Brin", en *Moment Magazine*, febrero 2007.
Playboy, Entrevista: "Google guys", septiembre 2004.
Rigby Rhymer, "Interview with Sergey Brin", en *Business 2.0*, 2000.
Spiegel , "Google co-founder on pulling out of China", marzo 30, 2010.

Capítulo Seis
Sir Tim Berners-Lee

Dado que Tim Berners-Lee ni siquiera es empresario, resulta muy justo preguntarse qué hace en una lista de pensadores de negocios. La respuesta es muy sencilla. Berners-Lee es el hombre reconocido en muchos ámbitos como el padre de la red informática mundial (a pesar de las afirmaciones de Al Gore). Como jugador clave de la gran revolución tecnológica de finales del siglo XX y principios del XXI, ha tenido un efecto más profundo en la forma en que hacemos negocios y, en este sentido, en nuestras vidas en general, que cientos de otras personas que se encuentran vinculadas de manera más obvia al ámbito del comercio y la industria. Sin el trabajo de este hombre las compañías que dirigen algunos de los pensadores presentados en este libro, como el dúo Google y Jeff Bezos, sencillamente no existirían. Por supuesto, a diferencia de esas otras personas, Berners-Lee no es particularmente adinerado y, además, lleva la vida de un típico académico. Bueno, de un académico considerado el británico vivo más importante de nuestro tiempo.

Antes de continuar es importante entender que la red (o *web*) y el internet no son lo mismo. El internet es la serie de redes, incluyendo todas las computadoras y cables físicos conectados a él. Por una parte esto podría referirse a la computadora personal o al teléfono móvil y, en otro nivel, a las enormes granjas de servidores de Google. La "*Web*", o red informática mundial (www), como Berners-Lee la denominó originalmente, es un medio que sirve para compartir información y que está construido sobre la red. En términos de tráfico, la *web* forma una parte muy grande de la totalidad de la red pero no la abarca por completo. Por ejemplo, el correo electrónico está en el dominio del internet pero no forma parte de la red a menos de que sea lo que se conoce como correo *web*. Internet surgió veinte años antes que la red y se originó gracias a Arpanet, un programa patrocinado por el Departamento de Defensa de los Estados Unidos. El 29 de octubre de 1969 se envió el primer mensaje por internet de la UCLA al Instituto de investigación de Stanford (el mensaje contenía la palabra "Login" aunque lo único que se logró enviar antes de que el sistema colapsara, fue "Lo". Esta fecha es la que se maneja comúnmente como la del nacimiento del internet.

Antes de que existiera la *web* o red, internet era un lugar menos interesante y muy diferente al que conocemos ahora. Era sólo una serie de sistemas militares y académicos vinculados, un mundo de códigos secretos que sólo podían utilizar personas con cerebros colosales, y distaba mucho de ser la burbujeante experiencia multimedia tan sencilla de usar en la actualidad. A pesar de que la mayoría de la gente emplea el término "el o la internet", en realidad todos se refieren a la *web*. Resulta curioso que los orígenes de la *web* (si no del internet) sean puramente europeos, ya que se trata de un producto que identificamos con Silicon Valley y sobre el cual iniciaron su dominio las empresas de la Costa Oeste de los Estados Unidos años atrás. Berners-Lee, padre del internet, es un inglés que trabaja en instalaciones europeas de investigación. Asimismo, el primer sitio de internet fue bautizado con el atractivo nombre de info.cern.ch, y no era una *dotcom* en absoluto; era .ch, es decir, formaba parte del dominio Suizo.

Berners-Lee nació en 1955 en East Sheen, un pequeño

suburbio londinense de clase media. En general lo educaron desde la infancia de una forma bastante convencional, salvo por el hecho notable de que, al igual que sus padres, era sumamente inteligente. Ellos eran matemáticos y trabajaron en algunas de las primeras computadoras que hubo en el mundo, como la Ferranti Mark I. A Tim le fascinaba la electrónica y en las conversaciones a la hora de la comida siempre se hablaba de temas como la inteligencia artificial o se practicaban juegos matemáticos en los que empleaban números imaginarios (como las raíces cuadradas de números negativos). Berners-Lee asistió a una escuela en Wandsworth y luego estudió en Queen's College, Oxford, en donde obtuvo el título de Licenciatura en Física.

Después de graduarse se enfocó en el *software* y trabajó en Plessey Telecommunications por dos años antes de cambiarse a DG Nash Ltd; sus contemporáneos lo recuerdan como un hombre muy inteligente y decidido. Más adelante Berners-Lee se convirtió en asesor independiente y consiguió un contrato de seis meses para trabajar en CERN, las enormes instalaciones de investigación de física en Ginebra. Eso fue en 1980. Como Berners-Lee quería encontrar la manera de vincular la información y todos los documentos que tenía en su computadora, diseñó un *software* que servía para organizar datos de una manera parecida a la que emplea la mente humana. Su idea, según dijo, era "mantener un registro de todas las asociaciones aleatorias que uno se encuentra en la vida real". El programa se llamó Enquire y, según el investigador, "formó la base conceptual para la red informática mundial". En esencia, Enquire implicaba que las palabras que aparecían en unos archivos se podían vincular a otros archivos. Aunque el programa funcionó bien, todavía distaba mucho de ser el hipertexto con alcance global de la actualidad porque sólo funcionaba en la computadora personal de Berners-Lee.

De 1981 a 1984 trabajó en el área de diseño técnico en la empresa Image Computer Systems de John Poole, pero en 1984 regresó al CERN en calidad de miembro, y su interés en organizar información en las computadoras se avivó de nuevo. En ese tiempo todo fue una pesadilla porque la estandarización e interoperabilidad que conocemos ahora estaban todavía muy lejos de existir; los distintos *hardware* y *software* variaban muchísimo y los equipos no sólo no hablaban el mismo lenguaje, tampoco tenían interés en hacerlo. En 1989 Berners-Lee escribió una propuesta para "un gran hipertexto de base de datos con vínculos escritos", idea que fue recibida con amable indiferencia a pesar de que Mike Sendall, su jefe, le sugirió que intentara aplicarlo en una computadora.

Berners-Lee encontró en Robert Cailliau a alguien que supo apreciar mejor sus ideas. Cailliau era un científico belga enfocado en la informática y estaba listo para ayudar a Berners-Lee a desarrollar un discurso para captar recursos dentro del mismo CERN. Cuando ambos investigadores volvieron a presentar la idea en una conferencia en 1990, hablaron de una red de documentos que podría ser vista a través de buscadores y hacer uso de una arquitectura cliente/servidor. Una vez más, nadie les entendió del todo y, por eso, decidieron aventurarse solos. A finales de ese año, Berners-Lee ya tenía todo lo que necesitaba para construir una red básica a pesar de que sólo funcionaría en una computadora NeXT. (Si acaso hubiera sido posible tener un hipervínculo, habría sido con Steve Jobs.)

El 6 de agosto de 1991 puso en línea el primer sitio oficial. Para aquellos que estén interesados en conocerlo, todavía se le puede visitar. El deleitante y modesto primer párrafo dice así: "El proyecto de la red informática mundial (WWW) tiene como objetivo permitir que se establezcan vínculos con cualquier información, en cualquier lugar. El formato de la dirección incluye un método de acceso (=espacio de nombres) y, para la mayoría de los espacios, un nombre de equipo y una especie de camino." Más adelante, continúa: "El proyecto WWW se inició para permitir que los físicos que investigan las energías más potentes compartieran datos, noticias y documentos. Estamos muy interesados en introducir la *web* a otras áreas y en tener servidores que sirvan como compuerta para otro tipo de información. Aceptaremos gustosos cualquier colaboración."

Si en ese momento Berners-Lee sabía que lo que estaba haciendo sería comparado, algún día no muy lejano, a la invención de la imprenta, entonces estaba siendo encantadoramente honesto, pero dado el mediocre pasado del proyecto, tal vez sólo pensaba que seguiría siendo una útil herramienta para el ámbito académico, y ya. Es muy fácil olvidar lo difícil que era en aquellos días navegar en buena parte de la *web*.

También vale la pena señalar que el concepto de hipertexto no le pertenecía solamente a Berners-Lee, sino que fue anterior a él y que data de 1945. Sin embargo, a él se le ocurrió unir los conceptos de hipertexto e internet. A principios de los noventa empezó a crecer el interés y aparecieron algunos cuantos sitios a pesar de que estaban confinados a laboratorios y departamentos de ciencia de algunas universidades. En 1993 el CERN liberó los protocolos *web* y el código para que cualquiera pudiera usarlos, y en 1994 Berners-Lee estableció el Consorcio de la Red informática mundial (W3C) para implementar estándares para la *web* y mantener su calidad.

No obstante, en 1993 no sólo se revelaron los protocolos de la *web*, también hubo otro hito: la aparición del buscador Mosaic creado por Marc Andreessen y Eric Bina. A este buscador se le atribuye el hecho de que la red informática mundial se haya popularizado y haya llegado a la gente común. Así es, a pesar de que Mosaic sólo duró de 1993 a 1997, aún se le reconoce como un buscador de la *web*. En realidad Mosaic fue la última etapa en el proceso que inició Berners-Lee en 1984. Tal como recordará cualquier persona que haya estado estudiando o trabajando a principio de los noventa, la mayoría de la gente no contaba con internet cuando comenzó la década. Un par de años después algunas personas llegaron a tener correo electrónico, pero no fue sino hasta mediados de la década (Internet Explorer apareció en 1995) que las cosas realmente comenzaron a despegar y la *web* hizo su transición final de herramienta para científicos a producto popular que todas las compañías querían tener. Amazon.com apareció en 1995, a poco menos de cuatro años después de que surgió el primer sitio de internet.

A Berners-Lee por lo general se le considera un hombre modesto porque en más de una ocasión ha dicho que sólo estuvo en el lugar adecuado en el momento preciso, y que hubo otros que también estaban explorando las mismas ideas que él. Aunque todo lo anterior es verdad, también es excesivamente modesto. Muchos otros inventores del pasado (como Edison) dirigieron a equipos de investigadores, en tanto que Berners-Lee de verdad creó la *web* por sí solo en gran medida. En este sentido se puede decir que realmente la inventó; es el solitario genio de nuestra imaginación popular. A pesar de toda la gente que ayudó a implementar, popularizar y divulgar su invento, en realidad a él se le ocurrió la idea. Por supuesto, tampoco se trató sólo de inventar un sistema. El otro gran logro de Berners-Lee, el que lo contrapone a las otras personalidades de este libro, es que, habiendo creado algo que llegó a ser tan increíblemente útil y que apuntalaría el gran cambio económico de la información, él sólo decidió regalarlo. Berners-Lee jamás ha obtenido ganancias de manera directa de su invento.

Su creencia en el libre intercambio de información es algo intrínseco a la fibra misma de la red. A veces se trata de un bien puro como Wikipedia y los *blogs*, y a veces es una mezcla compleja que consiste en compartir archivos y útiles fuentes de noticias que descubren que es muy difícil cobrar por la información. De un tiempo para acá Berners-Lee ha abogado incansablemente por la neutralidad de la red; él defiende el principio de que toda la información es igual y dice que los Proveedores de Internet (ISP, por sus siglas en inglés) no deben favorecer a ciertos sitios y servicios por encima de otros. En

2004 empezó a laborar como Profesor de Ciencias de la Computación en la Universidad de Southampton, en donde está enfocado en la *web* semántica. La idea detrás de este concepto es que las computadoras en realidad comprenden la información que manejan, y que no sólo se la entregan a los usuarios. A finales de 2009 Berners-Lee estableció la Fundación World Wide *Web*. Y aunque tal vez no ha ganado dinero gracias a su invento, sí ha sido objeto de numerosos honores. Además de que lo nombraron caballero, posee como una docena de títulos, medallas y premios. En 2004 se votó por él como el británico vivo más importante, honor bien merecido para un hombre que inventó algo tan útil, que en poco más de una década reescribió la manera en que gran parte de los negocios se llevan a cabo en el mundo, y que luego, simplemente le regaló su invento a la gente.

Referencias y otras lecturas

Austin, Marcus, "Profile", en *Business* 2.0, 2001.

Berners-Lee, Tim, Biografía de su sitio personal de internet.

Johnson, Bobbie, Perfil de The Guardian, "Tim Berners-Lee", en *The Guardian*, agosto 12, 2003.

Naughton, John, Perfil de The Observer, "Para servirnos todos sus días", en *The Observer*, abril 19, 2003.

Quittner, Joshua, "Network designer: Tim Berners-Lee", en *Time*, marzo 29, 1999.

Capítulo Siete
Anita Roddick

En 2007, cuando falleció Anita Roddick a la edad de 64 años, los tributos no se hicieron esperar, sin embargo, muchos de ellos no los realizaron las personas que uno esperaría que alabaran a esta mujer de negocios. Además de Gordon Brown, el entonces Primer ministro del Reino Unido, también la elogiaron el director ejecutivo de Greenpeace y el director de Amnistía Internacional. Los cargos de quienes la alabaron podrían ser la clave para saber quién era esta mujer porque, a pesar de que construyó un imperio inmensamente exitoso de miles de tiendas y de que amasó una fortuna muy importante, en realidad no será recordada por su agudeza empresarial. Anita Roddick aseguró su lugar en la historia gracias a que fue la primera persona que logró fundir el comercio y el activismo social. Anita reconoció que los negocios eran una de las fuerzas más poderosas del mundo moderno y decidió usarlos para avanzar en sus planes éticos y ambientalistas. Roddick es diferente en este sentido porque para ella los negocios eran sólo un medio para alcanzar un objetivo, no al revés.

En su ámbito, el de los negocios con responsabilidad social, Anita fue pionera en toda la extensión de la palabra. Actualmente la mayoría de la gente recicla, se preocupa de que las comunidades indígenas reciban un buen trato, y despotrica contra el impacto de carbono; cualquier negocio moderno con algo de prestigio adopta el discurso de la sustentabilidad, los resultados finales y los accionistas. Pero regresemos a la década de los ochenta, a los buenos tiempos de Thatcher y Reagan. En aquel tiempo, para la gran mayoría de hombres de negocios, el verde era solamente un color que le quedaba bien a un Jaguar. Así es, resulta muy sencillo olvidar lo poco que les importaba entonces a los hombres de negocios los asuntos de ética. Y no es que fueran insensibles (bueno, en el Reino Unido de Thatcher sí había varios así), era sólo que no sabían de qué se trataba. Había un movimiento ecológico, por supuesto, pero en su mayor parte su objetivo sólo era atacar a las empresas. La genialidad de Roddick radicó en lograr que los asuntos éticos se convirtieran en una proposición sólida, y en utilizar los negocios como una fuerza para hacer el bien.

Anita Perilli nació el 23 de octubre de 1942 en un refugio contra bombardeos de Littlehampton, West Sussex, un pueblo en la costa sur de Inglaterra. Las oficinas centrales de su negocio, The Body Shop, continúan ahí. Anita fue hija de inmigrantes italianos y la otra única familia italiana en el pueblo era la de sus primos. Según ella, lo anterior la convirtió en una "...extranjera por naturaleza y me orilló a juntarme con otros forasteros y rebeldes" (http://www.anitaroddick.com). James Dean era su héroe. Anita también ha dicho que desarrolló cierto sentimiento de furia: "(Éste) despertó en mí cuando leí un libro sobre el Holocausto a los diez años."

Como muchos otros inmigrantes italianos de aquel tiempo, sus padres tenían un café. Se divorciaron cuando ella tenía ocho años y entonces su madre se casó con Henry, un primo de su padre. Resultó que Henry era el padre biológico de Anita y que su madre mantenía un romance con él aún casada. A la niña le sorprendieron gratamente estos sucesos, según dijo, pero por desgracia Henry murió año y medio después de haber desposado a su madre.

Al terminar la secundaria, Roddick recibió entrenamiento para ser maestra y luego pasó un año en un kibutz en Israel. Después comenzó a viajar a lugares tan lejanos como las islas del Pacífico Sur y Sudáfrica, de donde fue deportada por asistir a una noche de jazz en un club negro. Tal vez en ese momento se prefiguró lo que sucedería más adelante. Anita dijo que viajar le ayudó a desarrollar más su conciencia social, aunque quizás deberíamos preguntarnos cuántas jóvenes tenían una conciencia social bien desarrollada en los sesenta. Cuando regresó al Reino Unido su madre le presentó a un escocés llamado Gordon Roddick. "Nuestro vínculo surgió de manera instantánea." Vaya que sí: Anita se mudó al departamento de él cinco días después de conocerlo, y luego, la pareja permaneció unida durante cuarenta años hasta que ella murió.

A los 26 años Anita dio a luz a Justine, su primera hija; dos años después tuvo a Sam (quien siguió los pasos de su madre con un poco más de desenfado al establecer una *sex shop* ética y para gente pudiente en Covent Garden, Londres. Entre los productos más vendidos en su tienda se incluyen los consoladores fabricados con madera producida de manera sustentable). Anita y Gordon se casaron en 1970 cuando ella estaba esperando a Sam, y abrieron un restaurante y luego un hotel.

The Body Shop, como mucha gente sabe, nació por necesidad. En 1976 Gordon decidió que quería montar a caballo de Buenos Aires a Washingotn, DC. No obstante tuvo que abandonar su proyecto porque el caballo cayó en un barranco. Antes de irse le ayudó a su esposa a conseguir un préstamo de 4,000 libras con la idea de que ella abriera un negocio para mantenerse a sí misma y a sus hijas. Según Anita, en aquel tiempo no tenía gran noción de lo que implicaba la venta al menudeo pero sí poseía la gran experiencia que le habían brindado sus viajes. En ellos llegó a ver en primera fila los rituales de belleza y los productos que usaban las mujeres de sociedades preindustriales, de las cuales todavía había bastantes en los sesenta y los setenta. Además, la joven madre tenía el bagaje de haber sido criada durante la guerra y la posguerra en el Reino Unido, tiempos en los que reaprovechar los recursos y saber lidiar con el racionamiento y la austeridad, era fundamental.

Existe algo de confusión respecto a cuán verde o ética era The Body Shop en sus inicios, pero lo que sí es muy claro es que los productos siempre fueron bastante naturales y Roddick se oponía con mucho vigor a las pruebas en animales. También vale la pena recordar que a finales de los setenta casi no existían criterios ni normas para este tipo de manejo empresarial. Es evidente que a los clientes de Roddick les encantaban sus productos sencillos y libres de crueldad, y que los eligieron porque se sentían insatisfechos con las otras ofertas. En 1978 la compañía abrió su primera sucursal en el extranjero. Fue un quiosco en Bruselas. Para 1980 la cadena ya se había convertido en uno de los iconos de las calles principales británicas a pesar de lo fuera de sincronía que estaba con el espíritu de la Inglaterra de Margaret Thatcher.

En 1984 comenzó a cotizar en el mercado de valores no enlistados de Londres (es decir, el mercado menor de la bolsa de valores que luego fue reemplazado por el AIM). The Body Shop ingresó a una lista de mayor importancia al año siguiente, pero como sólo era una Compañía Pública de Responsabilidad Limitada (PLC, por sus siglas en inglés), el cambio hizo despertar rudamente a Roddick. Más adelante, comentó: "Jamás debí haber cotizado de esa manera, pero uno nunca sabe bien lo que está sucediendo en ese momento." Lo que pasó fue que su idea de una empresa con múltiples estados financieros y accionistas estaba adelantada unos 15 años para su tiempo. Además al mercado bursátil inglés sólo le interesaba una cosa: el estado financiero global. Anita se peleó con Patrick Gournay, su director ejecutivo; la compañía tuvo dificultades en los Estados Unidos, y toda la experiencia la metió en un estado de enorme desconfianza hacia el mundo corporativo tradicional y a los periodistas de temas económicos. A pesar de todo lo anterior, a las acciones de la compañía les fue muy bien y en 1990 The Body Shop fue valuada en 800 millones de libras, lo cual convirtió a Anita en la cuarta mujer más adinerada del Reino Unido aunque sólo poseía 30 por ciento de la empresa.

El activismo de Roddick, sin embargo, fue un elemento todavía más interesante. En 1985 respaldó con su empresa el movimiento para salvar a las ballenas; en 1989 se involucró en el rescate de la selva tropical y en 1990 hizo campaña contra las pruebas en animales. La empresa también reunió firmas para campañas de derechos humanos. Asimismo, en lugar de comprar productos como aceite de cacao y nuez de Brasil en mercados de insumos, Roddick salió a conocer a los campesinos de América Central, la India y la Amazonia para negociar de manera directa con ellos y asegurarse de que obtuvieran el mejor precio por sus productos. En 1986 The Body Shop lanzó su primer producto de intercambio con comunidades: un artefacto para dar masaje a los pies fabricado por un distribuidor del sur de la India. En 1990 se estableció la Fundación Body Shop para la caridad. La revista *Big Issue*, que ofrece una fuente de ingresos para gente sin hogar, fue uno de los primeros proyectos de la fundación. Mucha gente sabe que The Body Shop jamás tuvo un departamento de *marketing* y, como Anita Roddick estaba a la cabeza, se podría decir que nunca lo necesitó. Ya fuera despotricando contra las empresas trasnacionales, apoyando la filosofía feminista o soportando ataques de gas durante los disturbios de la Organización Mundial de Comercio en 1999, Anita nunca estuvo lejos de los reflectores.

Por desgracia la década de los noventa fue menos amable con The Body Shop. Los Roddick continuaron teniendo problemas en el mercado de valores de Londres y dijeron que, de haber podido costearlo, habrían vuelto a privatizar la compañía. Los rasgos que convirtieron a Anita en un rostro tan adecuado para la marca, no lograron atraer a las personas que tenían que ver con el aspecto financiero de la empresa y, como muchos otros negocios, The Body Shop descubrió que es muy sencillo ser agradable cuando eres un negocio pequeño pero que todo cambia cuando te conviertes en una trasnacional. Pero la crítica no se limitó a la gente de traje del sector bursátil; en 1994 el periodista Jon Entine escribió un artículo condenatorio acerca de The Body Shop para la revista *Business Ethics* y, al parecer, hubo muchos otros que estuvieron listos para señalar a la tienda de manera acusatoria.

Con la ventaja que nos da ahora una visión retrospectiva, podríamos decir que tal vez fueron injustos. Es verdad que la compañía no siempre logró cumplir sus nobles ideales, pero también es cierto que casi siempre se esforzó por hacer lo correcto. Además, cuando se comercia con la bandera verde, incluso la menor infracción ambiental será notada. Se cometieron errores, pero en muchos casos sucedió así porque la compañía, más que seguir un camino bien definido con anterioridad, estaba abriendo un nuevo sendero y, como señaló Roddick, a The Body Shop a veces se le exigían estándares más altos que a otras empresas. Un ejemplo del forcejeo que tuvo con sus detractores proviene de este artículo de Jon Entine publicado en *The Daily Mail.* Etine escribió:

> Por primera y única vez me permitieron hacerle una pregunta. Cité una versión del discurso que dio en 1993, en el que convocó a boicotear a China. "¿Cómo concilia usted su llamado a boicotear a China si The Body Shop recibe docenas de productos de ese país? Según las organizaciones de comercio justo, usted personalmente ha rechazado peticiones de cambiar a fuentes más éticas." Ella me miró. "Usted no entiende, ¿verdad? Yo me refería a lo que deberían hacer las empresas, no a lo que hacen en la vida real. Mi labor es inspirar, pero también tengo un maldito negocio que dirigir."

Resulta interesante que el articulista haya hablado con Roddick sobre el tema de China, ya que la más emocionante economía nueva del mundo ha demostrado ser un muro de piedra para las empresas con dimensión ética. Más de una década después,

Google se encontró en una posición similar respecto a las solicitudes chinas sobre censura y al fisgoneo de las cuentas que llevaba a cabo el gobierno. Y, para todas las voces chillonas de los grupos que defendían causas individuales, este continuó siendo un dilema sin respuesta. No sólo se trata de aclarar que lucrar y hacer lo correcto son conceptos diametralmente opuestos, sino también de aclarar que, en ocasiones, no está bien definido qué es "lo correcto".

Los problemas de The Body Shop, sin embargo, no sólo fueron los de cualquier negocio que empieza a crecer. A principios de los ochenta lo que Roddick estaba haciendo era genuinamente fresco y diferente. Ya para 1997 todo mundo hacía lo mismo y, en algunos casos, lo hacía incluso de una manera más fresca e interesante que The Body Shop. Cuando aparecieron las primeras tiendas de Lush en la década de los noventa, de pronto The Body Shop comenzó a lucir como parte de aquella tendencia conservadora a la que alguna vez este mismo negocio se enfrentó.

En 2006 The Body Shop fue vendido a L'Oréal, el gigante francés de los cosméticos. Muchos de los más antiguos seguidores de la tienda nunca perdonaron esta maniobra, en buena medida porque L'Oréal era una compañía de cosméticos mucho más convencional, con todo lo que eso implicaba. The Body Shop se administra de manera independiente, sin embargo, el hecho de ser adquirida por una empresa trasnacional que busca añadir a su portafolio una compañía con ética, es en realidad el destino que les ha tocado enfrentar a muchos negocios con responsabilidad social. Los chocolateros Green & Black's, por ejemplo, ahora son propiedad de Cadbury (que a su vez pertenece a Kraft); y la compañía *hippy* de helados Ben & Jerry's le pertenece al conglomerado anglo-holandés Unilever. Los verdaderos seguidores podrían pensar que se trata de una traición, pero también es muy válido argumentar que, al pertenecer a estos grupos, es posible exponer a más gente a las ideas y principios que respaldan a los negocios responsables.

Tristemente a Roddick ya no le quedaba mucho tiempo; ya le habían diagnosticado cirrosis. La empresaria desarrolló esta enfermedad como resultado de la hepatitis C que contrajo treinta años antes por una transfusión de sangre que le realizaron después de dar a luz a su segunda hija, sin embargo no lo supo hasta 2004. Típico de ella, en cuanto descubrió que estaba enferma, en lugar de lamentarse por su situación personal, comenzó a realizar campañas para concientizar a otros. Y cuando anunció lo que pasaba en 2007, dijo: "Claro que es un golpe, pero uno se queja un poco y luego sigue adelante." Anita murió en septiembre de 2007 de una hemorragia cerebral. En 2008 se supo que no le heredó a su familia su fortuna de 51 millones de libras y que prefirió donarla a varias obras de caridad.

Más que financiero, su mayor legado fue cultural. Anita cambió para siempre la noción de lo que es capaz de hacer un negocio y la razón de su existencia. En la actualidad hasta las compañías que fabrican armas se preocupan por la responsabilidad social (o al menos fingen hacerlo). Y todo esto se debe, en buena parte, a Anita Roddick.

Referencias y otras lecturas

Anita Roddick, Sitio de Internet.

BBC News, "Dame Anita Roddick dies aged 64", en el Sitio de Internet de The Body Shop, septiembre 10, 2007.

Entine, J., "Shattered Image: Is The Body Shop Too Good to be True?", en *Business Ethics*, octubre 1994, pg. 23-28.

McCarthy, Michael, "How Anita changed the world", en *The Independent*, septiembre 12, 2007.

Moore, Matthew, "Anita Roddick's will reveals she donated entire £51m fortune to charity", *The Telegraph*, abril 16, 2008.

Roddick, Anita, "Biografía", Sitio de Internet.

Roddick, Gordon, "I want to do Anita justice", en *The Telegraph*, octubre 21, 2007.

Siegle, Lucy, "Profile: Anita Roddick ('And this time, it's personal'), en *The Observer*, febrero 19, 2007.

The Telegraph, Obituario de Anita Roddick, septiembre 12, 2007.

Capítulo Ocho
Ray Kroc

Si alguna vez hubo un hombre para quien se inventó el epíteto, "una leyenda en su propia hora del lunch", este hombre tendría que ser Ray Kroc. Kroc ha sido llamado, para ser precisos, el Henry Ford de las hamburguesas y el padre de la comida rápida. El gran testimonio del éxito que tuvo este hombre se puede notar en que, para definir la globalización en estos tiempos, tanto fanáticos como detractores utilizan el nombre de la cadena cuyo crecimiento él impulsó, y en el hecho de que muchos de los aspectos que nos parecen perfectamente comunes de las empresas trasnacionales, se presentaron por primera vez en su negocio.

Como sucede con toda la gente de negocios que de verdad tiene gran influencia, el impacto de Kroc fue más allá del ámbito comercial. De hecho, algunos incluso aspiran al importante lugar que Mcdonalds ocupa en la cultura popular. *The Economist*, por ejemplo, publica una tabla alternativa de tipo de cambio que se llama Índice Big Mac; asimismo, hace poco se incluyó el término "McEmpleo" en el *Diccionario Oxford de Inglés*, y aunque la gente de McDonalds reclama airadamente que el término denigra las oportunidades de empleo que le ofrece a la gente, cuesta trabajo no creer que, en el fondo, está fascinada con la inclusión. Y todo se debe al hombre que parecía que iba a terminar vendiendo máquinas expendedoras de malteadas.

Ray Kroc fue, desde cualquier perspectiva, un empresario tardío. Se involucró con la cadena de alimentos más grande del mundo cuando ya tenía cincuenta años, una edad en la que la mayoría de la gente ya está pensando en retirarse, no en revolucionar la industria de los alimentos, los hábitos alimenticios de la gente y el panorama urbano de los Estados Unidos. Kroc nació en 1902 en Illinois. En 1917 intentó trabajar como conductor de ambulancias en la Primera Guerra Mundial (mediante una edad falsa), pero la guerra terminó cuando él estaba en entrenamiento y tuvo que permanecer en territorio norteamericano. Como necesitaba un empleo, tocó el piano durante algún tiempo antes de empezar a trabajar para la compañía Lily Tulip Cup, en 1922. Su trabajo consistía en vender vasos y otros productos de papel.

Durante su vida como vendedor itinerante, Kroc conoció a Earl Prince, un cliente que inventó la "multimezcladora". Este artefacto podía preparar cinco malteadas de manera simultánea. Kroc, ya de 37 años, detectó el potencial de la máquina y compró los derechos exclusivos para usarla. Luego pasó los siguientes 17 años viajando por todo el país y vendiendo las multimezcladoras a restaurantes y farmacias. Sin embargo, las ventas comenzaron a decaer en la década de los cincuenta. La gran expansión de los suburbios en los Estados Unidos había comenzado y las fuentes de soda operadas por "papá y mamá" estaban cerrando sus puertas. El negocio de Kroc iba en declive y, al parecer, se dirigía a su fin. Pero de pronto un restaurante ordenó la tremenda cantidad de ocho multimezcladoras, lo cual quería decir que necesitaban preparar 40 malteadas al mismo tiempo. Por supuesto, Kroc se quedó intrigado.

Atraídos a California por los brillantes reflectores de Hollywood, Richard y Maurice McDonald salieron de Nueva Inglaterra en 1930. Sus sueños de convertirse en millonarios todavía no se habían realizado, y se les ocurrió fundar un restaurante en San Bernardino, que entonces era un pueblo perdido a poco más de 100 kilómetros al Este de Los Angeles. Cuando Kroc lo visitó se sorprendió por lo que encontró. Gracias al "servicio ultraveloz" que los hermanos integraron en 1948, el restaurante era como un panal de actividad bien organizada en el que los alimentos se preparaban más o menos de la misma forma en que se armaban los automóviles en las líneas de ensamblaje de Ford. El menú tuvo que ser abreviado a sólo nueve platillos y la comida se servía en platos de papel acompañados de utensilios de plástico. Además no había en dónde sentarse. Los precios eran increíblemente bajos y las órdenes se entregaban en 60 segundos. En una era en la que la higiene de los restaurantes a veces brillaba por su ausencia y los trabajadores eran descuidados, aquel lugar era un fulgurante testimonio de pulcritud y eficiencia. Tiempo después Kroc escribió en su autobiografía: "Me sentí como un Newton trasnochado al que le acababa de caer una enorme papa de Idaho en la cabeza." El vendedor creyó ver el futuro, y ese futuro era un McDonald's en cada esquina concurrida.

Al siguiente día Kroc les presentó su visión a los hermanos pero a ellos no les llamó mucho la atención. De hecho ya habían experimentado un poco con sus planes de expansión y lograron vender algunas franquicias, pero llevaban una vida bastante cómoda gracias a su negocio y no les parecía necesario esforzarse más. Kroc, por otra parte, tenía mucha fe y, echando mano de los poderes de persuasión que le brindaron décadas de experiencia como vendedor, logró convencer a los hermanos de que le cedieran los derechos exclusivos para vender su modelo de negocio. Kroc vendería las franquicias por 950 dólares. Además recibiría el 1.9 por ciento de las ventas totales de cada sucursal, y el 0.5 por ciento del mismo sería para los hermanos. Kroc abrió su primer McDonald's cerca de Chicago para que sirviera como modelo y publicidad para los franquiciatarios en potencia.

Es interesante saber que mucha gente cree que a Kroc se le

ocurrió la idea original de McDonald's, sin embargo, como ya vi-mos, no fue así. El concepto y buena parte de la construcción de la marca se les deben a los hermanos. Sin embargo, es perfectamente válido considerar que Kroc, no ellos, es el hombre detrás de McDonald's. Lo más seguro es que sin él, McDonald's sería sólo otra cadena de restaurantitos de la que nadie ha oído hablar, o tal vez, ya ni siquiera existiría.

Lo que les hacía falta a los hermanos, y que Kroc poseía, era la motivación para transformar un pequeño negocio en un coloso de alcances globales. Así es, posiblemente Kroc sea el ejemplo más claro de esa obviedad en los negocios, de que tener una buena idea en realidad no basta. Él es la encarnación viviente de la famosa cita de Edison: "La genialidad es 1 por ciento inspiración y 99 por ciento sudor." Con su idea de McDonald's, los hermanos aportaron el 1 por ciento. Tal vez una de las razones por las que Kroc tuvo ese empuje entonces, sea que, para 1955, seguía sin contar con un plan B. A pesar de que las multimezcladoras le habían generado buenos ingresos, el ominoso futuro se le venía encima y él era cada vez más viejo. En realidad McDonald's era su último tiro de dados.

Kroc insistía mucho en las regulaciones y en la uniformidad porque vio que éstas eran la clave del éxito. Por eso se dedicó a perfeccionar el modelo de los hermanos. Todo se estandarizó, desde la mezcla de la carne, las papas a la francesa y las malteadas, hasta las medidas y las porciones como el octavo de pulgada y el cuarto de libra. En lugar de implementar el relativamente complejo trabajo que requería un chef para preparar órdenes, Kroc desglosó todo hasta convertirlo en sencillas tareas que cualquier persona con un entrenamiento mínimo podría llevar a cabo. Es por esto que la comparación con Henry Ford es tan adecuada. Antes de Kroc la comida rápida era un proceso descuidado que exigía empleados entrenados pero de todas formas producía resultados desiguales. Kroc cambió todo eso con su particular visión de lo que era perfecto. Él creía que, dondequiera que comieras en los Estados Unidos, debías recibir exactamente los mismos alimentos y experiencia, de Florida a Alaska.

Kroc también fue un innovador en otros rubros. En una época en la que a la comida todavía no se le consideraba un arte, él introdujo rigor científico a los procesos, hasta el punto de llegar a construir un laboratorio. Abatió sin piedad los costos para mantener los precios bajos y fue uno de los primeros en contratar a empleados de medio tiempo y adolescentes. Desglosar las tareas en componentes más pequeños y establecer equipos en las cocinas le ayudó a cumplir sus objetivos. Kroc también creía en la calidad, y en un tiempo en el que muchos competidores usaban ingredientes baratos, él insistió en sus ahora famosas hamburguesas cien por ciento de res. También se dio a la tarea de buscar nuevas ubicaciones en los suburbios para sus restaurantes y lo hizo con un fervor estratégico que mezclaba sus conocimientos de administración y planeación urbana.

Por supuesto que cuando comenzó no tenía el mercado para sí solo. Aunque en ciernes, ya había otras cadenas. Sin embargo, Kroc quería que McDonald's fuera distinto. Algunos de los recursos que explotó para lograrlo fueron la limpieza y uniformidad de sus restaurantes. También usó las relaciones que tenía con sus franquiciatarios porque, aunque Kroc diluyó la complejidad de las tareas de quienes trabajaban en los restaurantes, siempre trató muy bien a los dueños. En aquel tiempo muchos franquiciantes de negocios consideraban a los franquiciatarios como poco más que vacas lecheras a las que se tenía que ordeñar lo más posible, pero Kroc era distinto. Él quería vender un restaurante que operara como fábrica y deseaba trabajar en conjunto con los franquiciatarios en vez de exprimirles cada centavo. Además, aunque Kroc era fanático en lo referente a la uniformidad, les dio a los franquiciatarios bastante flexibilidad para experimentar e innovar dentro de la estructura básica y, por si fuera poco, siempre prestaba atención a sus ideas. Muchos de los productos de la compañía como el filete de pescado, el McMuffin de huevo, incluso la Big Mac, fueron inventados por algún franquiciatario. Kroc creía que cada vez que vendía un McDonald's, iniciaba una relación de negocios a largo plazo.

Hasta aquí parecería que nuestro protagonista se encontraba en el carril de alta hacia el éxito, pero, de hecho, tenía un fuerte problema. A pesar de lo saludables que eran sus cifras en términos de crecimiento, a las finanzas de la compañía no les estaba yendo bien en ese momento. El trato que Kroc hizo con los hermanos McDonald no era muy bueno para él y significaba que, aunque las ganancias eran inmensas a principios de los sesenta, él casi no estaba sacando nada para sí. Lo peor era que su carácter obsesivo se contraponía intensamente a la indiferencia de los hermanos. Lo único que deseaba entonces era comprarles su parte porque sentía que el enfoque que tenían era peso muerto para la marca.

Su salvación a largo plazo llegó gracias a un abogado genial que traía una solución muy elegante. Era Harry J. Sonneborn. Su plan consistía en hacer que la empresa se convirtiera en una suerte de "casero" para el franquiciatario. En 1956 se fundó Franchise Realty Corporation con la idea de que la empresa comprara ubicaciones y luego las rentara a los franquiciatarios de McDonald's. Éstos, a su vez, tendrían que pagarle a la compañía una cantidad definida o un porcentaje de las ganancias, lo que fuera mayor. Fue un golpe de genialidad que más adelante instaría a Kroc a señalar a Sonneborn como el hombre responsable de transformar a la compañía por completo. En el libro, *McDonald's behind the Arches* (Love, 1995), dice: "Lo que convirtió a McDonald's en una máquina de hacer dinero no tuvo nada que ver con Ray Kroc ni con los hermanos McDonald, ni siquiera con la popularidad de las hamburguesas, las papas a la francesa y las malteadas. Más bien, esta empresa logró sus ganancias gracias a los bienes raíces a través de una poco conocida fórmula que desarrolló Harry J. Sonneborn." Así es, a pesar de que Kroc nunca aceptó esta perspectiva, Sonneborn alguna vez le dijo a un grupo de inversionistas que la compañía era, en realidad, un negocio de bienes raíces: "La única razón por la que vendemos hamburguesas de 15 centavos es porque estas son la mayor fuente de ingresos con la que nuestros inquilinos pueden pagarnos la renta."

Aunque la corporación Franchise Realty fue la que finalmente rescató a Kroc, eso tardaría varios años en suceder y, a pesar de ello, nuestro protagonista siguió hundido por varias razones. El de 1961 fue un año particularmente difícil para Kroc porque se divorció de su esposa, quien, habiendo estado casada 39 años con él, sintió que la compañía ya no dejaba espacio para ella. Además, como Kroc les dio a varios empleados valiosos una buena parte de sus acciones porque no podía pagarles salarios mayores, para solicitar un préstamo se vio forzado a renunciar a todavía un 22 por ciento más de su participación accionaria.

Pero no fue suficiente. Kroc llegó al punto en el que estaba dispuesto a hacer cualquier cosa con tal de deshacerse de los fundadores de "su" cadena, quienes a veces parecían trabajar con el objetivo de socavar sus logros. Finalmente llegaron a un acuerdo. Los hermanos exigieron 1 millón de dólares libre de impuestos para cada uno, lo cual daba la cifra de 2.7 millones de dólares en total. Kroc logró reunir el dinero pero en términos nada convenientes para él. A pesar de que en retrospectiva fue un trato malísimo para los McDonald, en aquel tiempo Kroc creía que estaba pagando un precio demasiado alto. Por si fuera poco, no llegaron a un acuerdo respecto a si el trato incluiría al restaurante original o no. Al final los hermanos se quedaron con él pero tuvieron que cambiarle el nombre. A partir de entonces se llamó "The Big M". Kroc abrió un McDonald's al otro lado de la calle y sacó a "The Big M" del negocio.

Kroc tenía, al fin, el negocio que siempre anheló. Para mediados de los sesenta la compañía ya contaba con cientos de sucursales en todo Estados Unidos, y en 1965 empezó a cotizar en la bolsa, lo cual le brindó los recursos necesarios para expandirse en un mercado en auge pero cada vez más competitivo. McDonald's también comenzó a anunciarse y en muy poco tiempo ya tenía anuncios a nivel nacional que, aunque eran costosísimos, también resultaban muy efectivos. Ronald McDonald, quien apareció por primera vez a principios de los sesenta, de pronto se vio rodeado de todo un grupo de personajes bastante creíbles como Grimace, Mayor McCheese y Hamburglar. De todos ellos, el único que aún se usa es Ronald.

En los setenta McDonald's se convirtió en la cadena de comida rápida más grande de los Estados Unidos y en 1971 llegó a Alemania y a Japón. En 1977 abrió su primera sucursal en Londres. Kroc se convirtió en una figura a nivel nacional, compró a Los Padres de San Francisco, un equipo de beisbol, y conoció a los presidentes. La compañía también comenzó a generar críticas, tanto de los que estaban preocupados por las fallas nutricionales que se percibían en su comida, como de quienes estaban muy atentos al hecho de que la economía de los Estados Unidos estaba alejándose de su base manufacturera para enfocarse en los servicios.

Pero nada de esto le preocupaba a Kroc. Él se mantuvo desligado de la enorme riqueza y el poder que estaba creando su compañía, fuera de la esfera de los Arcos Dorados. El empresario también se resistió a la tentación de aburguesarse. En 1968 abandonó el cargo de director ejecutivo pero hasta que llegó su fallecimiento, en 1984, a los 81 años, se mantuvo profundamente involucrado en la organización, incluso a un grado casi obsesivo en algunos aspectos.

Para cuando murió Kroc, su compañía había vendido cerca de 50 mil millones de hamburguesas y era una de las más grandes de los Estados Unidos, ya que tenía un valor de aproximadamente 4 mil millones de dólares. Sin embargo, la influencia del empresario en el mundo va más allá de estas cifras. Porque si se quiere pensar en una compañía que encarne un inmenso número de los cabios económicos que tuvieron lugar en la segunda mitad del siglo XX, el mejor ejemplo es McDonald's. Esta empresa incluso modificó la manera en que los Estados Unidos comían, cambió la forma de trabajar de los estadounidenses, le dio un giro al paisaje urbano, incluso se podría decir que tuvo que ver con el cambio en la apariencia de mucha gente en ese país. Muy pocos pensadores de negocios han llegado a tener un impacto tan grande afuera del ámbito comercial.

Referencias y otras lecturas

Entrepreneur.com, "Biografía de Ray Kroc", www.entrepreneur.com
Gross, Daniel, *Forbes Greatest Business Stories of All Time*, 1996, pp. 232-45.
Kroc, Ray, *Grinding It Out: The making of McDonald's*, 1990.
Love, John, F., *McDonald's behind the Arches*, Bantam Press, 1995.
McDonald's, Sitio de Internet, www.mcdonalds.com
Pace, Eric, "Obituario", en *The New York Times*, enero 15, 1984.
Pepin, Jaques, "Burger meister, Ray Kroc", en *Time*, diciembre 7, 1998.
Schlosser, Eric, *Fast Food Nation*, 2001.

Capítulo Nueve
Rupert Murdoch

A veces, o mejor dicho, casi siempre, a Murdoch se le retrata como una especie de Montgomery Burns de los medios. Esto no es del todo injusto porque no sólo es millonario, también ejerce un enorme poder e influencia a través de su grupo de periódicos y estaciones televisivas que incluyen desde *The Sun* (el diario en papel de mayores ventas en el Reino Unido), hasta Fox News (el controvertido canal de ala derecha de los Estados Unidos). Incluso *Los Simpson*, la serie animada que más tiempo ha sido transmitida, forma parte del imperio de Murdoch. De hecho, en 1999 apareció él en dicho programa, tal vez para burlarse de aquellos que aseguraban que el magnate no tenía sentido del humor.

Además de la existencia misma del hombre, tenemos a la leyenda que Murdoch ha cultivado meticulosamente a lo largo de los años. Sin duda es una persona que genera sentimientos fuertes. Muchos lo detestan, por ejemplo, y las razones que se han dado para ello incluyen que es responsable de que en los medios hayan aparecido muchos elementos de estupidez y vulgaridad, y que ejerce una influencia negativa sobre la política de los países en los que opera. Sufriendo de una enfermedad terminal, el dramaturgo británico Dennis Potter declaró, de manera muy memorable: "Voy a bautizar a mi cáncer con el nombre de Rupert", (BBC, 2002); Alan Bennett declinó un título honorario de Oxford debido a los vínculos que tiene la institución con Murdoch; y la revista de sátira *Private Eye*, con cierta regularidad lo ridiculiza con el apodo de "el australiano sucio". A pesar de todo, hay muy pocos jefes de estado que se negarían a tener una reunión con Murdoch. Además, como veremos adelante, haciendo un análisis general, su influencia total en los medios podría resultar menos maligna de lo que muchas personas creen.

Keith Rupert Murdoch nació en 1931 en Melbourne, Australia. Su padre, también llamado Keith, dirigía el grupo de periódicos regionales News Ltd, lo cual le permitía brindarle un muy buen nivel de vida a su familia. Murdoch estudió filosofía, política y economía (PPE, por sus siglas en inglés. PPE es una carrera multidisciplinaria que eligen muchas personas de la élite del Reino Unido) en Oxford, y cuando falleció su padre en 1953, heredó la empresa de la familia. En poco tiempo logró establecerse como un sagaz operador de los medios y se expandió más allá de la base regional para convertirse en una poderosa fuerza entre los periódicos australianos. Más adelante ya tenía la mirada fija en la operación en el extranjero y comenzó a comprar otras publicaciones en Nueva Zelanda. En 1964 estableció *The Australian*, el primer diario nacional de su país. *The Australian* prefiguró en gran medida lo que sucedería más adelante. Por supuesto se trataba de una aventura de negocios, pero como un periódico de gran formato (es decir, con contenidos de calidad), también estaba diseñado para brindarle a Murdoch influencia política.

Un país pequeño como Australia (en términos económicos y de población) no pudo contener durante mucho tiempo a Murdoch y, por lo tanto, éste comenzó a prestarle atención al Reino Unido. Su primera adquisición importante en el extranjero fue el lascivo periódico dominical británico *News of the World*, cuyo control obtuvo en 1969 después de una enconada batalla contra Robert Maxwell, otro colosal magnate de la prensa. Ese mismo año compró *The Sun* a pesar de que entonces era un periódico de formato amplio y estaba demasiado alejado del beligerante tabloide *Red Tops* que encarna el periodismo actual de tabloides. Murdoch se hizo de este periódico porque, como buen hombre de negocios, sabía que las imprentas que obtuvo al comprar *News of the World* permanecían desocupadas seis de los siete días de la semana. Después de comprar *The Sun*, Murdoch lo reinventó como un tabloide; la cuestionada página tres en la que siempre salían modelos semidesnudas apareció un año después y, en 1979, la transformación se completó cuando el periódico abandonó sus alianzas Laboristas y le brindo su entonces bastante considerable apoyo a Margaret Thatcher. Dos años después, en 1981, Murdoch provocó furor en el Reino Unido al adquirir los dos pilares de la tendencia conservadora: *The Times* y *The Sunday Times*. Como era de esperarse, a sus detractores les preocupó lo que haría con los dos periódicos y, aunque Murdoch tenía sus planes, estos resultaron bastante distintos a lo que muchos esperaban.

A mediados de los ochenta, en respuesta a las permanentes disputas laboristas en Fleet Street, Murdoch despidió a 6,000 trabajadores que estaban en huelga y mudó sus cuatro publicaciones a Wapping, en la zona de los muelles del este de Londres. La disputa industrial y las protestas se prolongaron por un año pero al final ganó Murdoch. A diferencia de los huelguistas, él tenía la preparación y el colchón financiero necesarios para sentarse a esperar a que terminara la huelga. La disputa Wapping fue un episodio clave en la decadencia del poder de los sindicatos del Reino Unido de Margaret Thatcher. También sirvió para modificar la apariencia de Fleet Street y el equilibrio de poder entre los periódicos. Para finales de los ochenta ya casi todos los periódicos británicos nacionales se habían mudado al sector de los muelles, y el modelo de impresión de Murdoch comenzó a ser adoptado por muchos.

Pero el Reino Unido y la prensa tampoco eran suficientes para satisfacer las ambiciones del magnate, quien ya llevaba algún tiempo contemplando el mayor mercado de todos. A principios de los setenta adquirió un periódico local estadounidense y *The Star,* uno de esos tabloides que se podían comprar de paso en la caja de cualquier supermercado. No obstante, en 1976 elevó sus aspiraciones y compró el periódico *The New York Post* bajo la promesa de mantener sus tradiciones, para luego transformarlo en el tabloide sensacionalista de derecha que se conoce ahora.

Debido seguramente a que Murdoch se dio cuenta de que el poder de los periódicos estaba menguando y que la televisión cada vez desempeñaba un papel más importante en el diseño de los planes políticos, decidió involucrarse en otros medios, además del impreso. En 1983 tomó el control del debilitado satélite de transmisiones, Satellite Television UK, el cual reinició su operación al año siguiente como Sky Channel. En 1990 este se fusionó con su rival BSB para formar British Sky Broadcasting; la empresa News International, que le pertenecía a Murdoch, actuó como accionista mayoritaria. En sus primeros años la compañía sudó dinero, pero en realidad estaba subsidiada por el resto de News International (Murdoch jamás ha tenido problemas en permitir que algunas secciones lucrativas de sus negocios respalden a sus contrapartes menos productivas). Para 1992, British Sky Broadcasting ya había apartado los derechos para transmitir el futbol de la Liga Premier y a partir de mediados de los noventa comenzó a desempeñarse de una manera sumamente productiva y como un jugador de gran importancia dentro del mercado televisivo del Reino Unido. Actualmente su presidente es James Murdoch, el hijo de nuestro protagonista.

Murdoch también se involucraba de una manera cada vez más activa en otras áreas del entretenimiento. En 1985 compró la primera mitad, y luego la otra parte, de TCF, la corporación tenedora de 20th Century Fox, y empezó a adquirir repetidoras de televisión con la idea de formar una cuarta cadena en los Estados Unidos para competir con ABC, NBC y CBS. En 1985 adoptó la ciudadanía estadounidense porque sólo a los ciudadanos se les permitía ser propietarios de estaciones de televisión en ese país. En sus primeros días Fox Televisión tuvo que enfrentar una buena cantidad de críticas por la baja calidad de sus programas, pero poco a poco fue haciéndose de una audiencia y adquiriendo credibilidad gracias a programas como *The OC* y *House*. En 1996 abrió tal vez el canal más conocido de la cadena: Fox News. Señalar que el canal es controversial es tan redundante como afirmar que Murdoch es ambicioso. Roger Ailes, quien anteriormente fue estratega del Partido Republicano, ayudó a lanzar el canal de noticias que siempre se presentó como una propuesta "Justa y equilibrada". Fox News alcanzó altos vuelos durante el mandato de Bush gracias a su tendencia populista de derecha.

Sin embargo, para la gente de centro e izquierda de los Estados Unidos, Fox fue un dolor de cabeza porque finalmente les brindó a los constituyentes de la derecha su propio canal de noticias y algo que parecía acercarse a una voz coherente. Además, la propuesta se volvió altamente influyente. Con mucha frecuencia se le ha acusado a este canal de tener una descarada tendencia a la derecha y de tergiversar algunos hechos por así convenir a sus planes; sin embargo, en los Estados Unidos los polarizados reclamos políticos de la izquierda tienden a ser asuntos demasiado politizados para la derecha, así Fox y sus presentadores se regodean en el oprobio que les han arrojado sus hipócritas detractores. Vale la pena señalar, sin embargo, que Murdoch es como una brizna que se inclina con el viento. Tras la victoria de Obama llevó a cabo algunas maniobras muy cuidadosas para alejarse tanto del sesgo político del canal como del desenfadado discurso de Ailes.

Por supuesto, dado que Murdoch ya pasa de los ochenta años, hay mucha especulación en cuanto a su legado, particularmente porque la estructura de su herencia es demasiado compleja, es decir, hay varios derechos de voto porque el magnate tiene hijos de distintos matrimonios y las edades de estos van de los 8 a los cincuenta y tantos años. A pesar de su edad, sin embargo, Murdoch no ha dado señales de estar a punto de ceder su negocio. Efectivamente el apetito que tiene el empresario por la influencia y su anhelo de seguir haciendo negocios no han menguado en absoluto a pesar de que se rumora que su esposa más reciente se las ha arreglado para hacer más flexibles sus políticas. Su aparente inmortalidad, o al menos, la creencia en ésta, se manifiesta en formas muy peculiares. En 2008 Michael Woff, su biógrafo, aseveró que el color de cabello del magnate va de un tono anaranjado brillante al color berenjena, y luego explicó que él mismo se lo pinta solo en el baño de su casa.

La primera década del siglo fue bastante heterogénea para Murdoch porque en ella se presentaron varias excepciones a las reglas. Al igual que les sucedió a muchas publicaciones, la estabilidad de sus periódicos sufrió un declive en circulación y ganancias por publicidad y, con el advenimiento de la *Web*, la estrategia de los periódicos exitosos que alguna vez subsidiaron a la televisión satelital, comenzó a funcionar de manera inversa. Murdoch también tuvo algunos acercamientos francamente difíciles con la nueva economía. Entre ellos se destaca su adquisición en 2005 de Myspace por 580 millones de dólares. Al principio pareció una maniobra muy astuta para ingresar a los nuevos medios, además, las ganancias por publicidad prometían mucho a pesar de que por algunos años el éxito de Facebook ha hecho que muchos comenten que Murdoch no realizó una compra inteligente, sino que adquirió un sitio que estaba a punto de sufrir un revés. Esto y sus recientes enfrentamientos con Google (el empresario y los ejecutivos de News Corp describieron en varias ocasiones al buscador de Google como un "parásito" que se beneficia de los contenidos producidos por otras personas) ha provocado que mucha gente señale que Murdoch no entiende bien el internet y que su comportamiento es en realidad el de un viejo que es testigo de cómo se desmorona el imperio que construyó.

Ni siquiera los periódicos que le pertenecen y que todavía tienen éxito son lo que alguna vez fueron. A principios de los noventa *The Sun* solía jactarse de que tenía el poder de influir en las elecciones en el Reino Unido. Y claro, mucha gente llegó a creerlo, sin embargo, hay que señalar que su comportamiento belicoso coincidió con el incremento de su influencia. En 1992 respaldó a los Tories (Partido Conservador) en la elección general del Reino Unido y de esa forma le dio la puñalada al partido laborista. Después de eso el periódico aseveró: "Fue *The Sun* lo que los hizo ganar." En unos cuantos años su tiraje llegó hasta casi los 5 millones de ejemplares. La cifra ahora se encuentra apenas por encima de los 3 millones y en la última elección general del Reino Unido, el partido al que respaldó, en lugar de ganar la mayoría, tuvo que formar una coalición con los Demócratas Liberales. El resultado es más que elocuente.

A pesar de todo hay otras buenas razones para no descartar a Murdoch. Hace poco realizó una inversión muy importante en los Estados Unidos al adquirir *The Wall Street Journal* en 2007. Mucha gente temió que el empresario destruyera uno de los pocos periódicos serios y exitosos que aún quedaban en ese país, pero para sorpresa de muchos, todo parece indicar que Murdoch logró revigorizar la publicación. Efectivamente, tal como declaró Roy Greenslade, comentarista de medios del Reino Unido (*Time*, 28 de junio de 2007), la estrategia de Murdoch consiste en mantener las manos fuera de sus periódicos más importantes, pero involucrarse con mucha alegría con los tabloides. *The Wall Street Journal* es la verdadera joya de la corona de Murdoch y, de hecho, es una gema por la que pagó de más. Se piensa que Murdoch ahora tiene como objetivo *The New York Times*, el periódico más influyente del mundo y la forma más certera que tendría para reivindicarse un hombre al que muchos consideran un ignorante. Un artículo que apareció en la revista *New York* a principios de 2010, señalaba: "Muchos consideran que la vehemencia con que Murdoch desea obtener el *Times*, es una especie de obsesión al estilo del capitán Ahab. '(Comprar el *Journal*) fue el peor negocio que ha hecho. Nunca tuvo lógica', comenta un antiguo e importante ejecutivo de News Corp. 'No tenía justificación para adquirirlo, era algo que sólo deseaba.'" (Sherman 2010).

Aquellos que creen que la edad disminuirá el apetito de Murdoch por los negocios y la permanente construcción del imperio, tal vez deberían hacer una revisión del pasado para analizar el futuro. Todo parece indicar que lo único que lo detendrá será la tumba o alguna enfermedad que lo conduzca a ésta. Murdoch es el arquetípico magnate que nunca tiene suficiente. Siempre está ocupado en decidir cuál es el siguiente paso, el próximo negocio.

A pesar de todas las actividades del empresario en los Estados Unidos, lo que sucede del otro lado del Atlántico también es muy interesante, si no es que más. Sus tácticas más recientes tienen como objetivo atacar los problemas que el internet les ha ocasionado a los mercados de la prensa impresa. La idea es abordar el problema de manera global pero con un énfasis importante en los Estados Unidos y el Reino Unido. Los periódicos de todo el mundo llevan algún tiempo lidiando con problemas simultáneos como el declive en las ganancias por anunciantes y el hecho de que los contenidos se estén regalando en internet, pero sólo Murdoch empezó a cobrar recientemente por los periódicos más leídos en línea.

Desde junio de 2010 *The Times* y *The Sunday Times* (dos de los periódicos de "calidad" más conocidos y leídos) comenzaron a cobrarles a los lectores de internet por tener acceso a los contenidos. Esta maniobra es muy temeraria porque los únicos periódicos a los que les ha funcionado son *The Financial Times* y *The Wall Street Journal*, los cuales podrían considerarse casos especiales porque las noticias de negocios son un ámbito especializado y a muchas empresas no les molesta pagar suscripciones. Sin embargo, en el caso de *The Times*, Murdoch está compitiendo contra los otros tres periódicos de gran formato del Reino Unido (y posiblemente también con el *Daily Mail*) que ofrecen productos muy similares y que son gratuitos. Murdoch está apostando a que, a donde quiera que vaya, los otros lo seguirán. Si está en lo correcto, el hombre al que muchos han maldecido por arruinar los periódicos durante tantos años, podría convertirse en su salvador.

La revista *Time* describió a Murdoch como "el más reciente y el último de los colosales magnates de los medios… hombres que amaban sus bienes y los usaron para amasar fortunas e influir en la política y la sociedad", el artículo continuaba, "a diferencia de sus contemporáneos, Murdoch ha sido capaz de ver siempre más allá de lo evidente de una manera sistemática". (Pooley, 2007). Posiblemente este es el resumen, en dos renglones, más preciso que encontraremos sobre la importancia de Murdoch y, tal vez, el que les convendría recordar a quienes lo descartan del panorama.

Referencias y otras lecturas

BBC Perfil, Rupert Murdoch.

BBC, "Entrevista con Dennis Potter", junio 31, 2002.

Pooley, Eric, "Exclusive: Rupert Murdoch speaks", en *Time*, junio 28, 2007.

Robinson, James, "Rupert Murdoch, protector of the printed word", en *The Observer*, agosto 9, 2007.

Sherman, Gabriel, "The raging septuagenarian", en *New York Magazine*, marzo 8, 2010.

Sydney Morning Herald, "Murdoch told: live and let dye go", marzo 9, 2010.

Walker, Andrew, "Rupert Murdoch: bigger than Kane", *BBC*, Julio 31, 2002.

Wolff, Michael, "Tuesday with Rupert", en *Vanity Fair*, octubre 2008.

Capítulo Diez
Peter Drucker

Cuando Peter Drucker murió en 2005 a los 95 años de edad, los tributos no se hicieron esperar. Jack Welch dijo: "El mundo sabe que fue el más grande pensador del manejo empresarial del último siglo", en tanto que el gurú de la administración Tom Peters lo describió como "el creador e inventor de la administración moderna". Estos dos halagos establecen perfectamente el tenor: realmente no había casi nadie que deseara hablar mal de Peter Drucker quien, además, logró atraer a seguidores de todos los ámbitos de la sociedad. Entre sus admiradores se encontraban Karl Rove y George W. Bush, Andy Grove de Intel, Winston Churchill y Bill Gates.

Drucker empezó a filosofar sobre la administración a finales de los cuarenta y principios de los cincuenta, un tiempo en el que la administración moderna realmente no existía como disciplina y en el que los administradores y gerentes carecían de las herramientas necesarias para lidiar con el creciente número de corporaciones trasnacionales. Y eso fue justamente lo que Drucker les brindó, aunque, por supuesto, su trayectoria es mucho más amplia. La de Drucker es la historia de la corporación moderna en sí (él acuñó los términos "trabajadores del conocimiento" y "administración por objetivos") y sigue al capitalismo occidental desde los días idílicos de los cincuenta y los sesenta, hasta la desilusión, cinismo y egoísmo de la primera década del siglo XXI.

Drucker es un caso muy peculiar dentro de la administración porque, en un ámbito que se inclina por las modas pasajeras (en gran medida, tal vez, debido a la carencia de teorías sólidas y predictivas de verdad), su pensamiento continúa siendo respetado. Es verdad que el mismo Drucker no consideraba a la administración como una ciencia sino como arte liberal. Especialmente después de la crisis bancaria, no resulta difícil encontrar a gente que diga que Drucker continúa teniendo mucha relevancia. Por supuesto no todo lo que escribió o dijo fue genial y, de hecho, algunas cosas fueron bastante ilógicas, pero, tal como se señaló una vez en *The Economist*: "Incluso cuando estaba equivocado tenía la capacidad de instar a otros a reflexionar."

También era un intelectual consumado, una suerte de erudito y humanista, y el enorme acervo de conocimiento que reunió sobre muchos campos, informó e iluminó su pensamiento sobre la administración y permitió que todo lo que aseveraba se tornara aún más atractivo. Drucker fue legendario por la amplitud de sus influencias culturales: no era raro escucharlo citar referencias que iban de Bizancio a Jane Austen. A seis años de su fallecimiento aún ejerce un poder sobre sus seguidores como de culto. Hay sociedades de Peter Drucker en todo el mundo, se continúan llevando a cabo conferencias para discutir su importancia y todavía se publican libros sobre él.

A Drucker lo constituyeron, básicamente, sus antecedentes. Nació en Viena en 1909 en el tiempo en que esa ciudad era un importante centro cultural. Su padre fue empleado de categoría del Servicio Civil y su madre estudió medicina. El hogar de Drucker fue de clase media alta lleno de intelectuales. Siendo niño conoció a Sigmund Freud; y Joseph Schumpeter, el economista, era amigo de la familia. El hecho de que Drucker se haya convertido en una suerte de hombre del renacimiento se atribuye a esa temprana exposición a figuras de gran relevancia de varios ámbitos. Jack Beatty, su biógrafo, (2005), escribió: "Tal como sucedió con el 'Señor Kurtz' de Conrad, toda Europa participó en la construcción de Peter Drucker."

Tras graduarse de la escuela local, Drucker se mudó a Hamburgo en donde trabajó como empleado. Por las tardes estudiaba en la Universidad de Hamburgo. En 1929 encontró otro empleo en un despacho de Wall Street, en la sucursal de Frankfurt y, por esa razón, se cambió a la Universidad de dicha ciudad. También empezó a colaborar como periodista financiero en el periódico más importante de la ciudad (el *Frankfurter General-Anzeiger*). Un año después ya era director de las secciones de asuntos internacionales y negocios (a pesar de que su trabajo también incluía editar la página para mujeres). A pesar de ser tan joven llegó a entrevistar a Hitler. En 1931, a la edad de 22 años, obtuvo el doctorado en leyes internacionales. Un año después publicó un panfleto sobre Friedrich Julius Stahl, un filósofo conservador alemán que no estaba de acuerdo con los nazis. El panfleto estaba diseñado para mostrar oposición, objetivo que cumplió muy bien. El gobierno nazi lo prohibió y quemó copias. Muy poco tiempo después Drucker se dio cuenta de que necesitaba salir de Alemania y se fue al Reino Unido.

Encontró trabajo en Londres como analista de valores y mientras estuvo ahí asistió a las conferencias de John Maynard Keynes en Cambridge. Aquella experiencia produjo en él una importante epifanía, ya que descubrió que, mientras los economistas estaban preocupados por el comportamiento de las divisas, los insumos y otros instrumentos, lo que a él le interesaba era la manera en que actuaba la gente. A Drucker no le fascinaba Londres porque le parecía que tenía una apariencia anticuada y porque le recordaba demasiado a Viena. En 1937 se mudó a los Estados Unidos para trabajar como corresponsal de varios periódicos.

En 1939 publicó su primer libro, *The End of Economic Man: The origins of totalitarianism*. Tres años después se unió al Bennington College de Vermont, en donde trabajó como profesor de Política y Filosofía. En 1943 publicó su segundo libro, *The*

Future of Industrial Man. Este libro hizo que General Motors (GM) se fijara en él y lo invitara a pasar dos años investigando la compañía. GM le abrió las puertas por completo al periodista e investigador, desde sus talleres hasta el lugar de reunión de la Junta Directiva. Cuando Drucker habló de escribir un libro sobre administración sorprendió mucho a sus patrocinadores de GM porque no creían que alguien lo leería. Uno de ellos, dijo: "No creo que alguien se pueda interesar en un libro sobre administración." El libro se escribió, sin embargo. Se llamó *The Concept of the Corporation* y fue el gran trampolín para que Drucker se hiciera inmensamente conocido. A pesar de que en él se presentaban muchos conceptos nuevos, los dos más importantes eran el del empoderamiento y el de los trabajadores del conocimiento. El primero hizo que el modelo de mando y control empezara a lucir anticuado porque la descentralización estaba ganando popularidad y Drucker fue el hombre que articuló la premisa de que, para que la descentralización funcionara se le tenía que dar libertad al personal. En el caso de los trabajadores del conocimiento, Drucker anticipó el cambio que se produciría de la labor física al trabajo intelectual, necesario en las economías avanzadas de Occidente. El libro se convirtió en *best seller* a pesar de que, curiosamente, Alfred Sloan, entonces Presidente de GM, lo detestó al punto de negarse a acreditar su existencia.

En 1950 Drucker se convirtió en profesor de Administración de la Escuela de Negocios de la Universidad de Nueva York y en 1954 publicó *The Practice of Management*. En este libro aparecieron tres de sus preceptos más conocidos: ¿Cuál es nuestro negocio? ¿Quién es nuestro cliente?, y ¿Qué es lo que nuestro cliente considera valioso? A dicho libro también se le atribuye la aportación de la idea de la administración por objetivos. Drucker se volvió famoso por sus predicciones, ya que en los cincuenta aseveró que la tecnología de la información (IT, por sus siglas en inglés) modificaría el rostro de los negocios, y que Japón se convertiría en una potencia económica a nivel mundial. Tal vez ahora esto suene poco interesante, pero Drucker lo dijo cuando a Japón se le consideraba sólo un fabricante de productos de dudosa calidad. Por si fuera poco, también predijo la depresión que viviría el país asiático después de 1990.

A lo largo de la década de los sesenta el investigador continuó dando clases y publicando en la Universidad de Nueva York. Tiempo después obtuvo el premio más importante de dicha institución: la Mención Presidencial. En 1971 se cambió a la Claremont Graduate School en California, y en 1975 comenzó a escribir la columna que publicaría durante 20 años para *The Wall Street Journal.* Entre 1970 y 1980 publicó en promedio un libro por año y, por lo tanto, describió a esa década como su periodo de mayor productividad. Tal vez lo más impresionante es que en 1974 las ventas de su libro *Management: Taks, responsibilities, practices,* superaron a las del libro *The Joy of Sex* del doctor Alex Comfort. Aunque para ese momento a Drucker se le consideraba todo un gurú, él solía bromear: "Llevo años diciendo que preferimos usar la palabra 'gurú' sólo porque 'charlatán' es demasiado larga para los encabezados de los diarios."

Drucker también trabajó como asesor para muchas empresas importantes de la posguerra en los Estados Unidos. Empresas como GE, Coca-Cola, IBM e Intel se sometieron a su escrutinio, y él siempre estuvo dispuesto a ofrecer su asesoría de una manera honesta para señalar las fallas, pero trató de brindarles comprensión y empatía a los solicitantes para que no se sintieran confrontados. También colaboró con gobiernos y organizaciones sin fines de lucro, sin cobrar en muchos casos. El investigador llegó a intuir el surgimiento de las ONG como un medio para proveer servicios que la mayoría de las empresas no podían ofrecer. En 1980, sin embargo, también empezó a notar otra tendencia perturbadora, la codicia de los ejecutivos. En *Businessweek* (Byrne, 2005), se escribió:

> En un ensayo de 1984 argumentó de una manera muy persuasiva que los salarios de los Directores Ejecutivos se

> habían disparado y estaban fuera de control. Entonces imploró a las Juntas Directivas que limitaran las compensaciones para estos puestos a no más de 20 veces lo que ganaban los empleados y trabajadores. Lo que le molestó de manera muy particular fue la tendencia de los administradores corporativos a cosechar ganancias colosales al mismo tiempo que despedían a miles de trabajadores. 'Es un acto moral y socialmente imperdonable', escribió Drucker, 'y pagaremos un precio muy alto por ello'.

Lo anterior lo podemos considerar como el principio del desencanto que Drucker sufrió hacia el final de su vida debido a los altos ejecutivos. En la medida en que fueron creciendo las compensaciones para los directivos y que se fue marchitando su noción de que los negocios debían tener un propósito más allá de sólo obtener ganancias, Drucker se desilusionó muchísimo. Él creía que se estaba recompensando de manera exagerada a ejecutivos de poca calidad que, de paso, lograban subir por el escalafón gracias a una fuerza de trabajo exprimida y maltratada. Drucker siempre consideró que los directores ejecutivos y administradores eran héroes, pero cuando comenzó a criticarlos, a nadie le agradó lo que dijo.

Tal vez esta fue la razón por la que en el hipercapitalismo de finales de los noventa y principios del siglo XXI algunos comenzaron a señalar a Drucker como un personaje anticuado y fuera de tiempo. En 1997 dijo: "En el siguiente descalabro económico habrá un estallido de amargura y enojo dirigido a los grandes jefes que se pagan millones a sí mismos." Drucker estaba cerca de la verdad porque, efectivamente, hubo un estallido de amargura y enojo. Sin embargo, nuestro protagonista no logró ver cuán desenfocada y mal dirigida estaría la ira. A pesar de todo, la crisis hizo que muchos que tenían dudas se dieran cuenta de que era él, y no los directores ejecutivos, quien estaba en lo cierto. Además Drucker siempre predicó con el ejemplo y, a pesar de la gran riqueza que obtuvo gracias a su trabajo, nunca tuvo mucho tiempo para permitirse ser materialista. Quienes lo visitaron en casa a menudo señalaban la modestia con la que vivía. Drucker murió en 2005 de causas naturales, justo antes de cumplir 96 años. Continuó trabajando y publicando hasta el final y, de hecho, su último libro se editó póstumamente.

Por supuesto, tampoco fue un hombre infalible. Simon Caulkin (2005), quien era entonces editor en jefe de *The Observer*, escribió en su obituario:

> Entre sus acciones como pionero, no sólo señaló la importancia de la administración. También, de manera inevitable tal vez, detectó la importancia de los ejecutivos, aunque claro, con resultados menos favorables. Como lo señala Chris Grey de Judge Business School, Drucker perteneció de una forma única a su tiempo y su lugar, y cuando en las décadas de los cincuenta y los sesenta sostuvo el espejo para que los administradores corporativos se vieran como los nuevos héroes culturales y económicos, éstos se quedaron anonadados con su reflejo.

Otras de las críticas que podríamos considerar justas, incluyen la acusación de que Drucker se desempeñaba mejor en organizaciones grandes que en pequeñas, hasta el punto en el que llegó a ignorarlas, y que la administración por objetivos ha sido abandonada casi en su totalidad. No obstante, al comparar sus fallas con su gran legado, es obvio que sólo se trata de quejas menores. Drucker fue el primero y el más importante de los pensadores de la administración y también un intelectual genuino que pudo haber sobresalido en muchos otros ámbitos. En 1996 se publicó lo siguiente en el *McKinsey Quarterly*: "Peter Drucker es el gran gurú al que hacen reverencia todos los otros gurús." Y sigue siendo así hasta la fecha. En 2009, en *The Economist*, también se leyó: "La razón más importante por la que la gente continúa reverenciando a Drucker es que... sus escritos siguen siendo abrumadoramente relevantes."

Referencias y otras lecturas

Beatty, Jack, "The education of Peter Drucker", en *Atlantic*, diciembre 2005.

Byrne, John A., "The man who invented management", en *Businessweek*, noviembre 28, 2005.

Caulkin, Simon, "Putting the man into manager", en *The Observer*, noviembre 20, 2005.

Drucker School, Claremont Graduate University, Biografía y línea de tiempo, Sitio de Internet de Claremont Graduate University.

The Economist , "Remembering Drucker", noviembre 21, 2005.

The Economist, "Peter Drucker: trusting the teacher in the grey-flannel suit", noviembre 24, 2005.

"Remembering Drucker, *The Economist*, (En línea), http://www.economist/node/14903040?story_id=14903040

http://www.druckersociety.at/index.php/peterdruckerhome/texts/friedrich-julius-stahl

Micklethwait, John y Wooldridge, Alan, "Drucker: the guru's guru", en *McKinsey Quarterly*, junio 22, 1996.

Starbuck, Peter, "Obituario: Peter Drucker", *The Guardian*, noviembre 14, 2005.

Stern, Stefan, "Drucker's ideas stand the test of time", en *The Financial Times*, noviembre 24, 2009.

Sullivan, Patricia, "Management visionary Peter Drucker dies", en *The Washington Post*, noviembre 12, 2005.

Capítulo Once
Ingvar Kamprad

La creación de Ingvar Kamprad es IKEA, el gigante de los muebles para ensamblar en casa y el producto sueco de exportación más conocido. De hecho sería justo decir que si se le pidiera a mucha gente que nombrara una compañía sueca, la única que podrían nombrar sería IKEA. Pero al igual que muchos de los otros innovadores, la influencia de Kamprad se extiende más allá del simple éxito comercial y logra penetrar la cultura y la forma en que vivimos. Efectivamente, en las últimas dos décadas, IKEA ha sido la mayor influencia en la manera en que amueblamos nuestros hogares, y lo más seguro es que casi todo mundo tenga algún producto de esta compañía en su casa, ya que sus modelos se pueden encontrar en los productos más evidentes hasta en los más complejos. La dificultad de ensamblar un artículo de IKEA al llegar a casa es como material para comedia improvisada, por otra parte, a la estética minimalista y moderna que popularizó esta compañía, a veces se le atribuye la culpa de destruir el alguna vez sólido mercado de las antigüedades de precio razonable que existía en el Reino Unido. Ingvar Kamprad, el hombre detrás de estos fenómenos, es una interesante mezcla. Es muy frugal, alcohólico, coqueteó con el nazismo cuando era joven, posee una ética del trabajo casi calvinista y, tal vez por encima de todo lo demás, dirige la compañía que en ocasiones parece culto religioso dedicado a los embalajes planos.

Ingvar Kamprad nació el 30 de marzo de 1926 en Småland, al sur de Suecia, y creció en una granja llamada Elmtaryd. Según cuenta la leyenda Kamprad, el joven Ingvar, como los adolescentes de todo el mundo, era muy proclive a la holgazanería. Le desagradaba profundamente tener que levantarse a ordeñar vacas en la mañana, por lo que se vio orillado a explorar otras formas de ganarse la vida. Una de sus primeras experiencias en los negocios fue vender fósforos. Kamprad descubrió que si los compraba al mayoreo en Estocolmo los podía vender a sus vecinos a un precio relativamente económico y aún así, obtener una buena ganancia. En poco tiempo se diversificó e incluyó en su catálogo plumas, lápices, artículos decorativos y de otros tipos. En 1943, cuando tenía 17 años, su padre le dio cierta cantidad de dinero para premiarlo por su desempeño escolar, y el joven lo usó para establecer un negocio llamado IKEA. El nombre se formó con sus iniciales, el nombre de la granja y el de la villa local, Agunnaryd. La primera línea de productos de la compañía consistía en bienes menores de consumo.

En 1946 Kamprad publicó su primer anuncio en un periódico (para vender bolígrafos de punta rodante), y en 1948 construyó la primera bodega. Se trataba de un cobertizo en la granja de la familia. Los productos los entregaba en un camión de leche. En 1948 también introdujo muebles fabricados por los productores locales y en 1951 apareció el ahora icónico catálogo. En ese tiempo, como hasta ahora, el catálogo era gratuito. La compañía inauguró un salón de exhibiciones en 1953 y luego en 1955 comenzó a diseñar sus propios muebles. Lo anterior fue en respuesta a la presión que ejercían los competidores sobre los distribuidores para que boicotearan a IKEA. Un año después apareció el primer artículo para ensamblarse, entregado al cliente en un embalaje plano. Fue la mesa Lovet. El concepto de que el cliente armara sus muebles por sí mismo, surgió de manera accidental. Un trabajador le quitó las patas a una mesa para introducirla en el transporte sin que se dañara. En 1958 abrió la primera tienda en Almhult. Tenía una superficie de 6,700 metros cuadrados y era la mueblería más grande de Suecia. Dos años después la compañía abrió su primer restaurante dentro de la tienda y comenzó a ofrecerle al público su principal producto de marca que no era un mueble: albóndigas. En 1965 abrió otra tienda en Estocolmo. Estas instalaciones tenían una superficie de 31,000 metros cuadrados, y muy poco tiempo después también hubo una bodega de autoservicio.

En las décadas de los setenta y los ochenta la compañía se extendió por toda Europa. En 1985 abrió la primera tienda en Filadelfia y en 1987 en el Reino Unido. La fórmula siempre ha tenido un éxito rotundo. Para 2008 la compañía ya tenía 253 tiendas que controlaba de manera directa, y más de 500 millones de compradores visitaron la tienda ese año. Kamprad se retiró de la administración en 1986 para trabajar como asesor para INGKA Holdings, el grupo tenedor de la compañía. Sin embargo, como veremos adelante, este no fue un retiro tradicional, según lo entiende la gente. Por otra parte, el grado de control que ejerce Kamprad sobre la compañía sigue siendo tema de especulación. En el sitio de internet de la empresa, se explica de una manera un tanto profusa: "Ingvar Kamprad jamás abandona a su 'familia'. Trabaja incansablemente como asesor de la administración superior y continúa dando un buen ejemplo con sus visitas por todo el mundo de IKEA para inspirar a los trabajadores y para demostrar que nada es imposible. Ingvar Kamprad jamás ha perdido de vista la noción de crear una vida mejor para toda la gente, todos los días."

No es de sorprenderse que este discurso suene cuasi religioso: muchas de las personas que han analizado a IKEA notaron que la empresa está en un punto medio entre una mueblería y una religión que tiene a Kamprad como su sacerdote máximo. El empresario es bien conocido por tener una filosofía de trabajo que es producto de su vida como un joven granjero en un gélido lugar del mundo en donde la tierra es pobre y rocosa, y en donde los inviernos son oscuros y prolongados. Kamprad es legendario por su frugalidad. Vuela en clase turista, compra sus vegetales por la tarde, cuando los precios bajan, y conduce un viejo Volvo. También quiere que sus empleados lo imiten en ese sentido: les solicita que trabajen como modelos para los catálogos, y a los ejecutivos se les pide que compartan habitaciones de hotel. Es más, Kamprad también les pide a sus empleados que utilicen ambos lados de cada hoja de papel. El empresario dice: "¿Cómo demonios podría pedirle a la gente que trabaja para mí que viaje en clase turista si yo lo hiciera en primera clase? Es una cuestión de buen liderazgo." Actualmente, ya entrado en los ochenta, Kamprad continúa realizando visitas sorpresa a sus tiendas. Ahí abraza a sus empleados, en quienes a menudo inspira hasta devoción. También se podría decir que esta noción de autosuficiencia y ahorro, también llega a sus clientes: mucha gente sabe que en las tiendas de IKEA el comprador es el que hace el trabajo.

Ni siquiera Kamprad hace algún esfuerzo para disipar la idea de que a IKEA la rodea un halo religioso. Por lo general el empresario es discreto. No le agrada dar muchas entrevistas y lleva una vida recluida en Suiza. Cuando hace declaraciones formales éstas nunca son lo que uno esperaría de un director ejecutivo. En un documento de 1976 titulado, "El testamento de un comerciante de muebles", Kamprad expuso sus "nueve mandamientos" con el típico énfasis en el ahorro, la autosuficiencia, la humildad, la sencillez y, claro, su deseo de perpetuar "el espíritu de IKEA". En 1999, en un libro que escribió con el periodista sueco Bertil Torekull, amplió estos conceptos. El libro se llamó *Leading by Design: The IKEA story*, y contenía una mezcla de biografía y conceptos filosóficos corporativos. En la reseña que hizo *The Guardian* del libro, se dijo:

> La visión de Kamprad es verdaderamente religiosa: la compañía existe no sólo para mejorar los artículos que adquiere la gente, sino para que las personas mismas también sean mejores. La palabra clave es autosuficiencia:

> uno mismo se mueve por la tienda, elige sus productos sin necesitar mayor ayuda del personal, los lleva hasta la caja registradora, luego al auto, a la casa, y por último los ensambla en su sala. La compañía le permite al cliente realizar todas estas tareas no sólo porque eso le ayuda a mantener sus costos (y por lo tanto los precios) bajos, sino también porque es benéfico para él. Porque lo hace una persona más productiva.

Esta autosuficiencia es la razón por la que se puede comprar una taza de café a precio muy bajo. Sólo basta analizar las ventas de IKEA para darse cuenta de que a la mayoría de la gente le hace muy feliz pagar menos a cambio de menos. El tiraje de impresión del catálogo de IKEA es de cientos de millones y es bien sabido que supera al de la Biblia. La tienda es tan famosa que en una inauguración en el norte de Londres, en 2005, cinco personas terminaron hospitalizadas tras la estampida que se suscitó cuando la gente trató de entrar. Un año antes fallecieron tres personas desesperadas por entrar a una sucursal de Arabia Saudita que ofreció 150 dólares en cupones de crédito. Por supuesto que es posible ver a consumidores histéricos en muchos otros lugares cuando alguna empresa, también considerada de culto, lanza un producto nuevo, como es el caso de las tiendas de Apple. También es cierto que existen otras tiendas de muebles modernos enfocadas en el diseño, como Habitat (cuya base es el Reino Unido). Sin embargo, tanto Apple como Habitat manufacturan productos costosos que apuntan a la clase media, en tanto que IKEA de verdad es accesible para todo mundo. Hasta es posible comprar en sus tiendas una casa empacada en embalaje plano.

IKEA también tiene detractores a pesar de todo. Algunos dicen que la versión democratizada del estilo que ofrece la tienda, en realidad no es estilo y que su noción de diseño en cuanto a muebles y mueblerías, es el equivalente a la comida rápida de los grandes centros comerciales. En un artículo que apareció en el *Times* (mayo 30, 2010), el franco crítico de diseño Stephen

Bayley, señaló: "IKEA globalizó una versión del mal gusto de la cultura misma que la alimentó." Asimismo el crítico definió como mediocre la noción de diseño que tiene la empresa. Mucha gente se queja de que IKEA popularizó el concepto de muebles desechables, es decir, según la tendencia de la empresa, no vale la pena llevar contigo los muebles cada vez que te mudas de casa porque, incluso si lo intentaras, estos no sobrevivirían. Incluso lo que se refiere al aspecto del diseño de imagen de la empresa misma, a muchos les desagradan sus tiendas en forma de "caja colosal". Según los críticos, estas tiendas pintadas de amarillo y azul forman parte de las estructuras más desagradables y estridentes del paisaje suburbano. Además, al igual que muchos otros minoristas con tiendas fuera del centro de la ciudad, IKEA estimula la dependencia en los automóviles y destruye a las pequeñas empresas.

Pero estas acusaciones no son las únicas. En varias ocasiones se ha atacado a la cadena de distribución de la compañía porque los detractores aseguran que el precio último que se paga por sus mesas y libreros baratos, lo tienen que cubrir el medio ambiente y los ciudadanos del Tercer Mundo. En 2009 el Foro Internacional de los Derechos del Trabajo (International Labor Rights Forum) incluyó a IKEA en el Salón de la Fama Sweatshop. La compañía ya realizó varias acciones para atender estos inconvenientes, sin embargo, muchos siguen diciendo que en su situación actual IKEA continúa recibiendo demasiadas críticas y que su falta de transparencia dificulta saber si en verdad está enfocándose en los problemas señalados por sus detractores.

Además de estas cuestiones, tal vez las mayores críticas han sido para la complicada estructura de propiedad de la compañía que, por cierto, se destaca por su opacidad. El grupo IKEA le pertenece a la Fundación Stichting INGKA, un fondo de caridad holandés que, según *The Economist*, tenía un valor de 36 mil millones de dólares en 2006. Este dato convertiría a Stichting INGKA en el fondo más grande del mundo, incluso mayor al de la Fundación de Bill y Melinda Gates. Sin embargo su ayuda se diferencia de la concisa filantropía de la Fundación de Gates en el sentido de que las supuestas becas y ayuda de Stichting INGKA son minúsculas en comparación con sus activos e ingresos. Un dato todavía más confuso es que la marca y los derechos de IKEA le pertenecen a Inter IKEA Systems, una compañía holandesa distinta. Y así continúan las complicaciones hasta llegar a varias empresas que operan como órganos progenitores de un fondo en el Caribe cuyos beneficiarios no tienen necesidad de darse a conocer. No resulta sorprendente que IKEA se niegue a hacer comentarios sobre la información anterior. En 2006 se publicó en *The Economist*:

> Lo que surge es una gran pantalla que logra explotar de manera muy ingeniosa las arbitrariedades que tienen las distintas jurisdicciones para la creación de una entidad de caridad dedicada a una causa hasta cierto punto banal (el diseño de interiores) que, además de ser una de las fundaciones más prósperas del mundo, también es una de las menos dadivosas por el momento. La configuración general de ikea minimiza sus obligaciones fiscales y de transparencia de información, recompensa con gran esplendidez a Kamprad, la familia fundadora y permite que ikea sea inmune a ser adquirida o controlada por una entidad externa.

Kamprad dijo que una de las razones por las que decidió que su compañía no cotizara en el mercado de valores fue porque no quería sentirse responsable por otros. Y no estaba bromeando.

Pero todavía hay más cola que le pisen a este empresario. En 1994 un periódico sueco reveló que entre los 16 y los 25 años Kamprad estuvo involucrado en un grupo sueco de extrema derecha con cuyo líder, Per Engdahl (simpatizante nazi) tuvo una amistad suficientemente estrecha como para invitarlo a su primera boda. Kamprad le escribió a cada uno de sus empleados para explicarles que cometió un error de juventud y, como resultado, la familia IKEA lo perdonó. “Muy pocas personas han cometido tantos errores en su vida como yo." Por otra parte, algunos críticos han llegado a sugerir que su imagen comercial de "hombre común" tal vez tampoco sea tan real como parece. Kamprad posee un viñedo y una mansión en Suiza, en donde vive como exiliado fiscal. Así es, a pesar de todo el bullicio acerca del ahorro escandinavo, IKEA dejó de ser una compañía sueca hace mucho tiempo.

También de lo más extraordinario acerca de este peculiar hombre sea que confesó ser un alcohólico que, de vez en cuando, deja de beber para darles un descanso a su hígado y riñones, y que asegura tener el problema bajo control. Según Kamprad: "Me desintoxico tres veces al año. Mi problema empezó cuando visité Polonia en los sesenta para comprar materiales. Beber vodka con los contactos de ventas era casi obligatorio." El empresario declara que no tiene planes de dejar la bebida porque "es uno de esos gustos que se da uno en la vida".

En suma, al compararlo con alguno de los grandes jefes de empresas menos extravagantes, Kamprad resulta fascinante. Asimismo, no hay duda de que la mayoría de sus empleados le tienen un gran afecto a él y a la compañía que construyó. Aún no se sabe a ciencia cierta qué sucederá cuando fallezca el hombre cuya personalidad hace que IKEA sea lo que es, pero muchos dicen que el objetivo detrás de la compleja estructura de propiedad del imperio es impedir problemas familiares: "Ya pagué una cantidad inmensa de dinero para proteger lo que construí. Ahora sólo me queda desear que haya valido la pena invertir tanto." (*The Independent*, julio 23, 2000).

Referencias y otras lecturas

Bailly, Olivier, Caudron Jean-Marc, y Lambert, Denis, "Low prices, high social costs: the sins of the founder found out", en *Le Monde Diplomatique*, diciembre 1, 2006.
BBC Perfil de Ingvar Kamprad.
Crampton, Robert, "The home land: IKEA", en *Times*, junio 7.
"Ikea: flat packing", en *The Economist*, mayo 13, 2006.

Ellam, Dennis, "He is the world's 4th richest man, yet he drives an old Volvo, flies easyJet and at 81 is an alcoholic who dries out three times a year, en *Sunday Mirror*, abril 13, 2008.
Gold Coast Bulletin ,"Man behind the flatpack", junio 13, 2009.
The Guardian, "Morality and meatballs", junio 17, 2004.
Hagerty, James R., "How to assemble a retail success story", en *The Wall Street Journal*, septiembre 9, 1999.
IKEA, Sitio de Internet, www.ikea.com
McLuckie, Kirsty, "Swede inspiration comes of age", en *The Scotsman*, abril 17, 2008.
Swain, Gill, "The strange world of Mr. Ikea", en *The Daily Express*, febrero 12, 2005.
Times, "Perfil: Ingvar Kamprad", febrero 13, 2005.
Triggs, John, "Flat pack king who's given us Swede dreams", agosto 26, 2003.

Capítulo Doce
Oprah

Se tiene que comenzar en algún lugar y tal vez lo más conveniente sea analizando su importancia como anfitriona de *talk-shows*, ya que esa fue la ruta que tomó Oprah Winfrey para obtener fama y fortuna. Sin embargo, sabemos que Oprah es mucho más que eso. Es posiblemente la mujer más poderosa de los Estados Unidos, incluso del mundo. Su influencia puede darle forma a las elecciones en una de las potencias del mundo; su *talkshow* es el de mayor *rating* y el más conocido de todos los tiempos. Oprah es productora y mujer de negocios, y dirige un imperio colosal. Según *Forbes*, es la persona negra más rica del mundo y, en algún momento, fue la única multimillonaria de raza negra. Y a pesar de todo lo anterior, es una mujer muy accesible que posee en grandes cantidades ese toque de familiaridad que le permite ponerse todos los días en contacto y empatía (a veces hasta el punto del llanto) con la gente común en millones de hogares

Oprah nació en 1954 en Mississippi. Fue hija de una madre soltera y adolescente, y su padre fue soldado. Creció en el tipo de pobreza y penuria que era común en la zona rural del sur de los Estados Unidos en aquel tiempo. Sus padres se separaron poco después de su nacimiento y ella suele decir que usaba vestidos confeccionados con sacos de yute y que tenía cucarachas de mascotas. Desde temprana edad demostró ser muy inteligente; su abuela le enseñó a leer antes de que cumpliera tres años. A los seis, sus ya de por sí difíciles circunstancias se tornaron aún más ominosas cuando se mudó a la zona interurbana de Milwaukee. Ahí fue violada por su primo y su tío, situación que la hizo huir de casa a los 13 años. A los 14 quedó embarazada pero el bebé murió poco después de nacer.

La suerte de Winfrey cambió de manera sorpresiva cuando la enviaron a vivir con su padre, Vernon Winfrey, quien creía firmemente en la educación y la disciplina. En la preparatoria East Nashville, Oprah empezó a destacar en varias áreas. Fue una estudiante sobresaliente, oradora de gran talento y actriz. Ganó una beca para estudiar en la universidad del Estado de Tennessee, y a los 17 años ganó un concurso de belleza como Señorita Prevención de Incendios. Debido a su triunfo pudo visitar una estación de radio local en donde le ofrecieron un empleo que consistía en leer las noticias de la tarde. Era evidente que tenía lo necesario para convertirse, a los 19 años, en la primera mujer negra que transmitiría noticias en Nashville.

En 1976 se mudó a Baltimore para trabajar como anfitriona del noticiero de las seis. Al principio fue un desastre porque la asesoraron mal en cuanto a su imagen, incluso le pidieron que se cambiara el nombre por Suzy, a lo cual se negó. Tampoco era la mejor periodista televisiva porque se le dificultaba ser objetiva; a veces se involucraba emocionalmente en las noticias que debía reportar y lloraba con las historias tristes. De repente sufrió un peculiar contratiempo: la bajaron de categoría al quitarla de su puesto como comentarista noticiosa y enviarla a desempeñarse como anfitriona en un *talkshow* matutino llamado *People Are Talking* que se transmitió por primera vez en 1978. No obstante, como todos sabemos, aquel movimiento resultó ser una bendición disfrazada que le cambiaría la vida. Más adelante Oprah declaró que prefería contar la historia de otras personas que reportar noticias de manera objetiva: "Me sentía como pez en el agua, sí, como pez en el agua. Sólo tenía que hablar."

Y en lo que se refería a "sólo hablar", Winfrey ciertamente era una experta. En 1983 se mudó a Chicago para ser anfitriona de *AM Chicago*, un programa que, a pesar de encontrarse en decadencia, en poco tiempo se convirtió en el más visto de la ciudad, opacando incluso a Donahue, el programa número uno. A *AM Chicago* le cambiaron el nombre por *The Oprah Winfrey Show*. En cuanto el gurú de la música Quincy Jones vio a la conductora, hizo los arreglos para que pudiera realizar una audición para Spielberg. Como resultado de la misma encarnó el personaje de Sofia en la película *El Color Púrpura* (*The Purple Color*), papel por el que fue nominada para un Premio de la Academia. En 1986 su programa comenzó a transmitirse a nivel nacional y el éxito del que disfrutaba en Chicago se extendió a todo el país. Así nació un ícono norteamericano.

Para entender por qué Oprah se convirtió en un éxito tan grande es necesario recordar que a principios de los ochenta los programas televisivos de este tipo estaban reservados para los hombres. Sin embargo la informalidad estaba empezando a formar parte de los *talkshows*. Donahue fue un pionero en la técnica de caminar entre el público y llevar consigo el micrófono para hacer comentarios. Con esta técnica se rompieron las barreras físicas entre el anfitrión y el público. Sin embargo fue Oprah quien logró abatir los obstáculos emocionales. A pesar de que es una mujer muy inteligente en el sentido académico, su inteligencia emocional sobrepasa por mucho sus otras cualidades. Oprah tiene calidez natural, empatía y una comprensión instintiva de la naturaleza humana; la gente sólo siente la necesidad de abrirse con ella. A pesar de que el programa se transmite a una audiencia de millones de personas en todo el mundo, el intercambio entre anfitriona e invitado siempre conserva la esencia íntima de dos amigos que están charlando.

Por si fuera poco, Oprah es muy franca. Las revelaciones que ha hecho sobre sí misma han servido para que los demás la perciban como una persona más real. Debido a lo difícil que fue su pasado le es muy fácil identificarse con personas que están atravesando por un periodo terrible de su vida, y la empatía es genuina. Además, la franqueza con la que trata el tema de los problemas de sobrepeso que ha tenido durante toda su vida (problemas con los que lidió de manera muy evidente), le ha permitido ganarse el aprecio de su público femenino, cuyo número es abrumador. La vergüenza que Oprah siente por bajar y subir de peso como yoyo, es genuina. Uno de los "Momentos de Oprah" clave, ocurrió en 1988. La conductora llevó al escenario un vagoncito infantil en el que transportaba treinta kilos de manteca para mostrar la cantidad de peso que logró perder. Oprah también tiene una energía tremenda que le viene muy bien porque debe realizar 200 episodios al año. Eso de por sí no le deja mucho tiempo libre, pero aún hay que sumar las incontables apariciones o actividades de negocios que también debe cumplir.

Tal vez valga la pena señalar aquí que, siete años después de que Oprah se lanzara públicamente, *The Jerry Springer Show*, otro *talkshow* que también llegó a tener mucha influencia, hizo su debut en Chicago. Por algún tiempo dio la impresión de que ambos programas estaban sumergidos en una batalla, sin embargo, en 1990 Oprah declaró que este tipo de programas estaba tomando una dirección demasiado vulgar y que ella no iba a "tratar de superar el deplorable estilo de Jerry".

Oprah era muy sagaz para los negocios y tenía mucha perspicacia emocional, y cuando se dio cuenta de que su popularidad también le brindaba poder, en lugar de sólo seguir cobrando un sueldo muy alto, decidió convertirse en la directora ejecutiva del producto en que ella misma se había convertido. En 1986 fundó Harpo Productions (Harpo es Oprah escrito al revés) y asumió el control del programa, el cual fue vendido ese mismo año a las repetidoras locales de todos los Estados Unidos. Dicha maniobra le hizo ganar a "The Oprah Winfrey Show" 163 millones de dólares, de los cuales, 39 le correspondieron a la conductora. Ella atribuye el éxito de la negociación a que tenía un abogado muy bueno en aquel tiempo; según ella, nunca imaginó que tener ese tipo de control fuera posible hasta que lo sugirió. "Todo mundo necesita tener en la vida a alguien que le diga, 'sí, puedes hacerlo'", dijo. (*Australian Women's Weekly*, 2005). Aquel perspicaz abogado se llama Jeff Jacobs y continúa siendo el presidente de Oprah para Harpo. Jacobs es la gran mente de negocios que está detrás de la marca pero que pocas veces se muestra en público.

Desde que realizó esa maniobra la influencia, el alcance y la fortuna de Oprah comenzaron a crecer de manera inconmensurable y no hay duda de que todo ha sido para bien. Su club de lectores es famoso por convencer al público del programa (gente que no se caracteriza por leer mucho) de que lea. Además, muchas de sus recomendaciones están lejos de ser sólo novelas complacientes de mala calidad. Cuando recomendó *Song of Solomon*, la novela de Toni Morrison, el libro vendió más copias en tres meses, de las que había vendido los veinte años anteriores. Asimismo, cuando se descubrió que en *A Million Little Pieces*, las memorias de James Frey, el autor exageró en buena medida los hechos que narraba como verídicos en la obra, la reacción de Oprah y la tremenda paliza que recibió Frey de manera pública, captaron la atención de la gente de los Estados Unidos incluso de todo el mundo. Efectivamente, así es el poder de Oprah: hasta tener un problema con su programa le puede ayudar a un autor a vender más libros. *The corrections*, por ejemplo, es una novela escrita por el autor Jonathan Franzen. Cuando Oprah eligió el libro para recomendarlo a través de su círculo de lectores, Franzen expresó estar preocupado por el hecho de que la elección de Oprah pudiera distanciar a los lectores de sexo masculino y, por ello, declinó la invitación para aparecer en el programa. Todo el alboroto que se generó hizo que la novela captara muchísima atención; poco después se convirtió en un *best seller* de enormes proporciones. Franzen le agradeció a Oprah su interés durante una ceremonia de entrega de premios que tuvo lugar posteriormente.

Los grandes momentos de Oprah en la televisión conforman una letanía popular de los mayores éxitos de la cultura popular. En 1993 Michael Jackson aceptó, como rara vez lo hacía, ser entrevistado por ella. El programa fue uno de los más vistos de todos los tiempos. En 2004 Oprah captó gran atención de los medios al regalarle un automóvil a cada una de las personas del público y, por supuesto, el costo de los autos fue mucho menor comparado con la publicidad que le dio regalarlos. En 2005 Tom Cruise se volvió loco en su programa. Primero saltó sobre el sillón y luego declaró su infinito amor por Katie Holmes. Y en 2010, después de que Sarah Ferguson hiciera el ridículo por un escándalo que involucraba a un periódico, la duquesa buscó a Oprah para que le ayudara a confesarse y redimirse.

Sin embargo, no todo lo que está relacionado con Oprah tiene que ver con chismes triviales y asuntos de la revista *People*. La empresaria ha enfrentado el racismo del sur. En 1993 fue fundamental para que se aprobara la Ley de Protección Infantil (National Child Protection Act), en la que se abogaba por el establecimiento de una base de datos nacional de abusadores de niños que hubiesen sido condenados alguna vez. Cuando por fin se aprobó el proyecto, mucha gente lo llamó "La Ley de Oprah". La habilidad de la empresaria para medir las tendencias nacionales, es sorprendente. En el periodo subsiguiente al huracán Katrina, Oprah fue directo a Nueva Orleans para escuchar las historias de los sobrevivientes. Se vinculó fuertemente con ellos porque su presente era el pasado de ella, y se atrevió a ingresar al infierno en que se había convertido el Superdome. Ahí exigió que se hiciera algo respecto a la situación. Por supuesto, sus acciones la favorecieron mucho y representaron un fuerte contraste con las de George W. Bush, quien lo único que hizo fue sobrevolar la zona de desastre.

Oprah es mucho más que sólo un espejo que sirve como indicador de las tendencias en el país. A menudo nada contra la corriente y lo hace de manera muy efectiva. Por ejemplo, en un país en el que la Derecha Cristiana a menudo ejerce un fuerte control en el discurso de la voz popular, Oprah ha logrado defender por mucho tiempo los derechos de los homosexuales. Sin embargo, tal vez su acción más influyente haya tenido lugar en el campo político. La empresaria y comunicadora comenzó a apoyar a Barack Obama desde una etapa muy temprana, cuando su nombre era mucho más reconocido que el de él. De hecho mucha gente considera que el efecto de Oprah fue un factor clave en la victoria del candidato sobre Hillary Clinton en las elecciones primarias. Pero por supuesto, el apoyo que le brindó también provocó controversias y tuvo su costo. Por ejemplo, muchas de sus seguidoras la acusaron de ser una traicionera por apoyarlo a él y no a Hillary.

Resulta interesante señalar, sin embargo, que a Oprah le ha costado trabajo llegar a la población masculina. El formato y contenido de su programa se han caracterizado por no ser del agrado de este sector. Incluso después de tanto tiempo de tener un éxito asombroso, su perfil continuó siendo muy bajo entre los hombres y, además, éstos siguieron calificando sus logros como superficiales. Lo que finalmente le ayudó a que el público masculino la tomara en serio fue su enorme riqueza y su enorme capacidad para afectar los sucesos de la nación, incluyendo las elecciones presidenciales.

Los negocios de Oprah han crecido a la par de su influencia. Su revista, *O*, en cuya portada siempre aparece ella, ha sido la más exitosa publicación nueva de todos los tiempos y actualmente tiene un tiraje de cerca de 2.5 millones. Oprah posee una parte de Oxygen Media, una empresa de televisión por cable que tiene como objetivo al público femenino; también recibe honorarios como conferencista y su sitio de internet recibe 70 millones de visitantes al mes. En 2008 la empresaria anunció la cadena Oprah Winfrey (Oprah Winfrey Network), un negocio que se realizaría en conjunto con Discovery Channel. Y de manera subyacente a todas estas empresas, se encuentra la marca Oprah y su mezcla de empatía, crecimiento personal y autodescubrimiento. Es una marca a la que la empresaria protege de forma religiosa, por ejemplo, al negarse a patrocinar productos y solicitándoles a sus empleados que firmen acuerdos de confidencialidad. También ha logrado que Harpo le pertenezca casi por completo, ya que posee poco más de 90 por ciento de la empresa, mientras que Jacobs tiene menos de 10 por ciento.

A pesar de todo, Oprah tiene detractores y, como era de esperarse, se le critica mucho. En lo que se refiere a los medios se ha aseverado que es responsable de bajar el nivel de calidad de la información y de estar obsesionada con triviales dietas que pasan rápidamente de moda, estupideces, cursiladas y gurús de la autoayuda que, a menudo, son poco más que charlatanes. Sus detractores también dicen que tiende a limitar sus críticas hacia las celebridades y políticos que le agradan, y que es culpable de promover y celebrar el tipo de incontinencia emotiva ejemplificada por la muerte de la Princesa Diana. Por supuesto también hay quien alega que no es en realidad la mujer que la gente cree, y que le agrada mucho la buena vida.

En 2010 la biógrafa Kitty Kelley, conocida como "La Primera Dama del escándalo", publicó su biografía de Oprah. En ella presentó un número importante de acusaciones, de las cuales, tal vez la más dañina era la de que la empresaria era una mujer fría y manipuladora. No obstante, estas aseveraciones son, en el gran esquema de las revelaciones sobre las celebridades, apenas detalles, y tal vez no puedan lastimar a ese creciente edificio que es la marca "Oprah". Además el hecho de que los *talkshows* más importantes de los Estados Unidos hayan rechazado la oportunidad de entrevistar a Kelly sobre el libro, es señal del aprecio que le tienen a Oprah. La misma escritora fue muy franca y aceptó que la respuesta de los otros *talkshows* fue una señal del poder de la empresaria y conductora. Kelly dijo: "Ni siquiera creo que Oprah haya llamado por teléfono y dicho '¿Barbara? No recibas a Kitty'. No tuvo que hacerlo; así es de poderosa."

Hace poco Oprah anunció el mayor cambio en su carrera en décadas. En 2009 dijo que The Oprah Winfrey Show llegaría a su fin en septiembre de 2011. Tal vez fue una maniobra muy astuta de su parte porque, a pesar de que el programa continuaba siendo extremadamente popular, llegó un momento en el que su rating disminuyó de forma considerable en la primera década del siglo. Esto les sucedió a los ratings de todas las cadenas televisivas debido a la fragmentación de los medios. En 2010 la empresaria anunció que conduciría su propio programa nocturno llamado *Oprah's Next Chapter* en la cadena Oprah Winfrey. El programa tendría como objetivo darle un gran impulso a la cadena, sin embargo, muchos comentaristas han señalado que, para una mujer que apenas tiene cincuenta y tantos años, una carrera política sería una forma más adecuada de darle continuación a los logros de la primera etapa de su vida. Por otra parte, en el sitio de internet MarketWatch, Jon Friedman dijo: "Sospecho que Oprah tiene sueños mucho más grandes que sólo hacer mil millones de dólares más."

Referencias y otras lecturas

Australian Women's Weekly, "A woman of substance: the story of Oprah", febrero 9, 2005.
Harris, Paul, "You go, girl", en *The Observer,* noviembre 20, 2005.
Leonard, Tom, "The omnipotence of Oprah Winfrey", en *The Telegraph,* abril 13, 2010.
Pearce, Garth, "When it's not so good to talk", en *The Sunday Times,* febrero 7, 1999.
Sellers, Patricia, "The business of being Oprah", en *Fortune,* abril 1, 2002.

Capítulo Trece
Sam Walton

El único rival de Ray Kroc, en términos de la forma en que por sí solo como minorista logró, a través de Walmart, afectar a la sociedad de los Estados Unidos, redibujar los mapas y cambiar la forma en que vivía la gente, es Sam Walton. De hecho, los efectos que ambos hombres tuvieron, para bien o para mal, son bastante similares. Ambos están vinculados de manera inexorable al Estados Unidos de los suburbios, el que se enfocó en el transporte privado y que surgió después de la Segunda Guerra Mundial. Ambos tuvieron un éxito apabullante pero dejaron muchas dudas en cuanto al precio que la sociedad tuvo que pagar por sus logros. Además, a ambos les gustaba mostrarse como hombres comunes a los que no les afectaba su enorme riqueza.

En el caso de Walton, uno de los aspectos más celebrados de su imagen como "Mister Sam" consistió en que, a pesar de valer millones, y luego miles de millones de dólares, siguió conduciendo una camioneta pick-up que, según algunas personas apestaba a sus adorados perros. Quienes visitaron las oficinas de Walmart a menudo tenían que aceptar un aventón del fundador y propietario, y abordar el maloliente vehículo. En 1981, cuando uno de los perros murió, Walton le escribió un sentido tributo al animal que publicó en la revista de la empresa, incluso bautizó a una línea de alimento para perro con el nombre de su querida mascota.

Sam Walton murió en 1992 de cáncer en la sangre a los 74 años, sin embargo la compañía que lleva su nombre continúa siendo una lista de superlativos. Walmart es el mayor empleador de los Estados Unidos, la compañía con mayores ingresos, y el vendedor de abarrotes y minorista más importante de los Estados Unidos. También es el mayor empleador en México y uno de los más grandes de Canadá. Walmart también es una de las empresas más controversiales del mundo y ha logrado generar bastantes críticas por aspectos relacionados con su desempeño ambiental, su forma de tratar a los empleados y la manera en que ha destruido a las economías de pueblos pequeños.

Tal como le corresponde a un gigante comercial de los Estados Unidos, Sam Walton fue un niño de pueblo chico. Nació en 1918 en Kingfisher, Oklahoma y sus padres se mudaron a Missouri poco después. Siendo un niño de la Depresión, Walton creció en condiciones económicas muy difíciles. A su padre le costaba trabajo ganar dinero incluso para alimentar a su familia, y todos esperaban que Sam brindara su apoyo. Esa fue una de las claves para él. Probablemente Walton era, por encima de todo, una persona muy, muy trabajadora. Laboraba siete días a la semana porque le encantaba hacerlo. Muchos saben que murió de cáncer pero, semanas antes del final hizo que el gerente del Walmart local fuera a verlo al hospital para tener una junta sobre las cifras de ventas de la tienda. Muchos que llegaron a conocerlo bien decían que para Walton trabajar era como un pasatiempo.

En la escuela no se distinguió de manera particular pero se esforzó lo suficiente para sacar calificaciones decorosas y se desempeñó bien como atleta, ya que destacó en futbol y baloncesto. Después de graduarse estudió economía en la Universidad de Missouri. Durante esa época también trabajó como repartidor de periódicos para pagar sus estudios. En la Universidad aprendió otra importante lección: cómo llevarse bien con la gente. Walton quería convertirse en el presidente de la asociación estudiantil y su estrategia fue muy sencilla. Cada vez que se encontraba con una persona, hablaba con ella antes de que ella se dirigiera a él, y en muy poco tiempo, además de convertirse en el individuo más conocido del campus, logró tener una imagen bastante positiva entre los otros estudiantes. En la universidad también desarrolló un gusto inmenso por el aprendizaje sin importar de qué se trataba o en dónde estuviera. Se convirtió en un fiel creyente de lo que los pensadores de la administración o *management* más adelante denominarían "un aprendizaje de toda la vida".

Walton se tituló de la licenciatura en 1940 y empezó a trabajar para JC Penney en Des Moines, Iowa. El empresario mencionó que esa empresa se interesaba en sus empleados, sus opiniones y su desarrollo, y que ese tipo de trato influyó profundamente en su pensamiento.

El joven trabajó dieciocho meses en la compañía y cuando la dejó fue porque Estados Unidos acababa de entrar a la guerra y él tuvo que volver a Missouri para esperar que lo enviaran al ejército. Entre 1942 y 1945 fue capitán en el Cuerpo de inteligencia del ejército con base en los Estados Unidos. Conoció a su esposa en 1943 y se casó con ella el mismo año; tuvieron cuatro hijos.

Después de ser dado de baja del ejército en 1945, Walton abrió su primera tienda en Newport, Arkansas. Era una franquicia de Ben Franklin, el tipo de tienda que se conocía como "De 5 y de 10" porque todos los productos costaban 5 ó 10 centavos de dólar. Esta empresa, tal vez la primera franquicia de los Estados Unidos, tomó su nombre del estadista, científico y pensador del siglo XVIII, Benjamín Franklin, quien acuñó la frase: "Un centavo ahorrado, es un centavo ganado." La tienda todavía existe, aunque es minúscula si se le compara con Walmart.

Walton abrió la tienda justo frente a otra de mayor antigüedad y tan sólo unos años después ya le había ganado a su competidor. En 1950 su casero ya no quiso renovar su contrato de renta y Walton dejó el lugar y mudó la tienda a Bentonville, Arkansas, no muy lejos de ahí. Eligió ese pueblo porque pensó que era un lugar agradable y porque creyó que tenía potencial de crecimiento. Y resultó que estaba en lo correcto. En muy poco tiempo logró tener varias tiendas en la zona y sus hijos trabajaban en todas ellas. Ya desde la década de los cincuenta el empresario exhibía las características que lo convertirían en el mayor minorista del mundo. Desarrolló un interés muy personal en los gerentes y los empleados de sus tiendas, quienes lo consideraban un jefe muy bueno. Walton tenía una serie de reglas de negocio bastante sencillas e informales, y no le daba miedo experimentar.

No obstante, el ámbito de la venta al menudeo estaba cambiando a un paso muy veloz. El modelo que prevaleció hasta los sesenta para las tiendas departamentales y para las "De 5 y de 10" exigía muchos vendedores que atendieran a los clientes de forma individual. A pesar de que muchos de los productos que vendían eran modernos, la forma en que muchas de las tiendas operaban en realidad era casi victoriana. Sin embargo, en la zona este de los Estados Unidos, la zona más moderna del país, se estaban poniendo de moda dos tendencias. La primera era la de las tiendas de autoservicio y la segunda, la de los descuentos. Era el principio de la filosofía de "vende mucho y véndelo barato". Walton viajó por todo el país para ver cómo funcionaba el autoservicio y abrió la primera tienda de ese tipo, una Ben Franklin, en su zona. Resulta interesante que a pesar de que nuestro protagonista creía en el autoservicio, siempre fue un defensor de la buena atención al cliente. Una de sus reglas más famosas, conocida como "la regla de los tres metros", indica que siempre se le debe preguntar "¿En qué puedo ayudarle?" a todo cliente que esté a menos de tres metros de distancia.

Walton también se interesó mucho en los descuentos. El concepto ya era bastante popular en la zona del este del país, la cual era más metropolitana y tenía un desarrollo mayor.

El empresario creía firmemente que el concepto podía funcionar en mercados rurales más pequeños, como el suyo. Estas áreas habían sido ignoradas por los grandes minoristas porque creían que las poblaciones rurales eran muy pequeñas y estaban demasiado dispersas, y que no valía la pena preocuparse por ellas. Walton, sin embargo, pensaba distinto. Él creía que si el descuento era suficientemente bueno todos esos clientes dispersos llegarían hasta él.

El problema fue que quienes administraban Ben Franklin no opinaban lo mismo. Walton viajó hasta la oficina central de la compañía en Chicago, sólo para que le dijeran que no estaban interesados en su propuesta. Pero a pesar de que su visita a la Ciudad de los vientos no sirvió para persuadir a los jefes de la tienda Franklin, sí le ayudó a Walton a creer aún más que estaba en lo correcto. Estando en Chicago visitó uno de los primeros Kmart (otra gran cadena de descuentos de Estados Unidos), y esto lo convenció de que, incluso sin el apoyo de Ben Franklin, la tendencia que había que seguir era la de los descuentos. Por eso, en 1962, cuando Walton ya tenía cuarenta y tantos años, por fin comenzó la historia formal de Walmart. El empresario abrió la primera tienda en Rogers, Arkansas y se puso en camino.

Walton fue un gran exponente de la escuela de pensamiento que dice: "Los negocios no son física nuclear." Sus famosas 10 reglas para construir un negocio (ver recuadro) son básicamente nociones de sentido común, pero fueron la base que él siguió. En la siguiente década se concentró en el área geográfica que conocía y en toda la información que tenía a la mano. El crecimiento fue deliberado aunque no del todo rápido, y se limitó a la zona de Arkansas y los estados circundantes; se enfatizaron las relaciones y la apertura. Walton conocía bien a todos los gerentes de sus tiendas. También era bien sabido que el empresario prefería visitar sus sucursales que quedarse encerrado en la oficina central y que con mucha frecuencia se le podía encontrar en alguna tienda preguntándole a su personal cómo iba el negocio. Para 1969 ya tenía 18 Walmarts y 14 franquicias de Ben Franklin.

Las 10 reglas de Sam Walton para construir un negocio exitoso

1. Comprométete con tu negocio.
2. Comparte las ganancias con tu gente.
3. Motiva al personal a dar lo mejor de sí.
4. Comunica lo que sucede.
5. Siente aprecio por la gente que te ayuda.
6. Celebra los éxitos.
7. Escucha a la gente cuando te habla, en especial a los clientes y compradores.
8. Supera las expectativas.
9. Controla los gastos mejor que tu competencia.
10. Nada contra la marea.

La compañía empezó a cotizar en la bolsa en 1971 y eliminó gradualmente a las tiendas Ben Franklin. Por supuesto en esa etapa se trataba solamente de otra cadena minorista poco conocida fuera de su zona. Sin embargo Walton logró atraer el dinero de la bolsa para reinvertirlo en el negocio y trabajó con el extraordinario impulso de siempre. Para 1977 ya tenía 190 tiendas, y para 1985, 800. En 1985 su participación accionista en la compañía lo convirtió en el hombre más rico de los Estados Unidos. En 1991 la compañía superó a Sears en términos de tamaño y abrió la primera tienda en México. Ahora cuenta con cerca de 1,500 sucursales en ese país.

La gran fe de Walton en el aprendizaje permanente nunca lo abandonó. Era un apasionado innovador en los detalles (como el de colocar alimentos de preparación rápida cerca de los pañales porque sabía que las parejas jóvenes con bebés no tenían tiempo para cocinar), y fue una de las primeras personas en adoptar sistemas computarizados. Experimentó con nuevos tipos de tiendas como las bodegas de membresía Sam's Club y los Supercenters.

Walton también fue un hombre que siempre veía lo que se avecinaba. Mientras otros minoristas se peleaban por las ubicaciones en las zonas metropolitanas, él tomó los lugares que nadie más quería pero a los que era sencillo llegar manejando. En este sentido se le podría ver como el padre de las compras fuera del centro. Al igual que Ray Kroc, buscó nuevos sitios; a veces encontraba la ubicación idónea y luego le compraba el terreno al granjero en cuestión.

A pesar de todos los cambios, siempre siguió siendo el sencillo Sam y esperaba que su equipo también conservara su accesibilidad. Sus empleados tenían oficinas austeras a un punto casi espartano, y eso incluía a los ejecutivos y directores. Tal vez este es un rasgo que se deba aplaudir. Hay otras facetas de la cultura de la compañía que son un poco más extravagantes, sin embargo. Para comenzar, a continuación se presenta la porra de la compañía:

¡Dame una W!
¡Dame una A!
¡Dame una L!
¡Dameuna M!
¡Dame una A!
¡Dame una R!
¡Dame una T!

¿Qué dice?

¡Walmart!

¿Y de quién es Walmart?

¡Es mi Walmart!

¿Quién es el número uno?

¡El cliente! ¡Siempre!

"Que no le sorprenda escuchar a nuestros asociados gritando esta entusiasta porra en su tienda local de Walmart", advierte el sitio de internet. Si lo anterior parece un poco perturbador, todavía hay algo más allá de la superficie. El enorme éxito de la empresa ha provocado demasiado escrutinio y hay muchas personas a las que no les gusta lo que ven.

El siguiente artículo apareció en el *New York Times* en 2005 y contiene las típicas acusaciones que hacen los detractores de Walmart: "Un memorándum interno enviado a la junta directiva de Wal-Mart propone varias formas de limitar los gastos de salud y otras prestaciones, y al mismo tiempo encontrar la forma de minimizar los daños a la reputación del minorista. Entre las recomendaciones se encuentran contratar a más empleados de medio tiempo y disuadir a la gente con mala salud de trabajar en Wal-Mart."

Además, mientras la empresa se jacta de lo barato de sus precios (porque, ¿en dónde más puedes conseguir un par de Levi's por menos de 20 dólares?) y se enfoca en las familias trabajadoras, otros la consideran un negocio intimidante que abusa de sus proveedores, particularmente en las economías de salarios bajos. Y mientras en el extranjero motiva dudosas prácticas laborales, en casa es el villano favorito de las grandes bodegas que sacan de la competencia a los pequeños negocios familiares. Según los críticos, cada vez que Walmart abre, los centros comerciales de los pueblos cercanos quiebran y, a pesar de que Walmart usa sus precios bajos para dar una imagen de amigo de la clase trabajadora, en realidad destruye economías locales y empobrece a la gente común. También tiene una política antisindical que aplica a un punto enfermizo. Así es, según los críticos, una vez que se toman en cuenta todos los factores, se puede descubrir que, en realidad, Walmart explota a la persona común, y la única familia que realmente se beneficia en los Estados Unidos de sus prácticas es la de Walton, cuyos miembros se encuentran entre las personas más adineradas del mundo a pesar de su imagen de gente sencilla.

Tal vez debido a que está consciente de que tiene un problema de imagen, Walmart ha realizado la mayor parte de su expansión internacional usando otros nombres. En el Reino Unido, por ejemplo, los compradores de Walmart van a Asda. Mientras tanto, en 2006, la compañía tuvo que invertir mil millones de dólares para retirarse de Alemania, e hizo lo mismo un año antes para abandonar Korea. Los comentaristas dicen que la mayor razón para llevar a cabo estas maniobras es que la cultura de la compañía no se acoplaba bien a otros países y que a los liberales alemanes les parecían inaceptables muchas de sus prácticas altamente conservadoras, en especial las relacionadas con el trabajo.

No obstante, sin importar si Walmart puede repetir su éxito de los Estados Unidos en el resto del mundo, no queda duda alguna de que las tiendas de Sam Walton han sido tan influyentes que lograron cambiar la geografía humana de un continente. Otro hecho bastante elocuente de su gran éxito es tal vez que los hijos que le sobreviven a Walton se encuentran entre la gente más rica de los Estados Unidos, sólo por debajo de personas como Bill Gates, Warren Buffett y Larry Ellison.

Referencias y otras lecturas

Bell, John, "Sam Walton (1918-1992): everyday low prices pay off", en *Journal of Business Strategy*, septiembre 1, 1999.
Clark, Andrew, "Walmart, the US retailer taking over the world by stealth", en *The Guardian*, enero 13, 2010.
Gross, Daniel, *Forbes Greatest Business Stories of All Time*, 1996, pp 266-83.
Hosenball, Mark, "Shy Sam, the man with billions in score", en *The Sunday Times*, octubre 20, 1985.
Markowitz, Arthur, "Mr. Sam: Wal-Mart's patriarch", en *Retailing Today*, diciembre 18, 1989.
Meyerson, Howard, "In Wal-Mart's image", en *American Prospect*, septiembre 1, 2009.
Painter, Steve, "Friendly invasion: the annual shareholders meeting will bring hordes of national and international 'Wal-Martians' to Northwest Arkansas", en *Arkansas Democrat-Gazette*, mayo 20, 2007.

Pilieci, Vito, "How Wal-Mart conquered the world", en *Ottawa Citizen*, abril 2, 2002.

The Sunday Times, "Mr. Sam — the folksy tycoon with a killer instinct", junio 10, 2001.

Walmart, Biografía de Samuel Moore Walton, www.walmartstores.com

Walton, Sam, *Sam Walton: Made in America*, Bantam, 1993.

Capítulo Catorce
Mary Kay Ash

Cuando la gente piensa en Mary Kay Ash casi siempre piensa en cosméticos y algunas cosas más. Quienes la recuerdan un poco mejor tal vez piensan en el color rosa, en su inclinación por cierto tipo de ostentación tipo Barbie y por el gusto de interiores que desarrolló con base en el estilo de su gran amigo Liberace. Pero quienes realmente trabajaron con y para ella, descubrieron que era mucho más que eso, y que debajo de toda la extroversión de colores dulces y brillantes, había una decidida y exitosa mujer de negocios con principios muy sólidos, cuyas ideas por lo general estaban años, si no es que décadas, adelantadas a su época.

Ash fue millonaria y mujer de negocios en un mundo que, comparado con el de ahora, era avasalladoramente sexista. Debido a que en el aspecto de género por mucho tiempo le tocó estar del lado de los que tenían que soportar los embates, cuando pudo establecerse de manera independiente sus ideas acerca del manejo de los negocios fueron bastante radicales. Algunas de ellas de plano parecían excéntricas en aquel entonces, pero si se analizan, se pueden ver las ideas de una mujer que sabía muy bien cómo atraer y motivar a la gente; alguien que otorgaba ascensos basándose en la habilidad más que en el género, y que se preocupaba por la vida laboral de sus empleados décadas antes de que este concepto se inventara siquiera. A pesar de que ambas fueron muy distintas en el aspecto superficial, existen varios paralelismos dignos de señalar entre Ash y el otro titán de los cosméticos, Anita Roddick.

Mary Kay también fue muy interesante por su estatus de celebridad y la manera en que lo aprovechó. Trabajó en una era en la que la gente de negocios (que en su mayoría eran hombres) no necesariamente trataba de atraer la atención y actuar de acuerdo con un papel establecido. Como fue el caso de muchas otras de sus ideas, su perfil y la manera en que lo usó están más de acuerdo con la sensibilidad de principios del siglo XXI que con la de mediados del XX. Como iconoclasta, Ash tuvo seguidores que iban de Laura Bush a la autora de *Fried Green Tomatoes*, Fannie Flagg, y a miembros del equipo de futbol de los Dallas Cowboys. Pero para evitar que se pueda llegar a creer que esta empresaria era un triunfo del estilo sobre la sustancia, debo mencionar que su personal la adoraba: cuando murió, empleados de ese momento y de antes, se formaron para ofrecerle tributos acompañados de intenso llanto. Alabaron su generosidad y hablaron de la forma en que logró cambiar sus vidas. Para muchos era como si hubiese muerto un miembro de su familia. El típico comentario elegiaco comenzaba con: "Todos la amábamos..."

El nombre real de Mary Kay era Mary Kathryn Wagner. Nació en 1918 en Hot Wells, Texas, un pueblo con una especie de spa rural que en la actualidad está sucumbiendo al crecimiento urbano de Houston. Los padres de Mary manejaban un hotel y un restaurante bastante populares. Cuando Ash cumplió siete años su padre contrajo tuberculosis y tuvo que hospitalizarse de manera permanente. Su madre vendió los negocios y toda la familia se mudó a Houston. La madre de Mary Kay trabajaba turnos de 14 horas en un restaurante y la niña ayudaba en la limpieza del hogar y la preparación de los alimentos en casa. A pesar de sus limitadas circunstancias, su madre siempre fue una gran inspiración para la niña; sin importar las largas horas de trabajo siempre encontraba tiempo para motivarla y recordarle constantemente que podría realizar cualquier cosa que se propusiera. A menudo Ash citó esos momentos como la fuente de la confianza que tenía en sí misma: "Las palabras de mi madre se convirtieron en el tema de mi infancia. Permanecieron conmigo por siempre."

Ash era buena estudiante pero sus difíciles circunstancias le impidieron asistir a la universidad. En 1935 se casó con Ben Rogers, un hombre que trabajaba en la gasolinería local, hacía algunas cosas para radio y cantaba en una banda de la zona. Tuvieron tres hijos pero el matrimonio no duró. Según escribió Ash, terminó cuando Rogers se unió al ejército. El divorcio se llevó a cabo cuando él regresó de la Segunda Guerra Mundial y la empresaria comentó que fue el momento más triste de su vida. "Sentía que era un desastre absoluto como mujer." Por si fuera poco, Mary Kay se quedó con tres hijos a los que tuvo que sacar adelante.

Ash empezó a estudiar medicina en la Universidad de Houston. También trabajó como secretaria y obtuvo un empleo de medio tiempo en Stanley Home Products (SHP), una empresa que vendía productos para el hogar como escobas y cepillos de dientes. Se cuenta que esta compañía fue la que comenzó a realizar las "fiestas para ventas" como aquellas por las que se hizo muy famosa Tupperware. Ash asistió a una convención de SHP en Dallas y eso cambió su vida. Cuando se coronó a la Reina de las Ventas en la convención, de pronto nuestra protagonista descubrió que tenía una meta. Al año siguiente Ash fue la Reina de las Ventas pero luego tuvo tanto éxito que sacó de quicio a la junta directiva de SHP que, finalmente, la envió a Dallas para limitarla.

En 1952 abandonó la compañía y empezó a trabajar para World Gifts, otra empresa de ventas directas. En su primer año ganó 1,000 dólares mensuales, el equivalente a unos 8,000 dólares de ahora, y a cuatro veces el promedio nacional. Sin embargo, ahí se repitió la misma conducta discriminatoria de SHP. Ash trabajó 11 años para World Gifts y después se fue por varias razones. Una de ellas fue que quería escribir un libro para mujeres de negocios basado en su experiencia. Otra de las razones era que estaba cansada de ser soslayada para favorecer a colegas de sexo masculino menos calificados. El sitio de internet de la empresa afirma que la gota que derramó el vaso fue cuando un hombre que fue contratado como su asistente, y a quien ella misma entrenó, recibió un ascenso y empezó a ganar el doble de lo que a ella le pagaban. Tiempo después Ash comentaría:

> En ese entonces aprendí que mientras los hombres no creyeran que las mujeres podían hacer cosas, ellas jamás tendrían la oportunidad de hacerlas. Sabía que se me negó la posibilidad de alcanzar mi máximo potencial sólo por el hecho de que era mujer. Pero esos sentimientos nunca fueron producto de un deseo de tolerar mi situación personal o de brindarme autocompasión; de hecho conocía personalmente a muchísimas otras mujeres que sufrieron injusticias similares.

A pesar de que Ash trató de escribir su libro, las cosas fueron sucediendo de una manera inesperada y todas las ideas que había ido recopilando para formar los capítulos, al final se convirtieron en su propia compañía. Se dice que tuvo que sentarse en la cocina y escribir dos listas: una era de los aspectos positivos que vio en las empresas, y la otra de todo aquello que creía que podría mejorarse. Cuando escudriñó ambas listas, tuvo una revelación. Eso no era un libro, era un plan de negocios. Por eso, en 1963, echando mano de los 5,000 dólares que había ahorrado hasta entonces, y con la ayuda de su hijo Richard, abrió Beauty de Mary Kay. Beauty era una tienda de 46 metros cuadrados en Dallas. Los muebles eran de segunda mano y las cortinas se cosieron a mano, sin embargo, Mary Kay ya estaba en el camino adecuado. El producto principal era una crema para la piel, cuyos derechos de manufactura adquirió Mary. Supuestamente la crema fue desarrollada por un curtidor de pieles cuando su hija notó que la piel de su padre lucía mucho más joven de lo normal. Las consultoras de Mary Kay eran independientes, ya que compraban al mayoreo y vendían al menudeo por sí mismas. Podría decirse que dirigían su propio negocio.

Tal vez vale la pena recordar aquí que, al igual que algunos de los innovadores de negocios de mediados del siglo XX como lo son Ray Kroc y Sam Walton, Mary Kay ya no era una niña cuando fundó su negocio. De hecho tenía 45 años. Más adelante, para responder a la pregunta de cómo logró el éxito con tanta rapidez, la empresaria dijo: "La respuesta es que, como era una mujer madura con venas varicosas, en realidad no tenía mucho tiempo para darle vueltas al asunto." Aunque tal vez esto fue lo que le dio el impulso necesario, la verdadera razón pudo ser que nuestra protagonista vivió y conoció de cerca la manera en que los negocios trataban a las mujeres talentosas.

Ash también afirmó: "A mí no me interesaba el aspecto de los dólares y los centavos del negocio. Mi objetivo al establecer Mary Kay era ofrecerles a las mujeres el tipo de oportunidades que no existían en ningún otro lugar." No se necesita ser un genio para darse cuenta de que una de las mejores maneras que existen para motivar a la gente es brindarle las oportunidades que les fueron negadas en otros lugares. En sus discursos motivacionales para las reuniones de la empresa, Ash a menudo decía: "Quiero que se conviertan en las mujeres mejor pagadas de los Estados Unidos." Y muchas de las damas que laboraron para ella, le tomaron la palabra en serio: para cuando falleció la empresaria, 150 mujeres habían ganado más de 1 millón de dólares trabajando a su servicio.

En cuanto tuvo su propia compañía, Ash dejó atrás los años de penurias. La empresa comenzó con 11 consultoras de belleza e hizo 200,000 dólares en ventas en su primer año. Al siguiente cuadriplicó sus ganancias, obtuvo 800,000 dólares. En 1964 comenzó una de sus tradiciones: el seminario de la compañía. El primero que se realizó fue básicamente una reunión para comer. Mary Kay cocinó pollo y preparó ensalada de gelatina para las 200 personas que conformaban la empresa entre personal y consultoras. Se llevó a cabo en una bodega decorada con globos y papel crepé. La misma Mary Kay sirvió los alimentos en platos de papel. Aquella comida fue el primero de los famosos seminarios de la empresa y, a medida que el imperio fue creciendo, éstos se irían transformando en eventos cada vez más espléndidos que, más que reuniones corporativas, parecían fiestas de la farándula. Pero los seminarios siempre tuvieron un propósito muy importante. La empresa ofrecía cursos motivacionales y entrenamiento, y los seminarios eran una especie de recompensa. En ellos las grandes estrellas del negocio recibían honores y premios de miles de dólares. En 2009 asistieron 35,000 personas. Eran mayoritariamente consultoras que, como manejaban sus propios negocios, también tenían que pagar sus viáticos y gastos de hospedaje.

Los seminarios de Ash en Dallas (ahora se llevan a cabo en países de todo el mundo) se volvieron legendarios. Los asistentes tenían que pagar su boleto de entrada, pero entre ellos se podía encontrar a profesores de la Escuela de negocios de Harvard que se habían dado cuenta de que, debajo de todo lo rosado y los diamantes, había un negocio que de verdad pensaba de manera distinta.

En 1968 Mary Kay compró su primer Cadillac y lo pintó de color rosa para que combinara con uno de sus productos. El carro tuvo tanto éxito (y funcionó tan bien como artículo publicitario) que Mary comenzó a regalarles automóviles iguales a sus cinco consultoras de mayor éxito. La compañía ahora ofrece una amplia gama de autos y no todos son rosados. A partir de 2006 GM calculó que había producido 100,000 Cadillacs rosados para Mary Kay. La misma empresaria señaló: "El reconocimiento es la clave."

La compañía tuvo un tremendo auge en la década de los setenta. A finales de ésta tenía ventas por más de 100 millones de dólares y cotizaba en la Bolsa de Valores de Nueva York. Además, con su apariencia y rimbombancia características, Mary Kay llegó a convertirse en una suerte de celebridad. En la cultura popular se ha hecho referencia a su persona cientos de veces y en muchas ocasiones, para evitar ser acosada por sus fervientes admiradores, la empresaria tuvo que salir de sus apariciones públicas por túneles y salidas traseras de emergencia como si fuera una estrella de rock.

A pesar del enorme crecimiento de Mary Kay y de su compañía, su filosofía casi no sufrió modificaciones. Mary creía en tratar a los demás como nos gustaría ser tratados. Por ejemplo, a los empleados y consultoras se les motivaba a comportarse como si toda la gente que los rodeaba tuviera un letrero colgando al cuello que decía "Hazme sentir importante". La empresaria también creía firmemente en el equilibrio vida-trabajo que todo mundo debía buscar o, como todo sucedió en el estado de Texas, en el equilibrio vida-trabajo-religión. Al personal siempre se le decía que debía poner a Dios en primer lugar, en segundo a la familia, y en tercero al trabajo. (Esta escala de valores es un contraste interesante con el dictado de Ray Kroc, quien decía: "Yo creo en Dios, en la familia y en McDonald's. Pero en la oficina el orden siempre es al revés.") Por otra parte, Mary Kay creía que, con la motivación adecuada, cualquier persona podía alcanzar el éxito. En ocasiones, sus empleados con desempeño estelar, incluso los ganadores de los Cadillacs rosados, eran hombres.

Mary Kay comenzó a tener problemas a mediados de los ochenta. Las ventas y el precio de las acciones cayeron, y en 1985 la familia sacó a la compañía de la bolsa gracias a una compra apalancada por 450 millones de dólares. Ash se retiró en 1987 y en 1996 sufrió un ataque. Su salud nunca fue buena a partir de entonces. Murió en 2001 a los 83 años. Ese año las ventas de la compañía fueron de poco más de mil millones de dólares. En 2010 se acercaron a los 3 mil millones. A lo largo de los años Mary Kay recibió docenas de premios de negocios y la gente la quiso, y la admiró. A pesar de desarrollarse en un ámbito altamente controversial, en realidad muy poca gente tuvo críticas negativas para la empresaria. Pero claro, esto no es ninguna sorpresa si tomamos en cuenta que sus motivos para hacer las cosas fueron, en casi todos los sentidos, sumamente nobles.

En el obituario que apareció en *The New York Times,* se cita un comentario que le hizo la empresaria a una amiga:

> En 1963 las fuerzas sociales que ahora sostienen la igualdad financiera y legal de las mujeres no habían logrado el respaldo de la gente. Sin embargo surgió una compañía que les daría a las mujeres todas las oportunidades que yo nunca tuve. Yo no creo que Dios haya querido un mundo en que las mujeres tuvieran que trabajar 14 horas al día para mantener a su familia como lo hizo mi madre. Creo que Él usó esta compañía para darles a las mujeres una oportunidad.

Referencias y otras lecturas

AP/*Houston Chronicle,* "Mary Kay Ash", cosmetics giant dead at age 83", noviembre 23, 2010.

AP/St. Louis Post-Dispatch, "Cosmetics empire was started to offer women opportunities; company grew from sales force of 11 to 750,000 in 37 countries."

Bodor, Jim, "'We all loved her': local associates recall legacy of Mary Kay Ash", *Telegram & Gazette,* Worcester, MA.

Dallas Morning News.

Detroit Free Press, "Obituario", noviembre 23, 2001.

Gross, Daniel, *Forbes Greatest Business Stories of All Time,* 1996, pp. 232-45.

Mary Kay Sitio de Internet. Tributo a Mary Kay, www.marykaytribute.com

Nemy, Enid, "Mary Kay Ash, builder of a beauty empire, dies at 83", en *The New York Times,* noviembre 24, 2001.

Capítulo Quince
Bill Gates

Bill Gates es uno de los más importantes impulsores de la revolución informática de finales del siglo XX y ha hecho más por darle forma a la experiencia de la computadora personal que cualquier otra persona. En 1975 vaticinó que en el futuro habría una computadora en cada hogar y en cada escritorio, y hasta cierto punto, su visión se hizo realidad gracias a sus propios esfuerzos. Microsoft (MS), la compañía que fundó, fabrica el sistema operativo Windows que funciona en 90 por ciento de las computadoras de todo el mundo. Asimismo, se cree que su paquete de productividad Office lo usa 80 por ciento de todas las empresas del orbe. Muchas de las innovaciones que ahora damos por hechas en el ámbito de la informática (de los documentos estándar a la jerga técnica que ahora todo mundo usa) tuvieron su origen en Microsoft.

Todo lo anterior hizo que Gates fuera el hombre más rico del mundo durante un periodo extraordinariamente largo (ocupó el lugar de 1993 a 2007). De hecho, en algún momento Gates llegó a ser tan rico que su valor se calculó en más de 100 mil millones de dólares, una cifra que eclipsaba el Producto Interno Bruto de la mayoría de los países del mundo. La razón por la que Gates ya no ostenta el título es porque mucho de su dinero lo ha entregado a obras de caridad. Y a pesar de haber entregado 20 mil millones a obras de beneficencia (la única otra persona que ha dado más dinero que Gates a la caridad es Warren Buffett), es el segundo hombre más rico del mundo. Está sólo por debajo del magnate mexicano de las telecomunicaciones, Carlos Slim Helú, mas no por una gran diferencia. Como es de esperarse, Gates goza de la atención de los líderes políticos y con frecuencia se le incluye en la lista de los hombres más poderosos del mundo. Además, gracias a la Fundación Bill & Melinda Gates, ahora también es el filántropo más importante del orbe.

Extrañamente, es posible que debido a su generosidad, ni la empresa ni su fundador gocen del afecto público de la misma manera que lo hacen sus dos grandes rivales: Apple y Google. De hecho la misma gente de la comunidad tecnológica que espera con ansias cada nuevo lanzamiento de productos de estos dos gigantes, tiene una relación con MS de amor-odio que casi siempre se inclina más al odio. Aquellos obsesionados con la informática parecen hacer hasta lo imposible por menospreciar los productos de MS, incluso se dan a la tarea de detectar cualquier aspecto negativo de los mismos. Según la misma línea de críticas, la empresa es anticompetitiva. Sus prácticas monopólicas le permiten ofrecer *software* caro, sobrevalorado y no de la mejor calidad, a negocios y consumidores que no tienen otra opción más que comprarlos, de la misma manera que lo hacen con las computadoras que representan más del 90 por ciento de los equipos que trabajan con los sistemas operativos de MS. En este mismo sentido, cuando aparecen alternativas reales, MS siempre se encarga de aplastarlas. Pero no sólo son los consumidores los que hablan. Microsoft también ha captado la crítica y la atención de varios gobiernos que la consideran anticompetitiva y monopólica.

Aunque la gente en realidad no odia a Gates, no hay duda de que este empresario carece del tipo de carisma que hace de Steve Jobs o Richard Branson lo que son; Gates es rico pero no es agradable. Curiosamente, a pesar de lo que la gente piensa de MS, sigue comprando sus productos. Es por eso que la empresa continúa siendo una fuerza colosal y poderosa en el mundo de los negocios y la tecnología a pesar de no ser la más estimada.

Gates nació en 1955 en Seattle, Washington. Se crió en el seno de una familia adinerada y su infancia fue bastante cómoda. Su padre fue un abogado que ganaba muy bien, y su madre tenía influencia en una organización sin fines de lucro llamada United Way. Todos creían que William H. Gates III seguiría los pasos de su padre. Debido a que Gates dio señales de gran inteligencia desde edad muy temprana, sus padres lo enviaron a Lakeside School, una costosa institución privada. En ella conoció a Paul Allen, quien era dos años mayor que él. A ambos muchachos les impresionó la máquina Teletipo que tenía la escuela. Dicha máquina era una especie de computadora primitiva. A los 17 años Gates ya había vendido su primer *software*. Era un programa para generar horarios escolares que le vendió a la escuela misma por 4,200 dólares.

Sus primeros logros académicos fueron sólo una muestra de lo que sucedería después. En su examen SAT obtuvo 1590 puntos de 1600 y entró a Harvard. Ahí se hizo amigo de Steve Ballmer, un compañero que años después lo sustituiría en el puesto de director ejecutivo de Microsoft. A finales de 1974 Allen, quien ya había abandonado la universidad y ahora trabajaba como programador para Honeywell en Boston, leyó un artículo en la revista *Popular Electronics* sobre una microcomputadora llamada Altair. Fue una de las primeras del mundo. La Altair tenía un precio de 350 dólares, lo cual la ponía fuera del alcance de la gente común. El fabricante era una compañía llamada MITS con base en Nuevo México. La empresa invitaba a los lectores de la revista a desarrollar un lenguaje de programación para la computadora. Gates y Allen llamaron a MITS para informar que habían desarrollado una versión de BASIC (el lenguaje de programación más sencillo de usar para los principiantes) pero no era verdad. La empresa expresó su interés, así que el par de amigos venció todos los obstáculos y logró crear el lenguaje que había dicho que ya tenía. Cuando Allen le hizo la demostración del *software* a MITS en Nuevo México, la compañía quedó tan complacida que le otorgó el puesto de vicepresidente.

Entonces Gates se tomó algún tiempo libre en la Universidad para alcanzar a Allen en Nuevo México y el par de amigos comenzó a referirse a su aventura como Microsoft. Luego Gates volvió por algún tiempo a Harvard pero en 1976 terminó abandonando la escuela de manera definitiva. Ese año los dos amigos registraron la marca Microsoft, se independizaron de MITS y empezaron a contratar empleados. A finales de 1978 las ganancias de la empresa eran de más de 1 millón de dólares, y a principios de 1979 mudaron la compañía a Washington, más cerca del pueblo donde vivían. En 1980 contrataron a Steve Ballmer como gerente de negocios.

Ese mismo año IBM le solicitó a Gates que le proveyera un intérprete de BASIC para su nueva computadora, la IBM PC, que fue la abuela de prácticamente todas las computadoras de alcance masivo que se conocen en la actualidad. IBM también necesitaba un sistema operativo y, después de que las pláticas con otra compañía fallaron, Microsoft aceptó proveerlo también. Con ese propósito, MS concedió la licencia para un sistema operativo llamado 86-DOS que fue escrito por Tim Paterson de Seattle Computer Products. Para que el producto se pudiera usar en las IBM, lo renombraron PC-DOS. Más adelante Microsoft lo compraría sin miramientos. En ese aspecto MS siempre fue muy inteligente y logró superar las tácticas de IBM. Así es, el trato que llevó a cabo MS resultó desastroso para IBM y, al final, ocasionó uno de los intercambios de poder más grandes del sector: de fabricantes de *hardware* a creadores de *software*. Aunque claro, también podría decirse que sólo fue uno de los grandes cambios en el ámbito industrial.

MS creía que era muy posible que otras compañías clonaran el *hardware* de IBM, por lo que conservó los derechos de licencia del sistema operativo para otorgarlos a cualquier otro fabricante que no fuera su cliente. Aquí tal vez valga la pena señalar que MS fue muy inteligente al negociar y que IBM sólo aceptó sin pensar. Cuando la clonación tan esperada sucedió, el resultado fue que Microsoft ya tenía un inmenso mercado listo para su sistema operativo, en tanto que IBM terminó fabricando *hardware*, que por cierto, se estaba convirtiendo con rapidez en un insumo de bajo margen de ganancias.

En 1981 se incorporó la empresa. Gates obtuvo el 53 por ciento, Allen el 31 y Ballmer el 8. Sus ingresos eran de 16 millones de dólares y contaban con 128 empleados. Dos años después, para 1983, estas cifras ya se habían triplicado. Ese mismo año, sin embargo, también tuvieron un mal momento, ya que a Allen se le diagnosticó la enfermedad de Hodgkin. Su tratamiento fue exitoso pero su salud lo obligó a dejar Microsoft y, a partir de ese momento, tuvo una carrera bastante ajena a la compañía a pesar de que poseía una cantidad importante de acciones.

DOS le brindo a MS grandes recursos y enorme influencia, pero el *software* que la convertiría en una empresa reconocida ya se encontraba a la vuelta de la esquina. En 1985 MS lanzó al mercado una interface gráfica para MS-DOS. Su nombre era Windows 1.0. El siguiente año la empresa comenzó a cotizar en la bolsa. Sus acciones se vendían a 21 dólares cada una y se dispararon hasta llegar a valer 7 dólares más en el primer día de intercambio. Desde entonces se han multiplicado nueve veces. Los 21 dólares iniciales ahora valdrían 7,000. En 1987 apareció Windows 2 (le siguieron Windows 3 y 4), y en 1989 hizo su debut Office. Mientras tanto, como una manera más de anticipar lo que vendría, Apple demandó a MS con la acusación de que Windows infringía su interface gráfica del usuario (GUI, por sus siglas en inglés). Después de seis años, Apple perdió.

A principios de la década de los noventa MS se encontraba en una posición muy encumbrada. Su fortuna siguió incrementándose y el imparable desarrollo de las computadoras, tanto en los hogares como en los negocios, hizo que los ingresos y ganancias de la empresa aumentaran todavía más. En 1992

Forbes designó a Gates como el hombre más rico de Estados Unidos y al año siguiente MS superó a IBM en términos de capitalización de mercado, llegando así al fin de toda una era. En 1994 Gates se casó con su novia de varios años, Melinda French. La pareja tuvo tres hijos más adelante. En 1995, en medio de un gran bullicio, apareció Windows 95, el primer Windows moderno reconocible. Fue un éxito asombroso y, visto de casi cualquier perspectiva, fue uno de los más grandes lanzamientos jamás realizados.

Pero aunque MS estaba en su apogeo, conviene saber que las fuerzas que más adelante le causarían tantos problemas, llevaban gestándose desde principios de los noventa. La compañía ya había logrado captar la atención del Departamento de Justicia de los Estados Unidos, al que le preocupaba que violara las reglas antimonopolios. Tal vez lo más importante era que, algo que se denominaba internet, había empezado a crear bastante bullicio en los círculos tecnológicos y de negocios. Bill Gates no estaba muy interesado, o al menos, no al principio. Pero luego, en 1994, la compañía Netscape lanzó su famoso navegador Mosaic, y la red comenzó a lucir como algo que le gustaría a la gente común y que los negocios podrían usar. En otra anticipación de lo que sucedería después, Netscape comenzó a regalar su *software*. Por primera vez parecía posible que se repitiera la historia y que alguien le hiciera a MS lo que ella le hizo a IBM en el pasado.

Gates cambió su posición de inmediato. En 1995, en su famoso memorándum, anunció que el internet era, de hecho, "de gran importancia", y un año después anunciaría el navegador de MS: Internet Explorer. El navegador apareció por fin en agosto de 1996. Vale la pena recordar que para ese momento Amazon ya llevaba un año haciendo negocios. Esa situación marcó el punto en que Microsoft dejó de ser la única voz que realmente contaba en la informática. Por primera vez, en años, eran otros los que marcaban el paso.

La respuesta de la compañía tampoco logró mejorar la percepción del público. Más adelante Netscape aseguró que Microsoft usaba su posición monopólica para intimidar y persuadir a los usuarios de Windows para que botaran Netscape y adoptaran Internet Explorer (acción que, finalmente, llevaría a Netscape a perder a casi todo su mercado y a ser adquirido por alguien más). En 1996 Netscape solicitó al Departamento de Justicia de los Estados Unidos que investigara a MS por prácticas anticompetitivas. Dos años después el Departamento y 20 fiscales generales de estado demandaron a MS. En 1998 Gates presentó una declaración en video a dicha entidad. A muchos les pareció que esta acción fue evasiva, deshonesta y de poca utilidad. Microsoft perdió y el juez ordenó que se disolviera. De hecho, el acuerdo final fue mucho menos duro y muchas personas consideraron que sólo se trató de una especie de bofetada de advertencia. A pesar de la ligereza del castigo, el fallo no le sentó nada bien a Microsoft ni a la imagen de Gates. A la empresa se le consideró aún más monopolista y abusiva, y a su fundador como un hombre obsesionado por tener el control.

A pesar de lo anterior, el año 2000 sería el principio de la segunda parte en la vida de Gates, ya que comenzó a renunciar al control de su imperio: Ballmer asumió el puesto de director ejecutivo y se hizo cargo de la responsabilidad cotidiana de dirigir la compañía. Gates tomó el puesto de presidente ejecutivo. En 2001 la empresa lanzó Windows XP que, tras presentar algunos problemas al principio, llegó a ser del agrado de mucha gente. Este programa todavía está a la venta y, hasta hace poco todavía se le consideraba el sistema operativo más adecuado para laptops pequeñas y menos poderosas.

Se puede decir que en general la primera década del siglo no fue muy amable con Microsoft, sin embargo, a medida que Bill Gates se alejó de su empresa, todo comenzó a mejorar para el empresario. A Apple, el rival de Microsoft, le fue bastante mal en los noventa pero mejoró a partir del año 2000, y con Steve Jobs de nuevo a la cabeza, volvió a marcar el camino a seguir. En 2001 Apple lanzó el iPod y en 2007 el radical iPhone. Ambos productos fueron innovaciones y precursores de la era digital que se avecinaba. MS, por otra parte, lo único que tenía era sus despreciados *smartphones* y el nada bien recibido Zune.

Mientras tanto, a finales de los noventa, apareció Google, y a pesar de que al principio no parecía ser una amenaza, pronto se convirtió en el enemigo. En la década pasada por momentos llegó a parecer que el trabajo de Google consistía en hacer que los intentos de Microsoft por brillar en el ámbito de las innovaciones en línea se vieran bastante mal. Si se toma en cuenta a todos los protagonistas, desde Hotmail y Gmail, hasta Microsoft Virtual Earth (ahora Bing Maps) y Google Earth, es difícil no llegar a la conclusión de que Google se desempeña mejor en lo que tiene que ver con internet. Y aunque parezca una injusticia, realmente nunca importa si Google lo hace primero (como Google Earth) o si llega después (como sucedió con Gmail). De la misma manera en que a principios de los noventa hubo un cambio de poder de fabricantes de equipo a productores de *software*, ahora parecía que toda la emoción estaba deparada para internet y los artilugios deslumbrantes, ninguno de los cuales era parte del campo de acción de MS.

Pero la situación se tornó aún peor. Muchos creen que los *smartphones* representan el máximo crecimiento en términos de acceso al internet, y que a lo que se le debe apostar es al iPhone y a los celulares que operan con Android (un sistema operativo gratuito y de fuente abierta que fue desarrollado por el archirrival de MS, Google). Por si fuera poco, estos sistemas operativos podrían estar incluso saliéndose del ámbito de la telefonía móvil. Las computadoras tipo iPad son cada vez más populares y no se parecen en nada a las máquinas Windows. Estas computadoras, o son fabricadas por Apple o usan la plataforma Android. La preocupación para MS es que podrían ser tan sólo la punta del iceberg. La otra gran preocupación es que la funcionalidad en muchas aplicaciones (como las de Office) está migrando al internet, en donde la ventaja la tiene Google.

Por lo anterior, a veces parecería que MS está siendo acosado por todos los flancos.

Por si todo lo anterior no fuera suficiente, la empresa tiene otras dificultades. Su primer lanzamiento importante de sistema operativo de la década inicial del siglo XXI fue Windows Vista, que apareció en 2007. Este sistema fue muy criticado y nunca pudo captar la atención de la misma manera que lo hizo XP. En 2008 los Estados Unidos multaron a MS por 899 millones de euros por no cumplir con los reglamentos antimonopolios. Asimismo, la empresa perdió su negociación para adquirir Yahoo debido a que las partes no lograron ponerse de acuerdo en el precio. Lo peor de todo es que Apple, su archirrival, logró superarla en tamaño hace poco.

A pesar de todos estos grandes golpes y de lo lúgubre del panorama, las predicciones de la caída de MS son bastante exageradas. Para empezar, es muy poco probable que la gente deje de comprar computadoras con plataforma Windows, al menos no lo hará por algún tiempo. Además, Windows 7, el nuevo sistema operativo de MS, fue muy bien recibido y logró remediar muchas de las fallas de Vista. También vale la pena recordar que siempre es muy tentador golpear a la cabeza. Tal vez MS tendrá que empezar a preocuparse cuando la gente deje de quejarse de ella. La compañía continúa siendo un gigante y quizás sólo necesita ser más ágil.

Es posible que la mayor sorpresa para los detractores de Gates sea lo que está haciendo con todo su dinero. A finales de los noventa empezó a realizar donaciones por miles de millones de dólares a la Fundación Bill & Melinda Gates, una organización de caridad que fundaron él y su esposa y que se enfoca en salud y educación. En 2006 Gates anunció que se alejaría de MS para concentrarse en su trabajo filantrópico a partir de mediados de 2008. El empresario continúa siendo el presidente de Microsoft y su participación sigue siendo mayoritaria, sin embargo ahora se dedica más a la filantropía que a los negocios. Además, resulta muy evidente que se está desarrollando muy bien en este ámbito. En 2006, por ejemplo, su amigo Warren Buffett anunció que donaría 40 mil millones de dólares y que la mayor parte sería para la Fundación Bill & Melinda Gates.

Referencias y otras lecturas

Bank, David, "Breaking Windows", en *The Wall Street Journal*, enero 2, 1999.
Sitio de Internet de la Fundación Bill & Melinda Gates, www.gatesfoundation.org
Bolger, Joe, "I Wish I wasn't the richest man in the world, says Bill Gates", en *Times*, mayo 5, 2006.
Gates, Bill, *The Road Ahead*, 1995.
Gates, Bill, *Business at the Speed of Thought*, 1999.
Gross, Daniel, *7 Greatest Business Stories of All Time*, 1996, pp. 334-51.
Heilemann, John, "The Truth, the whole truth, and nothing but the truth", en *Wired*, 46.
Sitio de Internet de Microsoft, www.microsoft.com
Smoking Gun, Mug shots.
Wasserman, Elizabeth, "Gates deposition makes judge laugh in court", CNN.com, noviembre 17, 1998.

Capítulo Dieciséis
David Ogilvy

Para aquellos interesados, todavía se puede encontrar en la *web* lo primero que escribió David Ogilvy como profesional. Lleva el muy oscuro título de "The theory and practice of selling the Aga cooker" ("Teoría y práctica de la venta de la estufa Aga"), y fue escrito en 1935 cuando él tenía veintitantos años y trabajaba como vendedor para la icónica compañía de estufas del Reino Unido. Por supuesto, debido a su antigüedad, el texto se encuentra lleno de barbaridades sexistas que ahora reconocemos debido a la visión retrospectiva. A pesar de ello, a 77 años continúa siendo una lectura concisa, persuasiva y atractiva, y tiene frases memorables como: "El buen vendedor combina la tenacidad de un bulldog con los buenos modales de un spaniel." La revista *Fortune* alguna vez lo señaló como "el mejor manual de ventas jamás escrito".

Mucha de la publicidad actual le debe su existencia a David Ogilvy y a sus ideas. Muchas mascotas, frases e identidades icónicas de marcas, surgieron gracias a Ogilvy y a la agencia que fundó. Nuestro protagonista, sin embargo, distaba mucho de ser el típico anunciante. En una industria que es bien conocida por su cinismo y crueldad, él era todo lo contrario. De hecho, su mayor y más importante reflexión fue la de que los consumidores eran inteligentes y que no debían ser tratados como idiotas. Ogilvy desdeñaba la idea de que la publicidad fuera una especie de arte creativo, y siempre fue muy conciso al señalar que su trabajo era vender. (Solía decir cosas como: "Si no vende, entonces no es creativo" y: "No considero que la publicidad sea entretenimiento o una forma de arte, sino un medio de información.") A pesar de lo anterior, sus anuncios siempre se basaron en ideas. Escribió páginas y más páginas de material que no se exhibió y nunca logró llevarse bien con la televisión. Ogilvy era educado, profundamente culto y muy ingenioso. Le costaba trabajo abrir la boca y que de ella no salieran agudezas.

Una de sus citas más famosas (hay que mencionar que era un hombre al que se citaba mucho) es: "El consumidor no es un imbécil, es tu esposa." Otros de sus grandes aforismos, decían: "Nunca exhibas un anuncio que no te gustaría que viera tu familia" y: "Di la verdad pero hazla fascinante." Asimismo, es bien sabido que Ogilvy usaba los productos que anunciaba, ya fueran automóviles Rolls Royce o camisas. Describía esta práctica como "buenos modales elementales", incluso renunció a cuentas de productos en los que sentía que ya no podía seguir creyendo.

David Ogilvy nació en 1911 en West Horsley, cerca de Londres. Su padre fue un corredor de bolsa cuyo negocio se vio fuertemente afectado con el descalabro económico de la década de los veinte. Como resultado, David se crió en una pobreza refinada. Antes de ganar una beca a los 13 años para estudiar en Fettes College, en Edimburgo (la misma escuela en la que estudió Tony Blair), asistió a la escuela St. Cyprian en Eastbourne, en donde las colegiaturas tenían descuentos. Tiempo después, en 1929, también obtuvo una beca para estudiar historia en Christ Church, en Oxford. Pero la vida estudiantil no era lo ideal para el joven, quien se describía sólo como un "inútil". Finalmente fue expulsado por su holgazanería y tiempo después describiría este hecho como "el verdadero fracaso de mi vida". En 1931 se mudó a París y consiguió un empleo en el Hotel Majestic. Ahí duró un año y, según él, fue donde aprendió sobre disciplina y administración, y también sobre en qué momento renunciar. "Si me hubiera quedado en el Majestic me habría enfrentado a años de un salario para esclavos, una presión endemoniada y cansancio permanente."

Ogilvy volvió a Inglaterra y comenzó a vender la estufa Aga de puerta en puerta. Era, desde cualquier perspectiva, un vendedor extraordinario. Eso lo notó la gente de las oficinas centrales de la compañía y en 1935 se le solicitó que escribiera un manual para los otros vendedores. Su hermano, quien trabajaba en el área de publicidad para el despacho Mather & Crowther, leyó el manual y quedó impresionado. Aquel fue el primer gran logro de Ogilvy. Su hermano les enseñó el manual a sus colegas y como resultado, le ofrecieron a David el puesto de ejecutivo de cuenta. Ogilvy mostró una temprana chispa de genialidad en ese entonces. Le dieron sólo 500 dólares para anunciar un hotel que se acababa de inaugurar y él los gastó en postales que envió a toda la gente del área cuyo número aparecía en la guía telefónica. Cuando el hotel abrió oficialmente, ya todo estaba reservado. Después de que su método tuviera éxito, escribió: "Alguna vez probé la sangre." Esta experiencia le hizo creer para siempre en el *marketing* directo, que siempre ha sido considerado el pariente pobre y de dudosa reputación de la publicidad.

Tres años después logró convencer a la agencia de que lo enviara a los Estados Unidos por un año. Ahí fue un tremendo éxito entre los norteamericanos (en aquel entonces el acento británico realmente podía abrirle las puertas a cualquiera) y se quedó fascinado con el país. Al final del año renunció a Mather & Crowther y se unió al Instituto Nacional de Investigación de George Gallup. Su trabajo ahí consistía en medir la popularidad de las estrellas de Hollywood y de las historias para los estudios. Ese empleo le dio la oportunidad de viajar por todo Estados Unidos y aprender mucho sobre ese país. También le enseñó el valor de entender lo que pensaba la gente común.

En la Segunda Guerra Mundial trabajó en el departamento de inteligencia de la embajada británica en Washington. A pesar de que su trabajo incluía que lo entrenaran como espía, terminó haciendo algo bastante aburrido: escribir reportes y hacer análisis. En ese tiempo trató de llevar el conocimiento que tenía sobre la forma en que la gente se comportaba a los aspectos militares y diplomáticos. Sus reportes fueron bien recibidos. Después de la guerra Ogilvy cambió una vez más la dirección de su vida. Compró una granja en el Condado de Lancaster. El lugar estaba en una zona rural de Pennsylvania famosa por su población Amish. Ahí se dedicó a ser granjero varios años y cosechó tabaco. A pesar de que admitía que jamás podría tener éxito en esa actividad, le encantaba el área y algunos aspectos de la vida rural.

En 1948 estuvo listo para fundar su propia agencia. La llamó Hewitt, Ogilvy, Benson & Mather, y la estableció con el respaldo de Mather & Crowther de Londres. En aquel tiempo tenía 6,000 dólares en el banco y 38 años de edad. A pesar de la experiencia que había acumulado en publicidad y el tiempo que trabajó en el instituto de Gallup, su currículum en realidad era bastante breve. Es bastante conocido el hecho de que tiempo después confesó que nunca había escrito un anuncio en su vida. En un momento en que la mayoría de la gente ya está bien encaminada, Ogilvy sólo contaba con una serie ecléctica de experiencias en varios campos distintos, no tenía ningún título y estaba desempleado.

A pesar de lo anterior, el inglés poseía intuición para la publicidad y los anuncios de la nueva compañía se convirtieron en enormes éxitos en poco tiempo. Ogilvy nos dijo que el jabón Dove tenía un cuarto de crema hidratante y Dove se convirtió en la marca más importante de su ramo. Inventó al hombre de la camisa Hathaway, un aristócrata que perdió un ojo y usaba un parche, y el parche de repente hizo que un hombre de mediana edad en una camisa específica se convirtiera en objeto de misterio e intriga. Por supuesto que la frase publicitaria (mejor conocida como "copy"), que escribió Ogilvy, ayudó bastante. El publicista tenía una facilidad bastante peculiar para las palabras. La frase decía: "Los discípulos de la melancolía de Thorstein Veblen habrían despreciado a esta camisa." Veblen era un sociólogo y fue autor de *The Leisure Class* (*La clase ociosa*). Lo más probable es que ni siquiera el 1 por ciento de la gente que vio el anuncio supiera eso, pero Ogilvy creó una historia genial e intrigante, y de pronto nació un clásico. Las ventas de Hathaway se dispararon y la compañía se convirtió en una marca importante. El publicista más adelante escribiría que el éxito de su aristócrata tuerto también lo desconcertó mucho a él: "Nunca sabré con exactitud por qué resultó tan exitoso, pero puso a Hathaway en el mapa después de 116 años de relativa oscuridad."

También resulta muy memorable el acierto que tuvo al cambiar el estatus de Puerto Rico y venderlo como destino cultural al decir: "Pablo Casals vuelve a casa, a Puerto Rico." Funcionó. Los anuncios de la compañía Schweppes que mostraban a un británico culto que vuelve a los Estados Unidos ofreciendo *Schweppervescencia*, se utilizaron por un extraordinario periodo de 18 años. En una ocasión Ogilvy dijo: "Todo anuncio debe contribuir al complejo símbolo que es la imagen de la marca." Era un hombre muy carismático. A principios de los sesenta la revista *Time* reportó que se le había asignado una cuenta para vender a los Estados Unidos como un destino turístico en varios países de Europa Occidental: "Cada uno de los anuncios que escribo para el servicio de viajes de los Estados Unidos" bromeó Ogilvy, "se convierte en una carta de pan y mantequilla que envía un inmigrante agradecido".

En 1959 la agencia obtuvo la cuenta Rolls-Royce. La campaña fue una de sus favoritas. Decía: "A 60 millas por hora, el ruido más fuerte en este Rolls-Royce nuevo, proviene del reloj eléctrico." Fue un gran éxito. En sus primeros 20 años, y desde su sobresaliente inicio, la agencia ganó prestigiosas cuentas como Lever Brothers, General Foods, American Express, Shell y Sears. Efectivamente, si acaso Ogilvy tenía algún defecto, podría ser la tendencia a venderse de más a sí mismo. Sobre esa ocasión, escribió: "No sé si algún escritor de frases publicitarias ha llegado a tener tantos éxitos en un periodo tan corto", y luego añadió que la agencia estaba "tan de moda que conseguir clientes era como dispararles a un montón de peces en un barril".

Tal vez debido a la vanidad del publicista, algunas personas afirmaron que su mayor creación fue él mismo. Sin embargo, tal como dicen, tenía muchas cosas que presumir. Era un gran escritor, tenía ingenio, combinó los modales británicos como el acento y la excentricidad, con el trabajo duro estadounidense y con un disgusto por la arrogancia de su industria. En el aspecto físico era asombroso: alto y pelirrojo. Vestía con estilo y fumaba pipa. Haciendo un balance, ¿de verdad era tan malo que fuera vanidoso? A principios de los sesenta Ogilvy decidió escribir un libro. Supuestamente sería un manual para las personas que quisieran entrar a la industria. Con su buen oído para títulos vivaces, le llamó *Confessions of an Advertising Man* (*Confesiones de un publicista*). Con su prosa fresca y un nombre atractivo, el libro alcanzó a lectores más allá de Madison Avenue. El tiraje inicial fue de 5,000 ejemplares pero, hasta la fecha, ha vendido más de un millón de copias y todavía se le considera una lectura obligada en la industria. Ogilvy escribió dos libros más.

Citas de David Ogilvy

- "Un buen anuncio es el que vende el producto sin atraer atención a sí mismo."
- "No sólo golpees. Batea para sacar la pelota del campo. Batea para estar en compañía de los inmortales."
- "Primero hazte la reputación de genio creativo. Luego rodéate de colaboradores que sean mejores que tú. Y finalmente, déjalos hacer lo que ellos quieran."
- "Si alguna vez tienes la enorme suerte de crear una gran campaña publicitaria, en poco tiempo verás que otra agencia se la roba. Es muy irritante pero no debes dejar que eso te incomode porque nunca nadie ha logrado construir una marca sólo imitando la publicidad de alguien más."
- "Me parece que es de mala educación que una revista acepte uno de mis anuncios y luego lo ataque en la editorial. Es como invitar a un hombre a cenar y escupirle en la cara."
- "Muchas personas, y creo que soy una de ellas, son más productivas cuando beben un poco. Yo descubrí que si bebo dos o tres copas de brandy, puedo escribir mejor."
- "El noventa y nueve por ciento de la publicidad no vende gran cosa."

Treinta y tres años después de fundar su agencia, le escribió el siguiente memorándum a otro director:

> ¿Alguna agencia contrataría a este hombre? Tiene 38 años y está desempleado. Abandonó la escuela. Fue cocinero, vendedor, diplomático y granjero. No sabe nada acerca de marketing y nunca ha escrito una frase publicitaria. Él asegura estar interesado en la publicidad como carrera (¡A la edad de 38 años!) y está dispuesto a empezar a trabajar por 5,000 dólares al año. Dudo que alguna agencia estadounidense lo contrate. Sin embargo, una agencia de Londres lo hizo. Tres años después, el hombre

se convirtió en el más famoso publicista del mundo y, con el tiempo debido, logró construir la décima agencia más grande del orbe. La moraleja es: a una agencia a veces le conviene ser imaginativa y poco ortodoxa para hacer sus contrataciones.

Stephen Bayley (2009) escribió en *New Statesman*: "La psicología de Ogilvy era complicada. Conocía la obra de Shakespeare y escribía con gran belleza, sin embargo, sólo deseaba que lo vieran como una versión más evolucionada del vendedor que va de puerta en puerta porque esa fue la primera encarnación en su carrera."

Y a pesar de toda la vanidad, también hubo quienes lo amaron. Cuando Kenneth Roman escribió *The King of Madison Avenue: David Ogilvy and the making of modern advertising* (2009) pocas personas sintieron que el título fuera impreciso o exagerado.

En 1973 Ogilvy se retiró de su puesto como presidente de Ogilvy & Mather y se mudó a Touffou, su extensa propiedad en Francia. Según la información del sitio de internet de la compañía, se mantuvo en contacto con ellos y "su correspondencia aumentó de manera tan dramática el volumen del correo en el pueblo cercano de Bonnes, que a la oficina postal se le reclasificó y se le otorgó un estatus mayor, y el jefe de la oficina de correos recibió un aumento de sueldo."

Pero su carrera no terminó ahí. En 1989 el grupo Ogilvy fue comprado por WPP de Martin Sorrell en una adquisición bastante agresiva. Incluso se cuenta que Ogilvy insultó a Sorrell. Pero a pesar de que había mucha gente en el ámbito de la publicidad que no estaba de acuerdo con la forma en que Sorrell hacía las cosas, era él y no Ogilvy, quien estaba al tanto de hacia dónde soplaba el viento. Efectivamente, así como Ogilvy fue el gran fundador de la publicidad moderna, décadas después Sorrell la llevaría a gritos y sombrerazos a la era informática. Ogilvy fue lo suficientemente perspicaz para darse cuenta de que Sorrell era el nuevo rey, y éste, lo suficientemente magnánimo y sagaz para contratar a Ogilvy. En conjunto hicieron que WPP se convirtiera en la empresa de comunicaciones más grande del mundo. Ogilvy asumió el puesto de presidente ejecutivo y se quedó ahí por tres años. Un año después dijo: "Cuando trató de apoderarse de nuestra compañía me dieron ganas de matarlo, pero eso no era legal. Sólo me habría gustado conocerlo cuarenta años antes. Ahora me simpatiza muchísimo." Se dice que Ogilvy le envió a Sorrell la única carta que escribió en su vida en la que ofrecía disculpas, y que Sorrell la tiene colgada en su oficina.

David Ogilvy murió el 21 de julio de 1999 en su casa en Francia. Le sobrevivieron Herta Lans, su tercera esposa, y David Fairfield Ogilvy, un hijo de su primer matrimonio. Su nombre, sin embargo, ahora vive en el de la agencia que fundó y en la enorme influencia que ejerció en el ámbito publicitario. Además, gracias a la serie televisiva *Mad Men* y su enfoque en el periodo formativo de la publicidad moderna en Estados Unidos, el interés en Ogilvy ha tenido una especie de resurgimiento en los últimos años.

Referencias y otras lecturas

Bayley, Stephen, "Ecstatic materialist", en *New Statesman*, febrero 23, 2009.

Cornwell, Tim, "First of the madmen", en *The Scotsman*, octubre 5, 2009.

"David Ogilvy: master of the soft sell" Perfil, en *The Entrepreneur*, (nd).

Gapper, John, "Portrait of advertising's brilliant tyrant", en *The Financial Times*, enero 26, 2009.

Gross, Daniel, *Forbes Greatest Business Stories of All Time*, 1996, pp. 158-75.

Hays, Constance L., "David Ogilvy, 88, father of soft sell in advertising dies", julio 22, 1999.

Ogilvy, David, *Confessions of an Advertising Man*, 1963.

Ogilvy & Mather, Biografía de David Ogilvy, www.ogilvy.com

Piggott, Stanley, "Obituario", en *The Independent*, 22 de julio, 1999.

Roman, Kenneth, *The King of Madison Avenue: David Ogilvy and the making of modern advertising*, Palgrave Macmillan, Houndmills, 2009.

Time, "Ogilvy, the literate wizard", octubre 12, 1962.

Capítulo Diecisiete
Meg Whitman

Meg Whitman es ligeramente inusual en esta lista porque cuando se unió a eBay, éste ya era un negocio bastante exitoso con expectativas reales. Además, a diferencia de muchas empresas *dotcom*, de verdad era capaz de generar ganancias. Whitman no fue una recién llegada como Ray Kroc, quien cambió un negocio al punto de que pareciera que él mismo lo inventó. A ella más bien la contrataron como directora ejecutiva y ni siquiera fue la primera. Sin embargo, cuando comenzó en 1998, eBay tenía 40 empleados. Para cuando se fue, una década después, además de ser una enorme corporación que le daba la vuelta al orbe y uno de los negocios más conocidos del planeta, contaba con 10,000 empleados.

A pesar de que Whitman tal vez no estuvo en el nacimiento del la empresa ni la hizo cambiar hasta dejarla casi irreconocible, muy pocos podrían negar que su empuje y profesionalismo fueron lo que convirtieron a eBay en lo que es el día de hoy. Bajo su dirección, la empresa creció con mayor rapidez que Microsoft, Dell o Amazon. Con Google y Amazon, eBay es una de las grandes supervivientes entre las *dotcom*. Al igual que las otras dos empresas, también afectó de manera muy profunda a mucha gente. Para algunas personas un sitio de subastas en internet puede ser una forma de divertirse y conseguir una ganga. Pero para otros, es sencillamente la manera en que se ganan la vida. Para muchos comerciantes eBay es uno más de sus puntos de ventas y, como el mismo sitio depende de que algunos miembros les vendan a otros, es imposible decir que sólo se trata de un negocio más: eBay es una enorme comunidad en línea.

Según los testimonios, Whitman fue una buena jefa. Hay muchas anécdotas sobre ocasiones en que fue más allá de lo que se esperaba de su labor y estuvo dispuesta a ayudar a otros empleados. También obtuvo bastante admiración por la modestia del paquete salarial que recibía, aunque aquí se debe señalar que es propietaria del 1.9 por ciento de la compañía, lo cual la hace una de las pocas mujeres multimillonarias, por derecho propio, del mundo.

eBay fue fundada por Pierre Omidyar, un francés de origen iraní. Omidyar se mudó a los Estados Unidos con sus padres a los seis años y se interesó en la informática. Después de estudiar ciencias de la computación trabajó en Claris, una subsidiaria de Apple. Eso fue antes de que se convirtiera en empresario de la tecnología y cofundador de su propia empresa. En 1995, a los 28 años, se le ocurrió la idea de eBay y escribió el código original en el largo fin de semana de las festividades del Día del Trabajo en los Estados Unidos. Omidyar abrió el sitio en 1995 y al principio le dio el atractivo nombre de "Auction *Web*" (Red de subastas). El empresario primero trató de registrar su sitio como Echobay.com, pero el nombre ya le pertenecía a una compañía minera local, así que eligió eBay.com, su segunda opción. Auction *Web* era tan pequeño que sólo formó parte del sitio personal del empresario, que era más grande y contenía, entre otras cosas, una página de información sobre el virus del ébola. Muchos creen equivocadamente que Omidyar fundó eBay para ayudar a su novia a intercambiar dispensadores de dulces Pez, sin embargo, esta historia es una artimaña publicitaria para relaciones públicas que fue ideada en 1997. De hecho Omidyar construyó el sitio porque estaba interesado en la idea de un mercado global. La primera venta de Auction *Web* la realizó Omidyar para probar el sitio; ofreció un apuntador láser descompuesto que costaba 14.83 dólares. El empresario estaba tan sorprendido de que alguien lo hubiera adquirido, que le llamó por teléfono al comprador para explicarle que el objeto no funcionaba. Luego, para su sorpresa, descubrió que había encontrado a un hombre que coleccionaba apuntadores láser descompuestos. Al principio el sitio fue gratuito pero luego comenzó a cobrar para cubrir sus costos de la página. La estructura de cobros era muy sencilla: 35 centavos de dólar por incluir los objetos en venta en sus listas, y un pequeño porcentaje del valor del precio final de la subasta.

En 1995 Omidyar contrató a su primer empleado para que le ayudara con las actividades que implicaba dirigir el sitio. Seis meses después del lanzamiento, eBay ya obtenía ganancias, lo cual era un tremendo logro en un ambiente de negocios en el que la rentabilidad a veces parecía ser sólo un espejismo deslumbrante. Al siguiente año Omidyar contrató a Jeff Skoll y renunció a su empleo fijo. Skoll diseñó el plan de negocios con el que logró que el crecimiento inicial de la empresa se acelerara. En 1996 se llevaron a cabo 200,000 subastas en el sitio y las ganancias llegaron a 10,000 dólares mensuales. En enero de 1997 la cifra de subastas se incrementó a 2 millones. Ese mismo año desapareció el nombre Auction *Web* y la compañía se rebautizó como eBay. También aparecieron las famosas estrellas que sirven para calificar los productos. Para finales de año las ventas realizadas sumaban 95 millones de dólares y el sitio contaba con 341,000 usuarios. eBay tenía su oportunidad de entrar a las grandes ligas pero necesitaba un Director Ejecutivo profesional con experiencia en las mismas.

Antes de que Meg Whitman se uniera a eBay, su vida era el paradigma del éxito profesional de la clase media-alta. Nació en 1956 en Long Island, Nueva York, en Oyster Bay. Fue la menor de tres hermanas y creció en Cold Spring Harbor. Su padre dirigía una compañía de préstamos y, gracias a eso, Meg tuvo una niñez acomodada. El área en la que vivió es la misma que F. Scott Fitzgerald usó como escenario para *El gran Gatsby*. La familia Whitman tenía vínculos con los Brahmins de Boston, es decir, la élite blanca protestante de la zona. Whitman asistió a una excelente escuela local y fue una estudiante sobresaliente que también destacó en los deportes. En 1973 entró a la Universidad de Princeton, en donde planeaba estudiar medicina pero tuvo problemas con la materia de química y prefirió obtener su título en Economía. Después fue a la Escuela de Negocios de Harvard. Sus compañeros formaban un grupo de jóvenes bastante ilustres, y varios de ellos terminaron dirigiendo PepsiCo, Staples y la Bolsa de Valores de Nueva York. Su futuro esposo también formaba parte del grupo y estudiaba medicina. Se casaron tres años después.

Después de obtener su título de maestría empezó a trabajar para Procter & Gamble en la división de Diseño de marca de la empresa. Meg no duró mucho en este trabajo porque a su esposo le ofrecieron una residencia de neurocirugía en la Universidad de California. Ahí ella encontró un empleo en la firma de consultoría Bain & Co. La contrató Mitt Romney, quien más adelante se convertiría en el peculiar gobernador republicano y mormón de Massachusetts (2003-2007), y en contendiente presidencial en las elecciones de 2008. Whitman duró ocho años en Bain y luego trabajó en una serie de compañías en las que pasó de ser asesora, a ejecutora. Tuvo hijos y también trabajó en un puesto importante de *marketing* para Disney.

Cuando le ofrecieron a su esposo el puesto de jefe de neurocirujanos en el Hospital General de Massachusetts, la pareja y sus dos hijos se mudaron a Boston. Ella asumió el cargo de presidenta de la empresa fabricante de zapatos Stride Rite, en donde logró cambiar por completo la suerte de la abatida línea de zapatos deportivos casuales, Keds. Luego se unió, también en el cargo de presidenta, a Florist's Transworld Delivery (FTD), una antigua cooperativa de floristas que quería expandirse y mejorar su perfil. La relación de trabajo no fue la mejor ya que la arcaica y descentralizada estructura laboral de la empresa la frustraron. Whitman duró poco más de un año ahí y luego se fue para volver a un territorio ligeramente más conocido. Comenzó a trabajar para Hasbro, la empresa fabricante de juguetes, y ahí dirigió la división de preescolar. Whitman pudo infundirle nueva vida a las venerables pero débiles líneas Playskool y Señor cara de Papa que tenían fuertes fugas de efectivo. Era 1997 y el auge de las empresas *dotcom* iba acumulando impulso.

Mientras tanto en la Costa Oeste, Pierre Omidyar y Jeff Skoll realizaban lluvias de ideas para elegir los nombres de los posibles candidatos para dirigir eBay. Más adelante relatarían que en esas sesiones había un nombre que surgía una y otra vez. Omidyar y Skoll creían que Whitman era la candidata ideal. La pregunta era qué podrían ofrecerle que fuera suficientemente tentador como para que abandonara las marcas ya establecidas y se aventurara en lo desconocido.

En el verano de 1997 Whitman recibió una llamada de David Beirne, un reclutador ejecutivo que apoyó a eBay en su etapa incipiente. Beirne le preguntó si le interesaría ser directora ejecutiva, pero a ella no le llamaba la atención porque nunca había oído hablar de Auction *Web* ni de eBay. Entró al sitio de la empresa, que en realidad sólo contenía anuncios clasificados, y su apariencia no la impresionó ni le brindó mayor información. Sin embargo, después de una intensa labor de convencimiento, estuvo de acuerdo en volar a California para conocer a Omidyar y a Skoll. Whitman cambió de parecer en cuanto vio la manera en que se estaba creando una comunidad alrededor del sitio. "La conexión entre la compañía y sus usuarios fue algo que yo nunca había visto", comentó tiempo después en *Forbes*.

Entonces la ejecutiva decidió que quería el trabajo y, después de conversar con su familia, empacaron y volvieron al Área de la Bahía de San Francisco. Whitman comenzó a trabajar como Directora Ejecutiva de eBay en febrero de 1998. En muy poco tiempo forjó una relación con AOL que le ayudó a proteger a la compañía de sus rivales depredadores. Para septiembre del mismo año Whitman ya había enlistado a la compañía para cotizar en la bolsa. Omidyar y Skoll se volvieron multimillonarios, ella empezó a ganar miles de millones, y varios miembros del personal también recibieron cifras exorbitantes. Pero la euforia no duró mucho porque 1999 sería un año mucho más difícil. El 10 de junio el sitio sufrió un contratiempo que lo obligó a estar fuera de línea durante 26 horas. Para los negocios de este tipo, en particular en aquel entonces, las interrupciones del servicio incrementaban la posibilidad de que la gente abandonara masivamente el sitio y se fuera a la competencia. Por suerte eBay se llevó una grata sorpresa y descubrió que su comunidad deseaba ayudar y que los miembros fueron muy comprensivos. El suceso hizo reflexionar a Whitman y llegó a la conclusión de que, a pesar de que la tecnología nunca fue el aspecto más importante de la empresa, ahora se tendría que convertir en su corazón. Para lograrlo se mudó a la zona de los ingenieros a pesar de que no sabía mucho de tecnología, y se quedó ahí tres meses hasta que aprendió lo necesario.

Whitman también creía firmemente en la idea de que quienes dirigían eBay debían permanecer cerca de los usuarios. Ordenó que los ejecutivos subastaran objetos con frecuencia para que pudieran entender las preocupaciones de los usuarios de todos los días, y puso el ejemplo al vender en línea todo lo que había en su refugio de esquí.

Ebay

En todos estos años eBay ha albergado algunos artículos extraordinarios. Entre ellos se incluyen un jet de guerra F/A-18 Hornet (con un precio de Cómprelo-Ahora de 9 millones, pero no se vendió), una de las Islas Vírgenes, una máquina excavadora de túneles, el letrero original de Hollywood y un pueblo de California. Aunque pueda sonar a broma, muchas organizaciones, incluyendo gobiernos y empresas, han encontrado en eBay una manera efectiva de deshacerse de artículos difíciles de mover.

El sitio también tiene un lado bastante frívolo y es genial para la publicidad estilo tabloide. Los artículos que se han vendido en el sitio incluyen una hojuela de corn flakes, una colecita de Bruselas y un sándwich medio comido con la imagen de la virgen María. Para probar que alcance global significa un mercado en el que también hay bobos, el sándwich se vendió por 28,000 dólares. Incluso varias jóvenes han tratado de subastar su virginidad en eBay.

A pesar de lo anterior, el sitio de subastas en internet es un negocio muy serio y la compañía eBay es un elemento decididamente posmoderno, un negocio que por sí mismo les brinda una plataforma a otros miles de esfuerzos empresariales. El sitio calcula que desde finales de 2010 ha servido como plataforma para 127 negocios que han facturado en conjunto más de 1 millón de libras tan sólo en el Reino Unido.

El sitio tuvo un gran auge. En 2000, tenía 22.5 millones de usuarios; en 2001, 42.4 millones; y para 2004 ya había llegado a los 135 millones de usuarios. Whitman también adoptó una perspectiva bastante estratégica. Primero se expandió y refinó el negocio de las subastas, luego en 2002, eBay compró PayPal por mil quinientos millones de dólares. La directora ejecutiva realizó la maniobra en buena medida por la fuerte presión que ejerció la comunidad de eBay. Luego llevó a la empresa a mercados tan diversos como el de Alemania y Filipinas, y en 2004 eBay adquirió el 28.4 por ciento en acciones del tremendamente exitoso sitio de anuncios clasificados Craiglist. En 2004 las acciones alcanzaron su punto más alto de todo el periodo con 58 dólares por pieza. Por desgracia, las cosas comenzaron a decaer. En enero del siguiente año la compañía presentó cifras de crecimiento bastante menores a las esperadas. Como testimonio del éxito de eBay se podría decir que las cifras del crecimiento de ingresos fueron decepcionantes porque estuvieron por debajo del cincuenta por ciento al compararse con las del mismo periodo del año anterior.

Pero la situación empeoró aún más. Hacia finales de 2005 eBay pagó 2.6 mil millones de dólares por Skype, el negocio de telefonía gratuita por internet. Esta maniobra no tuvo suerte en Wall Street porque, a diferencia de PayPal (que parecía un aliado natural y un evidente generador de ingresos), a Skype se le consideraba un negocio que no tenía nada que ver con la esencia de eBay, y peor aún, no existía una estrategia concisa sobre cómo se obtendrían ingresos con la nueva adquisición. Finalmente eBay vendió la mayoría de las acciones de esta compañía y sólo conservó el 35 por ciento. La venta se realizó por 2 mil millones de dólares. No fue una gran inversión.

Al mismo tiempo, Whitman estaba interesándose en otros temas. En 2006 empezó a participar en la política de manera activa a través de Mitt Romney, con quien continuó una amistad tras dejar Bain. Whitman se involucró en la campaña de Romney cuando éste fue candidato para la nominación republicana. Cuando Romney se retiró de la carrera presidencial y le brindó su apoyo a McCain, Whitman fungió como copresidenta de la campaña de este último. A ella se le propuso como posible Secretaria del Tesoro. En 2008 dejó el puesto de directora ejecutiva de eBay para entregárselo a John Donahoe, entonces presidente de la División de mercados de la empresa, y a quien ella misma había reclutado cuando él todavía trabajaba en

Bain. Casi de inmediato empezaron a correr los rumores de que Whitman contendería por la gubernatura de California.

Resulta interesante que, a pesar de haber trabajado en una empresa *dotcom*, Whitman decidiera contender como republicana (buena parte de Silicon Valley es profundamente demócrata al igual que Hollywood, ese otro gran poder nacido en California). Whitman ganó la nominación en el verano de 2010 y recibió fuertes críticas por la cantidad de dinero que gastó en ello. Durante los días del Movimiento del Partido del Té (una corriente política antielitista), y aquí vale la pena recordar que los republicanos de California como el gobernador Schwarzenegger, están más bien cargados hacia el ala social liberal del partido, Whitman fue criticada tanto por la derecha como por la izquierda y no ganó. Aun si lo hubiese hecho, se habría tenido que preguntar si en verdad obtuvo algo. Las dificultades financieras del Estado Dorado han sido tan ominosas en años recientes, que ha batallado para pagarles a los empleados, incluso tuvo que emitir pagarés para sus deudores. Existe un extravagante e ineficiente fragmento de una ley que hace que sea muy difícil recaudar ciertos impuestos y, al mismo tiempo, el poder de los sindicatos provoca que los recortes se reciban con angustia y alaridos, y que alejen a muchos votantes. A la gubernatura del estado se le considera una suerte de cáliz lleno de veneno. Si Whitman hubiese ganado, al mirar hacia atrás y contemplar el trabajo que realizó para construir una de las comunidades y uno de los negocios más exitosos del mundo, todo parecería indicar que su labor en eBay había sido para ella pan comido.

Referencias y otras lecturas

Brown, Erika, "What would Meg do? Ebay's Meg Whitman does things the right way", en *Forbes Asia*, mayo 21, 2007.

Dillon Patrick, "Peerless leader: perceptive, adaptable, and remarkably low key, eBay chief executive Meg Whitman rides e-tail's hottest segment – the global garage sale called peer-to-peer", en *Christian Science Monitor*, marzo 10, 2004.

Holson, Laura M., "eBay's Meg Whitman explores management", *Web* Style, mayo 19, 1999.

"Perfil: Meg Whitman", en *The Sunday Times*, junio 13, 2010.

Capítulo Dieciocho
Mark Zuckerberg

Facebook es la más grande de las compañías *Web* 2.0 y se ha convertido en el mejor ejemplo del fenómeno conocido como redes sociales. Lanzado en 2004, para mediados de 2010 ya contaba con 500 millones de miembros. Políticos, gente de negocios, comerciantes y publicistas se encuentran esclavizados a la capacidad que tiene este medio para contactar gente, incluso llegando a veces al punto en el que se pierde el sentido común. Se dice que Facebook tuvo un importantísimo y tal vez decisivo efecto en las elecciones de los Estados Unidos en 2008.

Las redes sociales existieron antes de Facebook, hubo muchas desde tiempo atrás pero sólo Myspace se llegó a acercar a Facebook en lo que se refiere a éxito. Ahora, sin embargo, Myspace le pertenece a Rupert Murdoch y Facebook la dejó atrás, mordiendo el polvo y maldiciendo, hace mucho tiempo. Los inversionistas hablan sin descanso de la compañía que vale más de 40 mil millones de dólares y de que su propuesta para la oferta inicial pública (IPO, por sus siglas en inglés) fue mayor que la de Google. Mark Zuckerberg, su fundador, es blanco de incontables rumores y varias demandas legales. A menudo se le compara con Bill Gates y el dúo Google.

La historia de Zuckerberg, como era de suponerse, es bastante breve. Nació en White Plains, Nueva York, en 1984, y fue el segundo de cuatro hijos. Asistió a la escuela local en Dobbs

Ferry y luego se cambió a la prestigiada Academia Phillips, cuya historia se remonta a la Revolución Norteamericana y adonde asisten alumnos que son como una lista de los más grandes y nobles estadounidenses. Zuckerberg se distinguió como un estudiante particularmente sólido en matemáticas, inglés y literatura clásica, y fue capitán del equipo de esgrima de la escuela. También se interesó en las computadoras y diseñó un reproductor musical que atrajo la atención de Microsoft y AOL.

Después Zuckerberg fue a estudiar a Harvard. Su interés en la informática creció y se expandió hasta incluir un *software* para hacer *networking* a un nivel social. El joven tenía una vena traviesa y en 2003 creó el sitio Facemash. Se dice que el ímpetu que el joven programador le imprimió a su creación fue producto de que una chica terminara su relación con él. Facemash fue, en esencia, una versión casera del sitio Hot or Not (Candente o no), en el que los usuarios califican las fotografías de otras personas basándose en su atractivo físico. Para obtener las imágenes Zuckerberg hackeó la red de Harvard y sacó las fotografías de las identificaciones estudiantiles. El sitio tuvo mucho éxito, tanto que los servidores de la universidad colapsaron. Eso no les pareció divertido a las autoridades escolares, quienes cerraron el sitio y amenazaron con expulsar a Zuckerberg. El joven logró eludir el castigo.

Zuckerberg continuó jugando con varias ideas alrededor del mismo tema y a principios de 2004 llegó a un resultado final al que llamó The Facebook. En dos semanas la mitad de los estudiantes de Harvard ya se habían inscrito. Al principio el sitio era sólo para esa comunidad pero luego se abrió para los estudiantes de Stanford, Columbia y Yale, y luego para las ocho escuelas del circuito deportivo conocido como The Ivy League (Liga de la Hiedra). Después también pudieron inscribirse estudiantes de universidades de toda Norteamérica. En el año 2005 la compañía compró el nombre de dominio Facebook por 200,000 dólares y se deshizo del artículo "The" de su nombre original. Se añadieron a él otras escuelas y algunas compañías, y en 2006 el sitio se abrió para cualquier persona mayor de 13 años. El tráfico se disparó. En 2008 llegó a 100 millones de miembros. En 2009 alcanzó los 200 millones y luego llegó a los 300 millones. En el verano de 2010 superó la marca de los 500 millones de usuarios.

En septiembre de 2009 la compañía anunció que por fin tenía un flujo de caja positivo. Sus ingresos provenían mayoritariamente de los anunciantes. Entre los tratos de publicidad se incluía uno exclusivo con Microsoft, propietaria del 1.3 por ciento de la compañía (a Zuckerberg le pertenece sólo 24 por ciento); otro ingreso menor proviene de los obsequios de Facebook (una aplicación que les permite a los usuarios enviarse regalos virtuales). Se esperaba que la compañía tuviera su oferta pública inicial para 2011, sin embargo, un reporte de Bloomberg sugiere que no aparecerá sino hasta 2012.

Pero incluso sin una oferta inicial, el sitio y su fundador y director ejecutivo siempre aparecen en los encabezados de los periódicos. Facebook ha sido el blanco de muchas críticas por parte de la gente que está preocupada por la libertad y los derechos civiles, o por la apabullante cantidad de información de los usuarios a la que Facebook tiene acceso. Las críticas tuvieron mayor resonancia en 2006 cuando la compañía introdujo un sistema de noticias que mantenía informados a los usuarios sobre todas las actividades de sus contactos, y también cuando realizó algunos cambios a la configuración de privacidad en 2009. La respuesta de Zuckerberg fue que la privacidad ya no era la norma. "La gente de verdad se siente cómoda compartiendo una cantidad mayor de información de distintos tipos y poniéndose en contacto de una manera más abierta con más gente. La norma social se ha ido modificando con el paso del tiempo", le explicó al público a principios de 2010. El furor sobre la configuración de privacidad forzó a Zuckerberg a cancelar las vacaciones que había planeado en el Caribe para celebrar su cumpleaños número 26. Finalmente, tal vez el joven empresario esté en lo cierto: los cambios que se realizaron en 2006 son ahora una de las características clave del sitio. Además es bien sabido que muchos consumidores de Occidente estarían felices de renunciar a un montón de ideales abstractos a cambio de una situación que los beneficie.

Pero no son sólo las preocupaciones sobre la privacidad lo que afecta la imagen de Zuckerberg. También están las demandas. La más famosa es la de ConnectU. La demanda fue presentada por tres de los compañeros de clase que tuvo Zuckerberg en la universidad y, básicamente, en ella se le acusa de haber robado la idea para crear Facebook. Según el alegato, los estudiantes contrataron a Zuckerberg para escribir el código para ConnectU, pero poco después él apareció con la misma idea para su sitio de *networking*. Después de que se produjeran varias revelaciones vergonzosas sobre el joven empresario, en 2009 se llegó a un convenio por una cantidad que podría ser de hasta 65 millones de dólares, dependiendo del valor de las acciones de Facebook. Los términos de la negociación son secretos. A pesar de que el asunto se manejó de la mejor forma, es improbable que los problemas de Zuckerberg se esfumen de un día para otro.

En 2010 Paul Ceglia, un colega de tiempo atrás, aseguró tener un contrato que demostraba que el 84 por ciento de Facebook le pertenecía. Según Ceglia el contrato fue firmado en 2003. Facebook señaló que esta aseveración era totalmente infundada, sin embargo, la acusación tiene algunos ecos de la demanda anterior y por lo tanto recibió bastante atención.

Por si fuera poco, Zuckerberg tiene problemas de imagen. Muchos lo consideran un individuo arrogante y desconectado, con delirios de grandeza, sin embargo, hay quienes aseguran que esa descripción es imprecisa. Por otra parte, es bastante ingenuo esperar que una persona a la que antes de cumplir treinta años ya se le asignó un valor de miles de millones de dólares, no resulte afectada de una u otra forma.

Zuckerberg terminó el año 2010 de una manera un poco confusa. Por una parte los editores de la revista *Times* consideraron que el efecto transformador de Facebook era suficientemente importante para que el joven fuera elegido Persona del año 2010. Sería la segunda persona más joven en recibir esta designación; la primera fue Charles Lindbergh. Por otra parte, la película *The Social Network* (*Red social*), un film biográfico no autorizado de Zuckerberg y Facebook, tuvo un gran éxito entre la crítica y en el aspecto comercial.

La frase publicitaria del filme: "No puedes hacer 500 millones de amigos sin conseguirte algunos enemigos", ofrece algunos indicios sobre el contenido del mismo. Sobre el film, Zuckerberg dijo lo siguiente: "Es interesante pero es ficción." De cualquier manera, ya ha pasado algún tiempo de eso y la cifra de 500 amigos seguramente ya sufrió algunos cambios.

Referencias y otras lecturas

Arthur, Charles, "Facebook paid up to $65m to founder Mark Zuckerberg's exclassmates", en *The Guardian*, febrero 12, 2009.

Ashwood, Jon y Heath, Allister, "Because he's worth it", en *The Business*, septiembre 29, 2007.

Burrell, Ian, "He´s got the whole world on his site", en *The Independent*, julio 24, 2010.

Harvey, Mike, "With friends like these, 110 million of them, making a profit should be easy, shouldn't it?", en *Times*, octubre 20, 2008.

Johnson, Bobbie, "Perfil: Mark Zuckerberg", en *The Guardian*, julio 22, 2007.

Rivlin, Gary, "Wallflower at the *web* party", en *The New York Times*, octubre 15, 2006.

Tech Crunch, "Entrevista con TechCrunch sobre la privacidad" (video), enero 8, 2010.

Capítulo Diecinueve
Howard Schultz

Si tuvieras que elegir a la persona que más ha hecho para revolucionar el panorama de la comida y la bebida al menudeo en los últimos 20 años, Howard Schultz tendría muy pocos competidores. Según cuenta la historia de la compañía, el café en los Estados Unidos fue espantoso en casi todo el territorio, hasta que Starbucks llegó al pueblo con sus grandes tazas de espumeante *latte* y sus atractivos cafés al estilo del "nuevo sitio", esto sirvió para que la gente conviviera en otros lugares además del hogar y la oficina. Con una velocidad asombrosa, las cafeterías dejaron de ser locales tapizados de formaica en donde las jarras de café java pasaban horas sobre las plataformas calientes, y se convirtieron en lugares de reunión para los veinteañeros, en donde todas las bebidas se preparaban en el momento. Aunque algunas personas lo refutarían, no hay duda de que Schultz y Starbucks cambiaron de manera fundamental la relación que los Estados Unidos y muchos otros lugares del mundo tenían con el café.

Starbucks, por supuesto, no inventó la idea del café como un pretexto para reunirse ni la noción de que los cafés eran bebidas que se preparaban con el expreso como base. Sin embargo, la empresa ha hecho mucho más que cualquier otra para popularizar estos aspectos de la bebida, y en muchos lugares incluso, logró mejorar de manera genuina la calidad de lo que se ofrecía. En este proceso Starbucks también transformó las calles principales y los centros comerciales, y logró que su logotipo de colores verde y blanco se convirtiera en uno de los más conocidos del orbe. Es posible que a Schultz no le haga ninguna gracia la comparación pero de muchas maneras es un heredero de Ray Kroc. La diferencia principal es que su producto está más en sintonía con los personajes urbanos de los noventa y la primera década del XXI, en tanto que el de Kroc estaba dirigido a los protagonistas suburbanos de los sesenta y los setenta.

Schultz nació en 1952, en una unidad habitacional de Brooklyn y tuvo una niñez muy pobre. En los Estados Unidos las unidades de este tipo son viviendas subsidiadas por el estado y están catalogadas como parte de los lugares más agrestes del mundo desarrollado. Por si fuera poco, este concepto de vivienda popular está demasiado alejado de su utópica versión europea. El padre de Howard Schultz trabajaba como chofer de un servicio de pañales reusables pero en una ocasión se rompió el tobillo y perdió su empleo. Howard sólo tenía siete años. En los Estados Unidos, en la década de los cincuenta, los derechos de los trabajadores eran muy endebles y la red de seguridad social prácticamente no existía, por lo que el accidente del jefe de la familia Schultz significaba que tal vez ya no podría alimentar a sus hijos. La brutal pobreza que vivió en su niñez tuvo un efecto muy profundo en Schultz, quien ha llegado a decir: "Mi motivación es, en cierta forma, el miedo al fracaso. No quería ser así. Siempre quise esforzarme y construir el tipo de compañía que no defraudara a la gente."

Schultz siguió un camino bien definido por otros para abandonar la vivienda popular. Se convirtió en atleta y sobresalió en los deportes, particularmente en el futbol americano. En la preparatoria fue el *quarterback* del equipo y gracias a eso obtuvo una beca deportiva para ingresar a la Universidad del Norte de Michigan. Ahí estudió Comunicaciones y se tituló en 1975. Después de eso pasó tres años trabajando en ventas y *marketing* para Xerox. En 1979 cambió de trabajo y ocupó el puesto de vicepresidente y administrador general de Hammarplast, una empresa sueca que fabricaba enseres del hogar. Starbucks era en aquel tiempo una distribuidora minorista de granos de café y se encontraba entre los clientes de Hammarplast. Schultz visitó la empresa en 1981 y se quedó muy impresionado por lo que vio. Un año después se unió a ella como director de *marketing*.

En 1983 Schultz visitó Italia y eso le abrió los ojos en muchos aspectos. En ese país hay centenas de lugares en donde se vende café expreso. Estamos hablando de unos 200,000 locales para un país con menos de 60 millones de habitantes. También le sorprendió cómo disfrutaban de sus expresos y capuchinos los italianos más sofisticados, y el hecho de que los establecimientos funcionaran como centros de reunión para la comunidad en los que la gente llegaba, se veía con amigos y conversaba. Schultz pensó que en Seattle podría funcionar un proyecto similar. A su regreso persuadió a los propietarios de Starbucks de que hicieran la prueba de vender bebidas cuya base fuera el expreso. Lo hicieron y funcionó bien, sin embargo Schultz no logró interesarlos en llevarlo a cabo como negocio.

El empresario tenía tanta fe en su idea que decidió dejar Starbucks y fundar una compañía rival a la que llamó Il Giornale. En 1987 los propietarios de Starbucks decidieron vender la empresa para concentrarse en Peet's Coffe & Tea, otra marca que tenían (Peet's es una empresa que todavía sigue en marcha aunque sólo cuenta con menos de 200 locales de distribución contra los 17,000 de Starbucks). Schultz compró Starbucks y puso manos a la obra. A finales de los ochenta la cadena creció hasta tener 50 cafés en el área de Seattle al mismo tiempo que el propietario se dedicaba a captar capital de inversionistas locales para llevar a cabo la expansión de la marca. En poco tiempo se dio cuenta de que tenía un límite y que si deseaba entrar a las grandes ligas, necesitaría el poder financiero de los bancos comerciales.

En 1991 Schultz persuadió a Dan Levitan de visitar su empresa. Levitan dirigía la oficina de Los Angeles de Wertheim Schroder & Co., una firma de inversiones. El ejecutivo quedó muy conmovido y dijo que Starbucks "era más un sueño que una compañía", y aunque pensó que la devoción que Schultz les profesaba a sus empleados era encomiable (a todos les brindaba prestaciones médicas y la posibilidad de adquirir acciones de la empresa), le pareció que "la visita no sacó más de un 8.5 de calificación".

Schultz, sin embargo, a quien se le atribuye una enorme capacidad persuasiva, se las arregló para convencer a Levitan de que Starbucks era mucho más que un cafecito agradable. En su libro *Pour Your Heart into It: How Starbucks built a company one cup at a time* (1998), Schultz escribió: "'¿Sabe cuál es el problema con su negocio [de inversión bancaria]?', pregunté. Dan [Levitan] se preparó para recibir la mayor crítica a la industria de la inversión bancaria. 'No, ¿cuál?', preguntó con desgano. 'Que no hay suficientes *mensches* [gente confiable].'"

Fue una maniobra riesgosa pero tuvo recompensas. Levitan invirtió algo de su dinero en la cadena en ciernes pero tal vez lo más importante fue que se enamoró de la idea de Schultz. Un año después, su firma, con Alex, Brown & Sons, financió la oferta pública inicial (IPO). En ese tiempo las acciones se ofrecieron a 17 dólares y Starbucks tenía 193 tiendas. El procedimiento por fin le dio a Schultz acceso al dinero que necesitaba para que su sueño dejara de ser una cadena regional y se convirtiera en un negocio internacional. En la década de los noventa Starbucks se apoderó de los Estados Unidos y comenzó su ataque mundial. Para el año 2000 ya tenía 3,500 cafés, y para 2008 contaba con más de 15,000 en 43 países.

No obstante, la empresa descubrió que, aunque es muy sencillo ser un negocio pequeño y adorable, si pones un Starbucks en cada esquina, entonces la gente empieza a pensar de manera distinta sobre ti. La caricatura *Los Simpson* descubrió esto muy pronto. En su temporada 1997/1998 se transmitió un episodio en el que Bart decide hacerse un *piercing* en la oreja. El personaje camina por el centro comercial y pasa por varias sucursales de Starbucks. Y cuando por fin llega a la boutique de *piercings In and Out*, el empleado le dice: "Será mejor que te apures, chico porque en cinco minutos este local se va a convertir en un Starbucks." Poco después, Bart ya tiene hasta un tatuaje y al salir del pequeño centro comercial descubre que todos los locales son un Starbucks.

En honor a la verdad también se debe señalar que Schultz se empeñó en establecer un negocio que tratara bien a sus empleados. A pesar de su enormidad, Starbucks continúa ofreciéndole seguro médico a cualquier socio que trabaje más de 20 horas a la semana. Los empleados todavía pueden adquirir acciones, un plan de pensión y muchos otros beneficios que incluyen medio kilo de café a la semana. En conjunto es un paquete bastante atractivo, en especial si se toma en cuenta que se trata de un empleo menor del sector de servicios. Por lo anterior no resulta sorprendente que muchos de los empleados de Starbucks adoren la compañía para la que trabajan hasta el punto de convertir su admiración, a veces, en una especie de culto. En su libro de 2006, *The Starbucks Experience*, Joseph Michelli relata la extraordinaria anécdota de un gerente regional que dijo: "Siempre trato de cantar una cancioncita juguetona y divertida cuando tallo los excusados y destapo las cañerías." Y como dicen por ahí: hay quienes se ponen la camiseta... ¡y hay *quienes* se ponen la camiseta!

Schultz dejó el cargo de director ejecutivo en el año 2000 y le entregó las riendas a Orin Smith, sin embargo, continuó desempeñándose como presidente. Smith se hizo cargo de las operaciones cotidianas de Starbucks y Schultz intentó renovar a un equipo profesional de baloncesto. En 2001 compró los SuperSonics de Seattle con la idea de darle un giro como negocio pero las cosas no funcionaron del todo, por lo que en 2006 le vendió el equipo a un consorcio de inversionistas que se lo llevó a Oklahoma. No resulta exagerado señalar que muchos de los admiradores de Seattle de los SuperSonics odiaron a Schultz por lo que hizo. Un columnista deportivo de ESPN escribió lo siguiente, respecto al fracaso del empresario: "Se convirtió en un hombre iracundo, amargado y enloquecedoramente retador. Era como un niño petulante." (Hughes, 2006).

A pesar de que su intento por involucrarse en los manejos deportivos salió bastante mal, por lo menos Starbucks seguía marchando sobre ruedas. Entre mediados y finales de 2006 las acciones de la empresa se intercambiaron por apenas menos de 40 dólares. El precio de su IPO fue de 17, tomando en cuenta las cinco multiplicaciones al dos por uno de las acciones, lo anterior representa un crecimiento de capital de aproximadamente 7,500 por ciento. Sin embargo, esa cifra no duraría mucho. Con Jim Donald a la cabeza, en octubre de 2006 la compañía vio que sus acciones emprendieron una caída que duraría más de dos años y que bajaría hasta el precio final de menos de 8 dólares. Era claro que se necesitaba hacer algo, por lo que en enero de 2008 Schultz volvió a tomar el puesto de director ejecutivo y les dijo a los analistas: "De la misma manera que creamos este problema, lo vamos a solucionar." Pero el regreso de Schultz no sirvió para arreglar la situación de inmediato: las acciones dejaron de caer hasta finales de 2008.

Fueron tiempos difíciles para la cadena porque, mientras su lujo cotidiano y su atmósfera relajada se encontraron perfectamente sintonizados con el entorno de principios y mediados de la primera década del siglo XXI, estuvo fuera de tono con las ominosas noticias económicas de finales de la misma. Mucha gente comenzó a sentir que tal como lo señaló *The Financial Times* en 2010, la marca era "el mejor ejemplo del desbordante exceso de una era pasada". Pero también había otros problemas. La incuestionable posición que la empresa tenía como el sitio en donde se podía conseguir el mejor café, se hizo vulnerable y recibió ataques de todas direcciones. Las cadenas de los mercados más elitistas comenzaron a atraer a los amantes del café gourmet que siempre desdeñaron con altivez los ofrecimientos de Starbucks. Mientras tanto, desde abajo, compañías como McDonald's notaron que los márgenes de ganancia del café (incluso en el caso de café relativamente caro) eran enormes y que ellas podían bajar sus precios significativamente en comparación con los de Starbucks, ofrecer una buena taza de café y de todas maneras ganar un montón de dinero. McDonald's se aventuró a lo grande y el rumor de que Starbucks era una especie de McDonald's con aspiraciones mucho más altas, resonó como nunca antes. Pero Schultz estuvo al tanto de ello desde tiempo atrás. En 2007 se filtró un memorándum que envió y en el que se advertía: "Con el objetivo de obtener el crecimiento, dimensiones y desarrollo necesarios para pasar de tener menos de 1,000 tiendas a contar con 13,000 y más, en los pasados diez años hemos tenido que tomar una serie de decisiones que, vistas en retrospectiva, nos han conducido a la dilución gradual de la experiencia Starbucks, que muchos podrían catalogar como mercantilización de la marca."

La pregunta fue entonces: ¿Podría Schultz recapturar la magia de aquella temprana experiencia del Starbucks de principios de la década de los 2000? Era claro que ese era su deseo. En algunos fragmentos elegidos entre la memoranda que continuó enviando tras retomar las riendas, se puede encontrar ese emotivo sentimiento que alguna vez fue un rasgo corporativo de importancia:

- "Somos y continuaremos siendo una compañía relevante y perdurable, conocida por inspirar y alimentar el espíritu humano."
- "No desearía estar en ningún otro lugar que no fuera aquí, con ustedes, ¡ahora!"
- "Tenemos el control de nuestro destino. Confíen en el café y confíen en ustedes y en los demás."

En un sentido más práctico, existía la noción general de que la compañía se había propagado demasiado y lo que alguna vez pareció una dominación sin esfuerzo, de repente lucía como una exagerada expansión. De pronto la famosa escena de *Los*

Simpson parecía una especie de vaticinio aterrador. Y una vez más, la sátira percibió la realidad desde antes. En 1998 el periódico en línea *The Onion* publicó un encabezado que decía: "Se inaugura un nuevo Starbucks en el baño de un Starbucks." La solución en muchos casos fue deshacerse de tiendas. Las tiendas que se cerraron fueron, en su gran mayoría, puntos de distribución con ventas bajas, sin embargo, hubo un mercado que se destacó entre los otros. En 2008 Starbucks cerró casi tres cuartas partes de sus cafés en Australia. Según muchos observadores el problema fue que, sencillamente, la compañía no logró entender ese mercado. Nick Wailes, un experto de administración estratégica de la Universidad de Sydney afirmó al *Australian Food News*: "Australia posee una fantástica y rica cultura del café, por lo que empresas como Starbucks de verdad se ven en aprietos al tratar de competir con eso."

Para ser justos con Schultz, se debe mencionar que las acciones de la cadena recobraron un poco de su vigor, sin embargo, es difícil no tener la impresión de que Starbucks ya cosechó todos los granos de café que estaban a la mano. La compañía siempre ha tenido detractores, no obstante, éstos se dividen en tres grandes frentes. El primer grupo adopta la idea de que Starbucks es parte de la homogeneización de las vialidades principales de la ciudad y destruye los negocios locales. Es difícil refutarlo, ya que incluso la compañía comenzó a abrir recientemente tiendas sin publicidad a las que llamó "Starbucks sigilosos", lo cual sugiere que está consciente de que tal vez los consumidores no quieren formar parte de un mundo uniformado. El segundo grupo sostiene que, a pesar de sus excelentes prestaciones, la compañía tiene una política antisindical muy agresiva. Efectivamente, Starbucks tiene una peculiar manera de ser contradictoria en ambos sentidos. La empresa logra ser un símbolo bastante ético de los negocios grandes, y un símbolo vilipendiado de la globalización. Le desagradan los sindicatos pero ofrece muchas de las prestaciones por las que estos luchan.

Pero posiblemente el tercer grupo que critica a Starbucks es el más problemático. En 2008, en el Comunicado # 4 de la Agenda de Transformación, Schultz escribió: "No hay ninguna compañía de café en la tierra que ofrezca un producto de mayor calidad a sus consumidores que la nuestra. ¡Punto!" Esta frase revela un sentimiento muy noble y legítimo, pero el problema es que hay mucha gente que cree que no podría estar más alejada de la realidad. Así es, la crítica que mayor daño le hace a Starbucks es la que asegura que el café no es tan bueno en realidad y que, además, es demasiado caro. Tal vez la cultura de los locales italianos de café inspiró a Schultz pero, según la opinión de muchos, si tratara de servir su café en la cuna del expreso, se reirían de él. Otras personas lo han planteado de una manera más diplomática y señalan que no tiene mucho sentido que la empresa entre al mercado italiano. En una encuesta realizada en 2008 por la revista *Which?* en el Reino Unido, Starbucks quedó en último lugar de las cadenas con presencia en las avenidas principales del país. La gente señaló que el café era malo y caro; también se mencionó que las bebidas tenían demasiadas calorías en general. En pocas palabras, como lo expresó tajantemente un bloguero, el producto de Starbucks parece tener vínculos más sólidos con el helado tibio servido en taza, que con el tradicional café expreso italiano que lo inspiró. Tal vez la empresa sirve como un portal para el buen café, pero está demasiado lejos de su destino final.

Starbucks continúa siendo una marca de gran relevancia, pero ahora también requiere de madurez. La empresa perdió la ventaja que le brindó ser la pionera en el mercado, y actualmente se encuentra atacada por todos los flancos por competidores que con frecuencia son más ágiles, baratos, o las dos cosas. Tiene que llegar a nuevos clientes y lidiar con gustos todavía más sofisticados sin alejar a sus consumidores básicos.

En pocas palabras, tiene que librar las mismas batallas que todas las grandes cadenas de alimentos y bebidas, y sabe que no será sencillo vencer. El otro gran desafío que tiene Starbucks es cumplir su vehemente deseo de ser una buena empresa. Su director ejecutivo está convencido de lo que es, pero muchos no comparten su opinión y, cuando uno llega tan alto, cuesta trabajo mantenerse en el buen camino.

A pesar de todo lo anterior, Schultz logró, en poco más de 20 años, convertir unas cuantas cafeterías en Seattle, en una cadena con 17,000 centros de distribución (como punto de comparación se puede usar a McDonald's, que cuenta con 31,000). Y lo hizo sustentándose en valores éticos y en el compromiso de sus empleados con la compañía, aunque muchos argumenten lo contrario. Ahora será muy interesante ver a dónde se dirige este empresario. Las acciones de la empresa se encuentran actualmente alrededor de la marca de los 25 dólares, que es mucho mejor que su precio más bajo, pero todavía alejado de su valor récord. Si Schultz logra restaurar la antigua gloria de su empresa, continuar actuando con valores morales, manejar bien el aburrimiento de los consumidores y seguir sirviendo un gran café, entonces tal vez sí sea digno de los aplausos a nivel de culto que le ofrecen los baristas de su empresa.

Referencias y otras lecturas

Allison, Melissa, "Starbucks shake-up: Schultz back as CEO", en *The Seattle Times*, enero 8, 2008.

"Perfil de Howard Schultz", BBC (nd).

Clarke, Andrew, La entrevista del viernes: "Starbucks boss: We're not all froth", en *The Guardian*, marzo 20, 2009.

Farrell, Greg, "Return of the barista-in-chief", en *The Financial Times*, marzo 22, 2010.

Hughes, Frank, "Why Schultz tuned out and sold the Sonics", en *ESPN*, Julio 20, 2006.

Michelli, Joseph A., *The Starbucks Experiencie: 5 principles for turning ordinary*

into extraordinary, McGraw-Hill, Nueva York, 2006.
Pressler, Margaret *Web*, "The brain behind the beans: Starbuck's Schultz has drawn praise, derision in building his coffeehouse empire", en *The Washington Post*, octubre 5, 1997.
Schultz, Howard, *Pour Your Heart into It: How Starbucks built a company one cup at a time*, Hyperion, Nueva York, 1998.
Starbucks, www.starbucks.com

Capítulo Veinte
Jack Welch

Si acaso hay un hombre que logra encarnar el espíritu mercantil de la década de los noventa, ese es Jack Welch. Conocido también como "Jack Neutrón", fue el rey del incremento del valor para los accionistas. Bajo su dirección, General Electric cambió al punto de que nadie podía reconocerla. Los negocios que no tenían buen desempeño se vendieron para adquirir algunos nuevos y, con ellos, mejorar la apariencia de los estados financieros. En lugar de ser una ventaja competitiva, los empleados eran un costo como cualquier otro, y por lo tanto, se recortó la fuerza de trabajo para incrementar los márgenes de ganancia. A los gerentes que tenían buen desempeño se les recompensaba como si fueran de la realeza, y quienes no lo tenían, fueron despedidos, a veces incluso de manera brutal. Welch desdeñó las regulaciones y la burocracia tanto en su compañía como fuera de ella. Era el vivo retrato del director ejecutivo hecho celebridad, algo como el *Übermensch* nietzscheano de la administración. Welch era sumamente ocurrente y muchos lo citaban. Estaba en todos lados y todo mundo quería conservar una parte de él. También fue uno de los primeros súper directores ejecutivos en lo que se refiere a salario, y recibió compensaciones a un nivel que sus predecesores jamás se habrían imaginado.

En los 20 años que estuvo a la cabeza de GE, el valor de la compañía se incrementó de 13 mil millones a 400 mil millones de dólares, en tanto que las ganancias se dispararon en 1,000 por ciento hasta casi alcanzar los 13 mil millones. En 1999 *Fortune* lo nombró Ejecutivo del siglo. Cuando dejó la empresa, a finales del año 2000, los halagos se multiplicaron. Welch fue un héroe de nuestra era pero renunció justo a tiempo porque el mundo en el que él era director ejecutivo, estaba a punto de cambiar cuando se produjeron sucesos como la caída de las empresas *dotcom*, el 9/11 y, más adelante, la crisis financiera de 2007-2009. Viéndolo en retrospectiva, el legado de Welch ahora luce más como una mezcla de varios elementos de lo que parecía entonces, y es posible que *Fortune* le haya dado el título de Ejecutivo del siglo un poco antes de lo debido. Aunque es innegable que Jack Welch fue uno de los administradores más influyentes de finales del siglo XX, todavía queda en el aire la pregunta de si eso fue algo positivo en general o si lo rescatable es demasiado poco.

Welch nació en 1935 en Peabody, Massachusetts. Fue el único y tardío hijo de un conductor de ferrocarril y una mujer dedicada al hogar. Fue un niño muy inteligente y más adelante le atribuiría a su madre el haberle inculcado una ambición desmedida. Estudió ingeniería en la Universidad de Massachusetts y luego obtuvo un doctorado en Ingeniería química en la Universidad de Illinois. En 1960 se unió a General Electric como ingeniero y empezó ganando 10,500 dólares al año (el equivalente a 75,000 dólares de ahora). Al terminar el primer año, le ofrecieron a Welch un aumento de sueldo de 1,000 dólares, el cual percibió como insatisfactorio. Esto, en conjunto con la forma en que su impaciencia crecía por el lento y burocrático avance de la compañía, lo obligó a renunciar. Hasta le hicieron una fiesta de despedida, pero Reuben Gutoff, su mentor, manejó 160 kilómetros para comer con él y su esposa, y logró persuadirlo para que se quedara.

Welch continuó en GE pero no se puso la camiseta en ab-soluto. Si acaso, más bien crecieron el radicalismo y la impaciencia que tenía con el conglomerado cuyo progreso era tan lento como el de un trasatlántico antiguo. A veces, esta actitud tuvo resultados desastrosos. En 1963, por ejemplo, hizo quebrar una fábrica de plásticos. No obstante, sus resultados eran suficientemente buenos para opacar las tonterías menores. En 1969 ocupó el puesto de gerente general de la División de plásticos. En cuanto asumió el cargo se empezó a jactar, como siempre, de que rompería todos los récords a pesar de que en GE no se tenía esa costumbre. Por supuesto, su actitud rebelde y su excesiva franqueza comenzaron a incomodar a otras personas en la jerarquía corporativa. A pesar de ello continuó dando resultados y mejorando su posición.

En 1972 llegó a ser vicepresidente de GE; en 1973 escribió en una evaluación de desempeño que su objetivo era ser director ejecutivo general. En 1977 tomó el control de la Corporación de crédito de GE y fue nombrado vicepresidente *senior*. En 1972 Fue vicepresidente del Consejo directivo, y en 1981 finalmente cumplió su sueño de convertirse en el director ejecutivo general de GE. Aunque no hay duda de que Welch tenía la habilidad y el empuje para alcanzar su meta, a algunas personas les sorprendió verlo ahí porque existía la percepción general de que era un individuo demasiado agresivo para llegar a la cima de una empresa burocrática en la que nunca era conveniente armar demasiada alharaca. Sin embargo, eso era exactamente lo que Welch quería hacer, y en su calidad de director ejecutivo general, nadie podría impedírselo.

Vale la pena señalar que cuando Welch aceptó el puesto, en realidad no asumió el liderazgo de un negocio sumido en dificultades y con necesidad de una reconstrucción urgente. La compañía era lucrativa y su director ejecutivo de entonces era un británico muy sociable llamado Reginald Jones a quien la gente admiraba bastante. No obstante, aunque muchas personas consideraban que la empresa estaba preparada para seguir funcionando y produciendo ganancias, Welch sentía que GE era un negocio de jerarquías erróneas y fuertes problemas de movilidad que sólo podrían solucionarse con una revolución.

Lo que sucedería a partir de entonces, se convirtió en parte de la leyenda que se construyó alrededor del mismo Welch.

El nuevo director ejecutivo comenzó a desbaratar las múltiples capas de la empresa por medio de acciones con las que cercenó la laberíntica burocracia operante. Vendió todas las subsidiarias con bajo desempeño y a los negocios que conservó les advirtió que tenían que ocupar el primer o segundo lugar en el mercado. Welch exigió incrementos trimestrales en las ganancias. Adoptó una nueva filosofía gerencial y a todas aquellas personas que lograron impresionarlo, les otorgó jugosas recompensas. En 1981 dio un discurso intitulado "Cómo crecer con rapidez en medio de una economía de crecimiento lento", discurso con el que, según muchos, dio inicio al culto al incremento del valor para los accionistas. Pero tal vez lo que lo hizo aún más famoso fue su actitud respecto al desempeño individual. Era bien sabido que Welch era asombrosa e incluso desagradablemente franco con sus gerentes durante las evaluaciones. Él de verdad quería que éstos se pusieran a la altura y, con ese objetivo en mente, ofreció brindarles bonos y participación accionaria a los que fueran parte del 20 por ciento de empleados con desempeño superior. A los que se encontraban en el 10 por ciento con peor desempeño, por otra parte, los despidió y a pesar de lo que podría pensarse, lo hizo sin mayor remordimiento de conciencia. Cada vez que se le preguntaba sobre esta política, respondía que conservar a ese 10 por ciento habría sido todavía más terrible: "Algunos creen que es brutal y cruel despedir al 10 por ciento de nuestra gente con peor desempeño, pero no es así. Al contrario. Creo que lo que es brutal y, además, se podría considerar una 'amabilidad falsa', es conservar a gente que jamás va a crecer ni prosperar."

En su autobiografía, *Jack: Straight from the gut* (2001), el ejecutivo dice que, cuando se unió a GE, a finales de los ochenta, la compañía tenía 411,000 empleados, y que para los últimos meses de 1985 esa cifra había bajado a 299,000. De los 112,000 que se fueron, casi la tercera parte laboraba para las subsidiarias con bajo desempeño, y los otros dos tercios estaban en los negocios que GE mantuvo en funcionamiento. Welch estaba tan orgulloso de recortar su fuerza de trabajo, que se ganó el apodo de Jack Neutrón porque, al igual que la entonces tan de moda bomba de neutrones, Welch se deshacía de la gente sin tirar los edificios. El nuevo jefe no les simpatizó del todo a los trabajadores, pero a la gente a la que le rendía cuentas, sí. La capitalización bursátil de GE emprendió el vuelo y Wall Street quedó extasiada. Por otra parte GE no sólo vendió subsidiarias, también adquirió varias empresas con las que incrementó su ya de por sí inmenso valor bursátil. Claro que esta estrategia también tuvo algunos inconvenientes; para cumplir con sus cada vez más altos márgenes de ganancias, los gerentes empezaron a hacer recortes en áreas como Investigación y Desarrollo, y a sentir aversión al riesgo. También hubo costos humanos, pero como GE estaba montada en la ola de la gran aventura de los ochenta y los noventa, la gente a la que debían importarle, ignoró, con toda amabilidad, este tipo de asuntos.

En muy poco tiempo Welch se convirtió en el ejecutivo más controversial e imitado de los Estados Unidos. Por supuesto, el hecho de ser extremadamente afable, sencillo e ingenioso en sus frases, le ayudó, pero también lo respaldaban varios logros concretos. Bajo su mando GE se transformó en la compañía más grande y admirada del mundo; además, los seguidores de Welch eran tan ardientes y entregados, que alrededor de su persona se fue construyendo una especie de culto.

Para finales de su gestión ganaba la entonces extraordinaria cantidad de 4 millones de dólares al año. Su plan de jubilación fue tan espléndido que generó bastantes críticas, pero a Welch no le importó. Era un súper ejecutivo y valía cada centavo. También consiguió un trato de 7.1 millones de dólares por escribir su autobiografía, cantidad extraordinaria para un hombre que no fue presidente (en 2004 Clinton obtuvo entre 10 y 12 millones por escribir la suya).

Después de un prolongado y atenuante proceso de sucesión, se eligió a Jeffrey Immelt para remplazar a Welch, quien abandonó el puesto a finales del año 2000. Immelt ocupa el cargo hasta la fecha. En GE han cambiado muchas cosas, pero algo que parece seguir funcionando de la misma manera es que los ejecutivos principales permanecen en sus puestos por mucho tiempo. Después de trabajar en GE, Welch escribió varios libros y una columna muy popular en un periódico, dirigió su propia empresa y ofreció asesoría a muchas otras organizaciones. Recientemente ha estado dando cursos de liderazgo en la Escuela Sloan de Dirección del MIT (Sloan School of Management).

En una visión retrospectiva, el legado de Welch tal vez luce un poco menos fulgurante que cuando dejó a GE entre fanfarrias hace casi once años. En aquel tiempo muchos criticaron al ejecutivo por su falta de compasión y humanidad, y señalaron que su lógica práctica, implacable que lo llevó a destruir miles de empleos, fue cruel y carente de una visión a futuro.

En 2001 John Cassidy escribió en la revista *The New Yorker*: "Antes de Welch hubo directores ejecutivos muy rudos, pero ninguno hizo tanto para equiparar el darwinismo a la filosofía de los negocios. Desde una perspectiva financiera —la única importante, él mismo diría—, Welch fue un gran éxito." Cassidy también señaló: "Antes de su gestión la mayoría de los empleados de GE hacía su carrera completa en la empresa y sabía que esta cuidaría de ellos cuando se jubilaran. Pero esa empresa, ya no existe."

Si se pudiera resumir de manera perfecta el declive del mundo de los negocios que crearon Reagan y Thatcher, sería tal como lo dijo Cassidy. Tras la recesión, sin embargo, varios de los otros logros de Welch parecen haber perdido parte de su fulgor. Efectivamente, incluso el mismo Welch ha criticado algunas de sus maniobras juveniles. En 2009 le dijo a *The Financial Times* que estaba arrepentido de su antigua obsesión con la noción del valor bursátil para los accionistas: "Al verlo de manera directa, el incremento del valor para los accionistas es la tontería más grande del mundo. El incremento y los beneficios para ellos son un resultado, no una estrategia... Los verdaderos aliados son los empleados, los clientes y los productos. La idea de que incrementar el valor para los accionistas es una estrategia, es una locura", concluyó. (Guerrera, 2009).

A pesar de lo anterior, la crítica más incisiva hacia Welch como director ejecutivo, se resume en que, en lugar de ser un gran administrador, fue solamente un ingeniero financiero que se imbuyó en una demencial y compulsiva cruzada de adquisiciones, que se aprovechó de la aletargada forma en que los mercados valuaban a las compañías, y que sabía que mientras continuara cumpliendo con un crecimiento decente de ganancias, nadie se daría cuenta de su estrategia. En el mismo tenor, se piensa que su genialidad no se fundamentó en un acercamiento agresivo y beligerante a la dirección empresarial, sino en un truco financiero que aprendió al dirigir GE Capital. En 2001 Cassidy escribió: "Los hombres de negocios verdaderamente grandes como Alfred Sloan, creador de General Motors... no se apoyan en trucos financieros. Construyen negocios perdurables que prevalecen por décadas. Y eso no fue lo que hizo Welch."

Ciertamente hay evidencias que respaldan lo anterior. A mediados del año 2000 las acciones de la compañía alcanzaron un valor récord de 60 dólares. Welch renunció en noviembre de ese mismo año. Las acciones nunca se recuperaron y, tras balancearse entre 30 y 40 dólares, terminaron desplomándose en las crisis financieras. En 2010 se intercambiaban por unos 15 dólares. En 2009, después de cincuenta y tres años de tenerla, GE perdió la calificación AAA que otorgan las agencias calificadoras. Visto desde esta perspectiva, el crecimiento orgánico de largo plazo suena bastante bien, y quienes prefirieron crear patrimonio de una manera lenta en lugar de sólo vender y hacer recortes, ahora ya no parecen tan estúpidos. Algunas personas incluso han llegado a decir que Welch fue el hombre que destruyó GE, que la atiborró de un legado mortal llamado GE Capital, y que neutralizó la habilidad de la empresa para innovar. Visto de esta forma, Welch parece el típico gerente de paso que se convirtió en esclavo del concepto que creía dominar: el incremento del valor para los accionistas.

Pero claro, esta perspectiva tan negativa tal vez es un poco injusta porque, para empezar, se debe pensar que Welch se retiró a finales del 2000, por lo que no se le puede culpar de todo lo que ha pasado en los últimos 11 años. También debemos recordar que las excesivamente agresivas estrategias que todos adoraban en los ochenta, los noventa y a principios del siglo XXI, ahora están demasiado desacreditadas. Quizás debamos esperar hasta que la revisión actual del periodo sea reexaminada. Por otra parte, es importante notar que mucho de lo que Welch hizo tenía que llevarse a cabo y que durante su gestión tomó un modelo de negocio bastante pasado de moda (el conglomerado) y lo convirtió en la compañía más grande del mundo. Además en aquel entonces había muchos otros conglomerados a los que nadie pudo hacer prosperar y que, por lo tanto, no sobrevivieron. Por todo lo anterior, aunque es probable que la historia no termine juzgando a Jack Neutrón como el hombre que destruyó a GE, tampoco lo considerará el ejecutivo más importante del siglo XX. Lo más probable es que se le vea como un hombre que simbolizó una era y ayudó a darle forma tanto como los tiempos de vértigo le dieron forma a él.

Referencias y otras lecturas

Byrne, John A., "How Jack Welch runs GE" en *Businessweek*, junio 8, 1998.

Cassidy, John, "Gut punch", en *The New Yorker*, octubre 1, 2001.

Sitio de Internet de GE, www.ge.com

Guerrera, Francesco, "Welch rues short-term profit 'obsession'" en *The Financial Times*, marzo 12, 2009.

Hayes, Thomas C. "Changing the guard at GE", diciembre 28, 1980.

McGinn, Daniel, "Saving Private Welch", en *Newsweek*, mayo 29, 2000.

Nisse, Jason, "The lowdown: Neutron Jack flattens the bleeding hearts", en *The Independent on Sunday*, octubre 14, 2001.
Peterson, Holly, "How does he feel about letting people go?" It is the most compassionate thing he can do", en *The Independent on Sunday*, noviembre 5, 2000.
The Welch Way (sitio oficial de Internet), www.welchway.com
Welch, Jack, *Jack: Straight from the gut*, Warner Books, Nueva York, 2001.

Capítulo Veintiuno
Michael Dell

Michael Dell es un hombre espectacularmente rico. Ocupa el lugar número 37 de la lista de *Forbes* y tiene un valor neto de 13 mil punto cinco millones de dólares, aunque debido a los caprichos del precio de las acciones, llegó a tener muchísimo más dinero en el pasado. Además, Dell consiguió su fortuna siendo bastante joven. Así es, si volvemos en el tiempo, a finales de los noventa, Dell apenas tenía treinta y tantos años y ya valía 10 mil millones de dólares. A principios de la misma década, tenía veintitantos pero ya se podían encontrar bastantes artículos en los que se hablaba sobre lo mucho que había ganado este joven en tan poco tiempo. El auge del internet incrementó su riqueza en gran medida pero no fue el origen de la misma. Dell fundó su compañía en 1984 y pasó mucho tiempo antes de que la gente se enterara de lo que era una empresa *dotcom*.

La gran idea de Dell no era algo muy complicado, sólo pensaba venderles computadoras a sus clientes de manera directa para evitar los intermediarios. No suena radical ahora, pero en aquel entonces sí lo era. Curiosamente, se dice que Dell es un hombre muy moderado; su motivación empresarial y su enorme fortuna realmente no coinciden con lo discreto y normal de su personalidad. Ni siquiera es ordinario de la misma manera que lo es gente como Warren Buffett, y si uno analiza sus frases, se puede ver que carecen de esa memorable sabiduría de la gente común. Dell es un hombre directo y con los pies bien plantados en la tierra, y su compañía refleja esa manera de ser. Él vende algo que se ha convertido en un artículo casi de primera necesidad. Las Dell son los caballos de fuerza del mundo de las computadoras porque son sólidas, confiables y buenas por su precio. Por supuesto que es posible comprar máquinas de un costo mayor, pero si lo que se busca es una computadora común a un precio accesible, entonces la marca es Dell.

Dell nació en 1965 en un sólido hogar de clase media; su padre fue doctor y su madre corredora de bolsa. La pareja vivió en Nueva York algún tiempo pero se mudó a Houston a principios de los sesenta con la intención de llevar una vida menos agitada. Desde muy niño, Dell dio señales de tener facilidad para los negocios. A los 12 años ganó 2,000 dólares con una subasta de timbres postales que él mismo organizó y anunció en una publicación para filatelistas. Según él, ese proyecto le enseñó el valor de evitar a los intermediarios. A los 16 años consiguió un empleo de verano que consistía en vender suscripciones para el periódico *The Houston Post*. Al analizar la información sobre quiénes le compraron, se dio cuenta de que, en su mayoría, eran recién casados y gente que se acababa de mudar. Luego les pagó a algunos amigos para buscar a otras personas con este mismo perfil y les envió cartas. Ese año ganó 18,000 dólares que usó para comprarse un BMW.

La historia de Dell en realidad comenzó cuando fue a la universidad. Ahí surgió el material con el que se construyó la leyenda empresarial porque una de las compañías de computadoras más grandes del mundo comenzó en un cuarto de un dormitorio universitario. En 1983, a los 18 años, Dell era un estudiante de primer año que estaba tomando las materias del propedéutico para medicina en la Universidad de Texas en Austin. Su interés por las computadoras surgió a temprana edad. Las computadoras tipo IBM que se estaban convirtiendo en el estándar tenían un diseño bastante modular pero Dell se dio cuenta de que podía conseguir componentes con los minoristas locales, añadírselos a la máquina básica y luego vender su versión retocada de la computadora con una ganancia interesante. Por supuesto, en muy poco tiempo ya estaba haciendo una pequeña fortuna. En 1984 estableció un negocio al que llamó PCs Limited cuyas oficinas centrales estaban en su habitación estudiantil.

Su negocio funcionó muy bien porque en aquel tiempo los minoristas tenían que ordenar de IBM un mínimo de computadoras personales y componentes, y a menudo tenían inventarios excesivos que con mucho gusto le vendían a Dell. Luego él distribuía de manera directa a través de anuncios en periódicos y revistas, con lo que podía evitar los intermediarios. Pero sus padres no estaban felices porque les preocupaba el efecto del negocio en sus estudios. Dell les hizo una promesa: si el negocio comenzaba a tener problemas volvería a estudiar. Pero en poco tiempo ya estaba ganando 80,000 dólares mensuales. Obviamente ya no volvió a la universidad al siguiente año y le sacó a su familia 300,000 dólares para agrandar su negocio. En 1985 la compañía lanzó su primera máquina, la Turbo PC. PCs Limited ya lucía como la empresa en la que más tarde se convertiría; se anunciaba en la prensa y les vendía directamente a sus clientes. Cada comprador podía especificar cómo deseaba su computadora personal. Éste siempre ha sido un de los rasgos característicos de Dell: el concepto de la personalización masiva. Como cada computadora se construye al gusto del comprador a partir de un menú de opciones, se eliminan en gran medida el desperdicio y los inventarios. Además los clientes siempre están felices porque obtienen más o menos lo que necesitan. Este acercamiento directo también tiene otros beneficios, como la posibilidad de ofrecer precios más bajos y, así, obtener mayores ganancias. En muy poco tiempo PCs Limited cambió su nombre a Dell Computer Corporation.

La compañía creció con rapidez; en 1987 abrió una subsidiaria en el Reino Unido y en 1988 empezó a cotizar en la bolsa de valores. Las acciones tenían un valor de 8.50 dólares y Dell tenía 23 años. Su empresa valía cerca de 80 millones. En 1989 reportó ventas de 257.8 millones. Cuando Dell tenía 24 años, la revista *Inc.* lo nombró Empresario del año. En 1990 el joven abrió una planta de fabricación en Irlanda, la cual fue uno de los primeros ejemplos de la inversión interna que caracterizaría al "Tigre Celta" de la economía. En 1989 apareció la primera laptop de la compañía y en 1992 ésta se sumó a la lista de Fortune 500. Dell era el director ejecutivo más joven de todos los tiempos en la lista; todavía tenía veintitantos años. En aquel periodo la compañía tuvo algunos contratiempos ya que en 1990 eligió mal sus chips y sus primeras laptops fueron un poco problemáticas, sin embargo, en realidad las dificultades nunca pasaron a mayores.

Vale la pena destacar que, a pesar de que Dell estuvo en el lugar correcto a la hora correcta, y de que le dio en el clavo a una idea que, vista desde ahora, parece obvia, siempre fue un hombre increíblemente trabajador. Se dice que, todavía a los veintitantos, con frecuencia trabajaba hasta 18 horas diarias, siete días a la semana. El joven empresario sólo interrumpió su extenuante horario de trabajo cuando tuvo hijos y porque su esposa insistió en ello.

A mediados de los noventa Dell dejó de ser una compañía grande y se hizo inmensa. El crecimiento del mercado de las computadoras personales fue casi nulo a mediados de los noventa porque aún se sentían los efectos de la recesión y, de hecho, 1993 fue un año particularmente malo para la empresa. Sin embargo la situación comenzó a mejorar a medida que el internet se fue popularizando. La computadora personal en el hogar dejó de ser un aparato que sólo servía para escribir cartas, organizar las finanzas familiares y jugar algunos juegos, y se convirtió en mucho, mucho más. El mercado se expandió de golpe y, con él, también lo hizo la fortuna de Dell. Para 1995 las acciones llegaron a valer 100 dólares. En 1996 la compañía lanzó dell.com y en muy poco tiempo el sitio ya estaba haciendo negocios por 1 millón de dólares al día. En 1997 envió su computadora número 10 millones. Para el año 2000 estaba haciendo 50 millones de dólares al día a través del sitio de internet, y el siguiente año se convirtió en el fabricante de computadoras más grande por acción bursátil.

La compañía también empezó a diversificarse. Después de los problemas que tuvieron al principio, las laptops se convirtieron en un gran éxito y, claro, este tipo de computadora es muy lucrativo. Dell también ingresó a los mercados de servidores y elementos periféricos tales como impresoras y monitores. La compañía fue desde el principio bastante inusual en distintos aspectos. En lugar de ubicar sus fábricas en Asia debido a los bajos costos de ese continente, las estableció en Occidente en su mayoría, lo cual le permitió tener una respuesta muy pronta en lo que se refiere a sus máquinas construidas a la orden. Dell también adoptó desde una etapa muy temprana ciertas políticas ambientalistas a pesar de pertenecer a una industria a la que con frecuencia se le acusa de soslayar al medio ambiente.

Como es el caso de muchas otras empresas dedicadas a la tecnología, los récords en el precio de las acciones de Dell llegaron alrededor del auge de las *dotcom*. Este precio sufrió una fuerte caída en el descalabro, pero gracias al hecho de que la empresa se dedicaba al *hardware*, y no a la creación a futuro de *software*, el golpe no fue mortal. A mediados de la década tuvo un repunte considerable. En 2004 Dell dejó de ocupar el puesto de director ejecutivo pero permaneció en la empresa como presidente. Él y su esposa son filántropos de gran importancia, aunque tal vez no se mueven en las mismas ligas que los Buffett y los Gates. Tanto Dell como su esposa contribuyeron a la campaña de reelección de George W. Bush con la máxima participación permitida aunque, tal vez, esta acción sea menos extraordinaria de lo que parece si se toma en cuenta que se llevan bien con la familia Bush y también son de Texas.

Hacia finales de la década de los noventa la buena fortuna de la empresa sufrió un revés y, lo que alguna vez fue su ventaja competitiva, se convirtió en su talón de Aquiles. Cuando Michael Dell abandonó el cargo, la empresa estaba vendiendo más computadoras en Estados Unidos que sus cuatro rivales más importantes en conjunto. Pero la situación cambió y HP, que durante mucho tiempo ocupó el segundó lugar, superó a Dell. El nuevo panorama se produjo debido a la laptop, a su hermano menor, el notebook, y a otros artefactos digitales que le permitieron a la gente tener acceso a la red. El problema fue que a los consumidores les gustaba comprar estos artículos en las tiendas porque ahí podían verlos antes de comprar. Además, como las laptops realmente no necesitan mandarse a hacer al gusto del comprador, de repente tener fábricas en los Estados Unidos se convirtió en un alto costo en lugar de continuar siendo una ventaja competitiva. Dell siempre fue débil también en lo que se refiere a artefactos portátiles para el consumidor y, tal como lo demostró Apple, ahí hay un mercado inmenso que se puede explotar.

En 2007, por petición de la Junta directiva, Dell volvió al puesto de director ejecutivo. El ambiente que encontró era mucho más rudo respecto al que él había dejado cuando se fue porque, además de que su compañía tenía desventajas, también había una crisis financiera. Dell hizo tratos con minoristas como Walmart y modernizó la serie de notebooks y sub-notebooks de la empresa (también hubo otras innovaciones menos exitosas como su vinculación y defensa del sistema operativo Linux). Asimismo, Dell abrió plantas en China. Los resultados no produjeron exactamente una reparación inmediata de la situación pero parece que, poco a poco, la compañía está cambiando la situación. Hace poco empujó a Acer y logró recuperar el segundo lugar de importancia, pero aún está por ver si podrá recobrar el primer lugar que tenía. Por otra parte, es interesante señalar que Dell, al igual que otros fundadores de empresas (como Jobs o Schultz) tuvo la oportunidad de volver a ocupar un puesto fundamental debido a que la compañía empezó a irse a pique cuando él dejó el cargo.

Referencias y otras lecturas

Arthur, Charles, "The all American Dell boy", en *The Independent*, marzo 29, 2000.

Corcoran, Elizabeth, "Dell gives what people want", en *The Washington Post*, julio 8, 1998.

Dell, Michael S., *Direct from Dell*, 2000.

Hoover's, Perfil: Dell Inc.

http://www.portfolio.com/executives/features/2008/06/16/Michael-Dell-Returns-to-Dell-Inc/

Insana, Ron, "Dell knows his niche and he'll stick with it", en *USA Today*, abril 5, 2004.

Lynn, Matthew, "PC whizz kid piles up the billions", en *The Sunday Times*, abril 26, 1998.

Processor.com Línea del tiempo de Dell.

Reischel, Diane, "Michael Dell: he wasn't a people person but he knew PCs. Now he's programmed that talent to become a computer mogul at 24", en *Dallas Morning News*, enero 28, 1990.

Shack, Justin, "Dell's revival runs into trouble", en *The Wall Street Journal*, noviembre 28, 2010.

Sunday Times/Calgary Herald, "Computer tycoon lives in fear", enero 5, 2003.

Vanity Fair, Michael Dell.

Capítulo Veintidós
¡Tom Peters!

¿Tom Peters está loco de remate? Mucha gente cree que así es, incluso el mismo Tom Peters. Pero hay otras preguntas más serias como, ¿es bueno en lo que hace? ¿Es un verdadero pensador de negocios? ¿Por qué es tan popular? Todas estas son las preguntas que deberíamos preguntarnos acerca del extraordinario fenómeno Tom Peters.

En una época en la que todo mundo (desde las empresas que se dedican a deshacerse de la basura y las firmas consultoras, hasta los subcomités locales del gobierno) está en busca de la "excelencia", es fácil olvidar que, éste que ahora es tal vez uno de los lugares comunes más importantes de la administración, se lo debemos a un solo hombre. Vivimos en un mundo en el que casi todas las librerías tienen secciones enteras dedicadas a un híbrido intrínsecamente moderno: el libro de autoayuda para el ámbito gerencial, y por ello vale la pena recordar que, apenas hace poco más de una generación, la industria que produce estas lecturas en realidad no existía. Asimismo, en una cultura en la que todo mundo reconoce el valor y la utilidad de la celebridad (incluso a pesar de que muchos la detestan), es extraño reflexionar sobre lo que hizo un consultor gerencial (que, además, tenía que ser de McKinsey & Co.) a principios de los ochenta. Lo cierto es que ningún gurú de la administración jamás usó los signos de exclamación de la misma manera que él lo hizo.

A finales de 1982 se publicó el libro *En busca de la excelencia* (*In Search of Excellence*) de Tom Peters y Robert Waterman. Este libro cambió para siempre la forma en que se veía a los gurús de la administración o *management*. Lo que antes fue una aburrida industria artesanal, de pronto acaparó el primer plano. *En busca de la excelencia* fue, desde cualquier perspectiva, un *best seller* increíble, logró colocar 3 millones de copias en sus primeros cuatro años y convirtió a Tom Peters, uno de sus autores, en un hombre sumamente conocido, en una megaestrella. Pero a pesar de toda la popularidad de la que este hombre ha gozado de manera sólida en las últimas tres décadas, hay mucha gente que lo acusa de ser un charlatán ostentoso y hambriento de fama, un tipo vacío que sólo se ocupa de su exterior y que carece de sustancia. El mismo Peters ha llegado a calificarse de esa manera y, aunque suene gracioso, tal vez tanto sus seguidores como sus detractores están en lo correcto.

Peters nació en 1942 en Baltimore, Maryland (y según su sitio de internet, lo hizo con una raqueta de lacrosse en la mano). Su padre trabajaba para la Baltimore Gas Company y su madre era maestra. Peters estudió en la reconocida escuela Severn de Maryland y en la Universidad Cornell, en donde obtuvo un título de licenciatura y luego otro de maestría en Ingeniería civil a pesar de que, en un principio, su idea era ser arquitecto. En 1996 fue enviado a Vietnam como parte del grupo Navy Seabee (el grupo de ingeniería de la Marina encargado de construir estructuras como puentes); la segunda etapa de acción a la que, según las notas biográficas de su sitio, "sobrevivió", fue en el Pentágono, y en 1970 fue dado de baja. El tiempo que pasó en el cuerpo militar tuvo una influencia muy profunda en lo que Peters escribió más adelante acerca de la dirección gerencial. Incluso llegó a decir que los viajes para realizar sus dos misiones fueron el mejor entrenamiento gerencial que pudo haber tenido en la vida.

Después de Vietnam la Marina pagó los estudios de Peters en la Universidad de Stanford, en donde estudió una maestría y luego un doctorado en Ciencias de la decisión y comportamiento organizacional. Después de Stanford, el joven dio otro giro interesante: de 1973 a 1974 fue Asesor de Abuso de drogas de la Casa Blanca. Después de eso por fin encontró su verdadera vocación y empezó a trabajar en McKinsey & Co, en 1974. Más adelante Peters señaló que se involucró en la consultoría de dirección por pura casualidad.

El trabajo que realizó en McKinsey en los setenta fue lo que le ayudó a establecer las bases para *En busca de la excelencia*. Para ser más específico, fue una tarea que les fue asignada a él y a Waterman en 1977, y que se llamó Proyecto Organización. El par de ejecutivos trabajaban en la oficina de San Francisco, a la que muchos consideraban una zona muerta. Además el proyecto no parecía demasiado importante (de hecho existía otro proyecto hermano que, aunque creó mayores expectativas, no llegó a ningún lado). A pesar de la poca importancia de la tarea encomendada, Peters recibió la oportunidad (y recursos económicos) para viajar por el mundo y hablar con otras personas acerca de equipos y organizaciones. En 1979, el mismo año que se hizo socio de la firma, le solicitaron que hiciera una presentación de sus hallazgos para Siemens, y Peters utilizó 700 diapositivas (es famoso por sus presentaciones de este tipo). Por otra parte, también le pidieron que realizara una versión más breve para PepsiCo. De esa forma definió sus ocho temas más importantes (ver recuadro).

En busca de la excelencia: Los ocho temas comunes de Peters y Waterman para empresas exitosas.

1 Orientación a la acción y toma activa de decisiones: "Seguir adelante."
2 Cercanía al cliente. Aprender de la gente a la que el negocio atiende.
3 Autonomía y espíritu empresarial. Estimulo de la innovación y creación de "campeones".
4 Generar productividad enfocándose en la gente. Tratar a los empleados comunes como una fuente de calidad.
5 Filosofía activa e impulsada por el valor que guíe la práctica cotidiana. La dirección muestra su compromiso.
6 Apego a la actividad. Quédate en el negocio que conoces bien.
7 Forma simple; personal eficiente. Algunas de las mejores compañías del mundo tienen muy poco personal en sus oficinas centrales.
8 Valores flexibles y estrictos al mismo tiempo. Sumarle valores centralizados a la autonomía de las actividades en tienda.

Peter después aclaró que a él y a su coautor les faltó mencionar la importancia de la velocidad y la también creciente relevancia de la globalización.

En 1981 Peters se fue de McKinsey para fundar su propia agencia de consultoria y al siguiente año publicó *En busca de la excelencia* (ISOE, siglas en inglés con las que me referiré al libro en este texto) con Robert Waterman, un ex compañero de McKinsey. En el libro se habló de 43 compañías de los Estados Unidos que Peters y Waterman estudiaron mientras trabajaron en la misma agencia. Además se incluyeron emocionantes anécdotas sobre cómo dichas empresas alcanzaron la excelencia. En un tiempo en el que los libros sobre administración eran tan áridos como el desierto, ISOE resultó bastante accesible.

La reacción a ISOE fue bastante mala. Muchos críticos se sintieron ofendidos por el estilo del libro. La reseña de *The New York Times* afirma:

> No, esta no es una serie de exhortaciones sacadas, y mal traducidas, del instructivo de un juguete japonés. Son las soluciones que ofrecen los autores para la actual crisis de productividad de los Estados Unidos. Por eso digo que: si el lenguaje que los señores Peters y Waterman utilizan es un reflejo preciso del pensamiento actual del hombre de negocios norteamericano, entonces estamos sumergidos en un caldero lleno de agua que está a punto de hervir.

El crítico tuvo la decencia de añadir: "Valdría la pena escribir un libro que se llamara 'Perdido en la niebla sintáctica de En busca de la excelencia.'"

Pero tal vez la crítica más rigurosa de todas fue la que hicieron los otros consultores. Muchos de los empleados de McKinsey consideraron que el contenido del libro era populismo barato que degradaba el serio trabajo que ellos hacían. Peters después dijo que no esperaba en absoluto los terribles ataques de sus antiguos colegas. Sin embargo, al final no importó lo que la gente de la agencia o el *New York Times* pensaran porque, aunque tal vez el desprecio de la élite de los negocios lo lastimó a él, no afectó en nada a las ventas. A pesar de que no triunfó en el ámbito académico, el libro fue un tremendo éxito y luego alcanzó alturas que ni los autores, editores o alguien más, pudieron haber imaginado.

La sincronía de Peters fue exquisita. En 1982 los Estados Unidos atravesaban un periodo de introspección e inseguridad (al que, por cierto, se pareció mucho el tiempo que le siguió a la crisis bancaria de 2010). En la década de los setenta el país sufrió la derrota en Vietnam y vivió el estancamiento de su grandeza industrial. Luego soportó la decepcionante presidencia de Carter y sufrió la recesión con Reagan a principios de los ochenta. En aquel tiempo daba la impresión de que Japón se apoderaría del mundo (para colmo, en medio del auge de la gran fortaleza económica de Japón, se calculó que los terrenos del Palacio Imperial en Tokio valían más que todo el estado de California). Los estadounidenses necesitaban a alguien que les dijera que podían volver a ser grandes de nuevo, y bajo sus propios términos (después de todo, acababan de elegir a Reagan en lugar de a Carter).

Pero eso no era todo. El mercado estadounidense para los libros de autoayuda estaba a punto de despegar. Peters y Waterman se encontraron de pronto surfeando en la cresta de un tsunami. En honor a la verdad, el mismo Peters estaba consciente de todo lo anterior y más adelante diría que *ISOE* fue "un libro decoroso que se publicó en un buen momento". Efectivamente, la obra se convirtió en el primer libro de administración que llegó al número uno de la lista de *best sellers* de *The New York Times*. Su secuela se intituló *A Passion for Excellence* (*Pasión por la excelencia*) y fue el segundo libro de administración que ocupó el puesto. Gracias a esos acontecimientos se pudo ver que los autores eran hombres muy distintos. Peters estaba lleno de vida (algunos más bien lo calificaban de egoísta) y usó el libro como su plataforma de lanzamiento al estrellato. Waterman, por su parte, era más ecuánime y continuó siendo consultor de dirección en McKinsey; luego dejó la empresa para fundar su propia agencia. A los coleccionistas de datos triviales sobre *management* les interesaría saber que Waterman también es presidente de la Fundación Restless Leg.

En poco tiempo Peters descubrió que le agradaba mucho ser el centro de atención y aprovechó la oportunidad para transformarse en una persona completamente nueva: el gurú de la administración convertido en celebridad. En un artículo del año 2000, la revista *Red Herring*, publicó lo siguiente:

> A mediados de aquella decadente década, mientras Michael Jackson avanzaba con su *moonwalking* en las listas de MTV, el estatus del señor Peters se disparaba como si se tratara de una estrella de rock en medio de la multimillonaria industria de gurús de negocios que él mismo creó casi sin ayuda... Sin embargo, el señor Peters demostró que era algo más que un autor. De la noche a la mañana, prácticamente, evolucionó para convertirse en un artista

> que actuaba en vivo, más o menos al mismo nivel de Elvis. Según sus propios cálculos, en 1985 ofreció más de 150 reuniones de su escandaloso seminario que también servía como fiesta de *revival*, y que en ocasiones se presentaba en dos ciudades el mismo día. Para finales de la década ya cobraba hasta 50,000 dólares por aparición, con lo que continuaba fortaleciendo su estatus como el indiscutible súper gurú de todos los tiempos.

Peters era como una máquina. Después de *A Passion for Excellence* escribió *Thriving on Chaos, Liberation Management, The Pursuit of WOW* y *Tom Peters Seminar: Crazy times call for crazy organizations*. Como era de esperarse, todos estos libros eran directos, obvios y tenían una especie de discurso populista de baja calidad, sin embargo, se vendieron como pan caliente. Desde 1982 Peters ha escrito catorce libros en total. Para la mayoría de la gente una cifra como esta representaría por sí misma el trabajo de toda una vida, pero Peters escribió los libros a pesar de una increíblemente agitada, además muy apretada agenda de trabajo, que incluía eventos como orador y apariciones por las que le pagaban honorarios que ningún otro consultor se habría imaginado.

A inicios de la década de los noventa mucha gente empezó a comentar que incluso si alguna vez tuvo opiniones acertadas, Peters ahora estaba deschavetado (para usar una palabra que a él mismo le gusta mucho). ¿Cómo se podía tomar en serio a un hombre con esa energía tan infantil y cuyos pronunciamientos siempre sonaban incoherentes? ¿En particular si parecía equivocarse con tanta frecuencia? Pero en lugar de rechazar estos ataques, Peters estuvo de acuerdo con ellos a menudo. Algunas de las descripciones que él mismo hizo en aquel tiempo, fueron, "príncipe del desorden, campeón de los fracasos arriesgados, maestro del entusiasmo, bocón profesional, porrista corporativo, amante de los mercados, cerdo capitalista y miembro con credencial de la Unión Estadounidense por las Libertades Civiles (ACLU, por sus siglas en inglés)".

También se produjeron algunas críticas un poco más moderadas y sustanciosas. En 1984 la revista *Businessweek* publicó un artículo de portada con el título: "Oops! Who's excellent now?" En él se señalaba que un tercio de las 43 empresas de excelencia que Peters incluyó en su libro estaba teniendo problemas a menos de cinco años de la publicación del mismo. Pero poco después, en 2001, la revista *Fast Company* publicó un artículo en el que se sugería que parte de la información de las encuestas pudo haber sido falsa. La situación dio un giro particularmente interesante porque algunas personas notaron que el autor del artículo era el mismo Peters; sin embargo, tiempo después resultó que se trataba de un texto en el que, supuestamente, el articulista sólo escribió lo que le dijo Peters. En 2003 Chris Blackhurst de *The Evening Standard*, escribió: "(Peters es) quizás el mayor divulgador de estupideces del planeta." Blackhurst también señaló que el gran problema del consultor era que sus propios antecedentes eran "demasiado sospechosos" y aprovechaba sus errores para hacer todavía más dinero; luego añadió: "Quiere que su epitafio diga, 'Thomas Peters era un jugador.' Y lo era. Pero decir que era un buen jugador, eso ya es un asunto distinto."

En 2009 *The Economist* citó a Kathryn Harrigan, profesora de liderazgo en la Escuela de negocios de Columbia, quien habló acerca de *ISOE*: "A los norteamericanos les fascinan los cultos, en particular, el culto a la personalidad. Siempre están buscando la receta del éxito y Tom Peters aprovechó muy bien eso. La gente supo muy bien dónde ubicarlo." El mismo periódico ofreció su opinión del asunto: "Peters vendió sus teorías de la excelencia con la misma exuberancia y fervor evangelista de un vendedor de jarabe para la tos en el siglo XIX."

Y una vez más, en lugar de refutar las críticas, Peters se regodeó en ellas. En una entrevista de 2008 que le dio a Stefan Stern de *The Financial Times*, señaló:

> Yo le digo a la gente: "Hicieron un mal negocio si pagaron para verme. De verdad no tengo nada nuevo que decir.

> Sólo les voy a recordar lo que ya saben desde que tenían 22 años pero olvidaron debido al fragor de la batalla." Se tiene que ser uno de esos predicadores de televisión para creer que se puede trabajar con un grupo de 500 personas y cambiarles la vida. La mayoría siempre está de acuerdo contigo porque si no es así, ¿cómo pagan 1,000 libras (por cabeza) sólo para ir a ver a alguien a quien se le considera un imbécil?

Efectivamente hay ocasiones en que Peters parece incorregible. Cuando se le cuestionó sobre un artículo de *Fortune* en el que se aseguraba que había perdido la razón, el consultor respondió: "En el auge de la burbuja de internet había una capitalización de mercado para Microsoft que era tres veces mayor a la de IBM. ¡Eso sí es perder la razón! ¡Mi mensaje es más o menos ése! Si los tiempos son una locura, ¡entonces enloquece!" Luego señaló: "¡También estoy muy orgulloso de la inconsistencia! ¡Es una tontería ser totalmente consistente ante desafíos dramáticos!" A pesar de que las aseveraciones de Peters suenan ridículas y dan la impresión de que aprovecha la ambigüedad para salirse siempre con la suya, puede ser que haya algo de verdad en sus palabras. Tal vez sea cierto que el "pensamiento gerencial" a veces no tiene nada que ver con la difícil ciencia predictiva que muchos de sus practicantes más severos creen que es. Después de todo, si no entender las cosas fuera suficiente para destruir reputaciones, los departamentos de dirección gerencial de las escuelas de negocios estarían más vacíos que si fueran barcos fantasma.

Pero tal vez sólo estamos viendo el asunto desde la perspectiva errónea. Tal vez Tom Peters no actúa como un pensador serio de negocios porque no lo es. Tal vez sólo es una mezcla de gurú, experto en autoayuda, orador motivacional y predicador reencarnado. Cualquiera que sea el caso, a Peters y a sus legiones de seguidores siguen sin preocuparles estos asuntos y, además, él no deja de cobrar.

Lo anterior debe ser lo que más enfurece a sus detractores porque no hay nada más mortificante que ver a alguien deambular por ahí como estrella de pop, hablar de asuntos que se consideran demasiado ligeros, incluso admitir ante la gente que sí, que sus aportaciones son pura estupidez, y luego ver que esa misma persona, vende 100 veces más que muchos otros autores serios. El ámbito "serio" de la dirección gerencial ve a Peters con una peculiar mezcla de odio, asombro y envidia. No obstante esta apuesta ha sido por cientos de años la misma historia del enfrentamiento entre el arte elevado y el de tendencia popular, y no hay razón para que lo sucedido en los libros y el teatro no se dé también en la administración.

En ese caso, tal vez quienes practican el *management* de *alta categoría* deberían adoptar la misma visión. Peters tiene muchos de los atributos de los artistas populacheros de mala calidad. Es un poco como el famoso chiste que hace Clive James de Barry Manilow: "A ninguna de las personas que conoces les gusta, pero todos los demás creen que es grandioso." Tom Peters: el Barry Manilow del *management*.

Referencias y otras lecturas

Blackhurst, Chris, "Master of reinvention", en *The Evening Standard*, octubre 1, 2003.

The Economist, "Gurú: Tom Peters", marzo 26, 2009.

Gibb, Robina, "Listen to my story", en *The Scotsman*, mayo 23, 1998.

Leonard, Carol, "Millionaire marketing guru who reigns supreme", en *Times*, diciembre 5, 1992.

Parker, Ciaran, *The Thinkers 50: The world's most important and influential business thinkers*, London Business Press, Londres, 2006.

Peters, Tom y Waterman, Robert, *In Search of Excellence: Lessons from America's best-run companies*, Harper & Row, Nueva York, 1982.

Red Herring, "The 1980s will be remembered for many things: leveraged buyouts...", septiembre 1, 2000.

Seid, Dennis, "In search of Tom Peters", *Northeast Mississippi Daily Journal*, noviembre 2, 2007.

Stern, Stefan, "It's about getting stuff done: lunch with the FT", *The Financial Times*, noviembre 22, 2008.

Sitio de Internet de Tom Peters, www.tompeters.com

Capítulo Veintitrés
Ricardo Semler

Posiblemente, a Ricardo Semler se le conoce mejor por su libro de 1993 intitulado *¡Maverick! La historia de éxito del lugar de trabajo más peculiar del mundo.* Los títulos de los libros de negocios tienen la tendencia a ser hiperbólicos pero Semler es un individuo legítimo. Es heterodoxo e iconoclasta, y tal vez se podría decir que es el Director Ejecutivo más extravagante y original de la década de los noventa. Semler rompió el libro de reglas y les dijo a sus empleados que podían hacer lo que les viniera en gana. Comparados con él, los "radicales" de los negocios terminan siendo conservadores que sólo juegan a arriesgarse sin hacerlo de verdad.

Semco, su compañía, ha sido durante varios años una especie de peculiar laboratorio industrial en donde la respuesta a las nociones más extravagantes de la administración siempre es: "Sí, intentémoslo." Semler tomó el empoderamiento y lo llevó lo más lejos posible, hasta el punto en donde, prácticamente, dejó que sus empleados dirigieran el negocio. Nadie esperaba que funcionara pero lo hizo... y de una manera genial. Charles Handy, el pensador de negocios británico, escribió: "La forma en que Ricardo Semler dirige su compañía, es teóricamente imposible, pero funciona de una manera fantástica para todos." Miles de consultores han pasado por la compañía, y también se han escrito cientos de artículos acerca de la forma en que se hacen las cosas ahí, pero Semco continúa siendo única. A pesar de todo el éxito que tuvo el radicalismo de Semler, nadie ha logrado imitarlo. Así es, esta peculiar y extraordinaria empresa brasileña existe como una suerte de utopia organizacional, como un recuerdo de cómo podrían ser las cosas, y no de cómo son en realidad.

En sus primeros años Semler tuvo la típica infancia de un niño nacido en la aristocracia brasileña. Su padre nació en Austria y fundó Semco en los cincuenta. El negocio se convirtió en una empresa industrial que fabricaba bombas y compresores. Tuvo un éxito razonable pero no extraordinario. Era evidente que el joven Ricardo era muy inteligente y, a diferencia de muchos de los jovencitos ricos con los que se relacionó en su infancia, tenía un impulso muy marcado por llevar a cabo proyectos. En dos ocasiones fue rechazado por Harvard porque era demasiado joven pero finalmente obtuvo un lugar después de escribirle al rector para recordarle que en el pasado hubo monarcas de 14 años que dirigieron naciones enteras. Semler cuenta que fue la persona más joven aceptada en la Escuela de negocios de Harvard.

En 1982, a la edad de 21 años se hizo cargo de la fábrica de su padre. Es cierto que era demasiado joven para hacerlo pero su progenitor se dio cuenta de que su hijo era muy inquieto y no quiso que tratara de hacer su fortuna en otro lugar. Se cuenta que también llegó a decirle: "Será mejor que cometas tus errores mientras yo esté vivo." En aquel entonces Semco era un negocio bastante estandarizado en el aspecto jerárquico en el que trabajaba un buen número de parientes del mismo Semler padre. Esa era, para acabar pronto, la regla en Latinoamérica y, por ello, cuando Ricardo comenzó fue un director ejecutivo bastante tradicional.

Pronto se hizo evidente que el jovencito de 21 años tenía mucho que probar, en particular porque a principios de los ochenta la economía brasileña se encontraba en un estado deplorable. Lo primero que hizo Semler fue tratar de aprender todo lo referente a la compañía. Viajó por el mundo y trabajó 16 horas diarias. La carga de trabajo le pasó la factura en muy poco tiempo: sufrió un colapso cuando estaba de visita en una fábrica en el Estado de Nueva York. Los doctores no pudieron encontrar nada mal en el joven pero le hicieron saber que su estilo de vida sólo le produciría un ataque cardiaco a muy temprana edad.

Semler les hizo caso y decidió mejorar el equilibrio entre su vida y el trabajo. Hasta ese momento había sido un obsesivo y meticuloso administrador a escala, pero entonces, se preguntó qué sucedería si actuara exactamente de la manera opuesta. ¿Qué pasaría si, en lugar de controlar a todo mundo, dejara que cada quien hiciera lo que se le diera la gana? Y si dejara que todo mundo se hiciera responsable de sus actos, ¿le responderían adecuadamente? ¿La verdadera democracia industrial podría funcionar? En resumen, esa era la visión de Semler. En 1983 comenzó a planear la democratización del negocio de su padre. En la compañía había mucha gente, de varios niveles y áreas, a la que no le impresionaban sus planes, por lo que finalmente tuvo que sacar a varios miembros de la familia que formaban parte del Consejo directivo.

De alguna forma, lo que Semler propuso entonces ya no suena tan radical ahora. Hablaba de compartir ganancias, permitir el empoderamiento de los trabajadores y hacer que el lugar de trabajo fuera acogedor, sin embargo, lo que diferenció al joven industrial fue que llevó cada una de sus ideas al extremo lógico. Eso sí fue penetrante y abrumadoramente radical. También vale la pena recordar que lo hizo en el Brasil de principios de los ochenta, un entorno en el que los victorianos habrían disfrutado mucho de la típica jerarquía de administración.

Semler dividió el negocio en unidades de fabricación con autonomía casi total. Después desmembró la jerarquía y sólo dejó tres niveles entre el nivel superior y el más bajo. También abolió todos los títulos, lo cual era inaceptable en un país sudamericano en el que se exacerba la conciencia del estatus. Básicamente Semler invirtió la pirámide adminstrativa. Además cualquier persona podía revisar los libros de la compañía. Los trabajadores no sólo evaluaban su propio desempeño, también calificaban el de los ejecutivos. La empresa se convirtió en una democracia industrial. En 1988 Laura Leme, quien trabajaba en la oficina central de *The Financial Times*, comentó: "Hubo resistencia en ambos extremos, arriba y abajo. La sociedad brasileña es extremadamente autoritaria. La gente de los niveles inferiores no quería asumir la responsabilidad y muchos de los ejecutivos no se podían acostumbrar a que cuestionaran sus órdenes. Entre octubre de 1985 y enero de 1987 se fue la tercera parte del personal de dirección. Y entonces la situación comenzó a mejorar."

Semler se convirtió en uno de los seis consejeros que se turnaron para ser director ejecutivo. A todos los gerentes y administradores los calificaba el personal. Si el desempeño de alguien bajaba, lo despedían, y eso también aplicaba para Semler (a pesar de que a él le pertenecía la mayor parte de las acciones de la compañía). Los empleados fijaron sus propios salarios; a las unidades industriales se les permitió emplear hasta 100 personas como máximo. Cualquier grupo mayor de ese número se dividía, lo que significaba que podía haber varias unidades operando en un solo sitio. A los empleados se les permitía entrar y salir cuando querían porque votaron para abolir el reloj checador y así trabajar desde casa. De esa manera también se convirtieron en consultores. Los empleados también podían votar respecto a la contratación de nuevo personal. Se instituyó el reparto de utilidades a gran escala: al 15 por ciento. Para finales de los ochenta la empresa estaba funcionando, y lo hacía muy bien.

Los seis principios de Semler

1 No incrementes el tamaño del negocio si no es necesario.
2 Nunca dejes de ser un negocio incipiente.
3 No te conviertas en la niñera de tus empleados.
4 Permite que el talento encuentre su lugar.
5 Toma decisiones de manera rápida y abierta.
6 Asóciate con promiscuidad; no puedes hacer todo tú solo.

En 1988 Semler publicó su primer libro, *Virando a Propia Mesa* (*Girando las mesas*), del cual se vendieron 45,000 copias en tres meses. Las opiniones que en él ofrecía no halagaban en absoluto a las ideas tradicionales ni a las normas establecidas de la industria brasileña. Dijo que los negocios de su país eran demasiado conservadores y que estaban diseñados para servir a intereses creados. Señaló que estos negocios se vendrían abajo y morirían en cuanto el país abriera sus puertas a la competencia del extranjero. Después dio una entrevista a *veja*, la revista semanal de noticias más conocida de Brasil. Ahí Semler arremetió de nuevo contra las prácticas tradicionales. En *The Financial Times*, se dijo: "Todo esto podría catalogarse como berrinches de un niño mimado de no ser porque Semler ha tenido un éxito extraordinario como hombre de negocios." Así es, todos aquellos que rezaban para que el advenedizo industrial sufriera un descalabro, terminarían muy decepcionados: en 1980 Semco tuvo ventas por 4 millones de dólares. Para 1987 la cifra llegó a los 39 millones. El crecimiento fue asombroso desde cualquier perspectiva, pero en particular, desde la brasileña.

Por si fuera poco, la compañía logró diversificar su sencilla base, ampliarse y crear muchas áreas más.

La historia de Semco, sin embargo, se tornó todavía más peculiar. Para 1993 la compañía sólo tenía 200 empleados en su nómina. El resto del personal estaba contratado indirectamente como consultores que operaban sus propios negocios dentro del negocio, o como autoempleados que a menudo trabajaban desde casa. Semler dejó de ser *enfant terrible* y se convirtió en un hombre admirado por la corriente más conservadora, y en alguien de quien todos deseaban aprender. En 1990 y 1992 fue elegido en Brasil como Hombre de negocios del año. La compañía fue aclamada como el negocio rediseñado más exitoso del mundo. Su éxito, por supuesto, era aún más extraordinario si se tomaba en cuenta el estado en que se encontraba la economía brasileña debido a la hiperinflación que sufrió a principios de los noventa.

Pero lo que realmente ayudó a que el mundo notara a Semler fue la publicación de *¡Maverick!,* en 1993. Este libro era una versión de *Girando las mesas,* y se convirtió, a nivel mundial, en un *best seller* de temas de negocios. Como es el caso de muchos fenómenos editoriales, la sincronía fue perfecta. Occidente llevaba mucho tiempo importando su sabiduría financiera de Japón, pero la superestrella asiática estaba perdiendo su brillo y acababa de iniciar su década de pérdidas. Además se empezaban a sentir las primeras vibraciones de la revolución de las empresas *dotcom*. En el ambiente había una suerte de apetito por ideas nuevas y el radical industrial brasileño lo tenía todo para triunfar. *¡Maverick!* hizo que Semler se convirtiera en una superestrella de los medios, y los públicos del ámbito de los negocios lo recibieron con gran entusiasmo. Después de su gran éxito editorial, en el año 2003 Semler escribió *The Seven Day Weekend: Changing the way work works* (*El fin de semana de siete días: cómo encontrar el balance entre el trabajo y la vida*).

En la década que inició en el 2000 Semler fue separándose cada vez más de la compañía que creó (o que rediseñó, mejor dicho). En muchos sentidos era algo inevitable porque, al cederles tanto poder a otros, Semler logró que el trabajo de director ejecutivo fuera casi de medio tiempo. Prácticamente la compañía se dirigía por sí misma, al punto que el industrial llegó a bromear y decir que estaba medio desempleado. Para 2003 Semco tuvo ingresos por 212 millones de dólares, más o menos 50 veces lo generado cuando el joven Semler de 21 años asumió el mando. Y en referencia a otras de las medidas de éxito de este industrial brasileño, la rotación de personal de la empresa era de menos del 1 por ciento anual.

Por suerte Ricardo también estaba interesado en otras áreas y empezó a concentrarse en la educación. Pasó siete años analizando las escuelas democráticas y en 2003 abrió una institución en São Paolo llamada Escuela Lumiar. En ella aplicó muchas de las ideas que convirtieron a Semco en un gran éxito y las reutilizó para la educación de los jóvenes de Brasil. En la escuela no había salones, ni tarea, ni maestros. Además, nadie tenía que aprender nada que no le interesara. En lugar de los elementos tradicionales, en la escuela Lumiar había mentores de tiempo completo y expertos de medio tiempo. Y contrario a lo que se podría pensar, el radical experimento educativo de Semler no fue una especie de casa de campo para los hijos de los millonarios brasileños. El 75 por ciento de los alumnos eran niños a los que se les proveyeron becas porque provenían de zonas pobres. Actualmente, aún hay tres de este tipo de escuelas. Las otras actividades de Semler incluyen la promoción de la democracia industrial y el apoyo a causas ambientales.

Sin lugar a dudas, Semler y Semco son un gran éxito, pero aún quedan algunas interrogantes. Si estas ideas son tan geniales, ¿por qué no se aplican en todo el mundo? ¿Por qué Semco es un maravilloso ejemplo único? El mismo Semler ha tratado de responder a lo anterior. En 1993, durante una entrevista para *The Guardian*, dijo: "El principal problema de todas las compañías es la autocracia. Estados Unidos, Reino Unido y Brasil están muy orgullosos de los valores democráticos que aplican en la vida civil, pero creo que todavía falta utilizarlos en la vida laboral. Esa es la difícil transición que debe realizarse. Seguimos limitados por un sistema que no permite que la democracia impregne a los negocios y los centros de trabajo." (Keegan, 1993). También señaló: "El sistema no ofrece nada que haga que la gente dé un salto de fe y ceda el control. Yo sé bien que, a medida que permita que todo se vaya deconstruyendo, la situación mejorará, pero hay muchas otras personas que no lo saben. Ceder el control no es algo natural en ningún aspecto de nuestra vida."

El industrial también ha comentado que otra de las razones por las que no se imita mucho a Semco es que las otras compañías que intentan funcionar de esa manera, al final terminan yéndose por el camino del colectivismo. Semler menciona que durante el auge de las empresas *dotcom*, por un algún tiempo pareció que su modelo anárquico pero democrático por fin tendría su momento de gloria. "Muchos pensaron: '¡El sistema de Semco si es aplicable!' Y pusieron *pufs* en la recepción de sus empresas. Pero el asunto no llegó a más porque en cuanto los negocios empezaron a ponerse serios, los ejecutivos consiguieron oficinas de lujo y dos secretarias." Definitivamente hay mucho que reflexionar en las palabras de Semler, pero además, sus observaciones podrían estar muy cerca de la verdad: el sistema que tenemos arroja un tipo equivocado de líderes. Un tipo de ejecutivo del sexo masculino, exaltado, ambicioso y enérgico que, por otra parte, también es ligeramente retrógrado y sociópata. En pocas palabras, el estéreotipo cómico del ejecutivo con maestría en Administración de negocios.

También hay verdad en esto. Lo más probable es que no haya más Semlers porque la gente como él no llega lejos en las empresas. En este sentido, se crea una paradoja porque la única persona en posición de instituir una democracia industrial tendría que ser alguien que heredó su trabajo. Semler era una especie de Gore Vidal de la industria; porque a veces quienes están mejor ubicados para burlarse de una élite y socavar sus bases, provienen de la élite misma. Son personas que entienden la forma en que funciona el grupo del que provienen, y a las que los símbolos del poder no logran impresionar. Por otra parte, también se necesita intelecto, carácter. Por todo lo anterior, muy pocos herederos de familias adineradas tratan de vencer al sistema al que le deben su posición. Semler tenía tanto carácter como intelecto y, gracias a ello, tuvo la oportunidad de transformarse en una rareza genuina: medio hombre de negocios y medio filósofo o pensador. A muy pocos se les brinda la oportunidad de dirigir una compañía seria a los 21 años, y de entre ellos, tan sólo algunos cuantos querrán modificar los planes y masacrar a todo un rebaño de vacas sagradas. Si se piensa con cuidado, es casi imposible encontrar a alguien más en en el ámbito de los negocios que sea como aquel joven industrial. Tal vez, en verdad, sólo existe un Ricardo Semler.

Por supuesto también vale la pena recordar que, aunque muchas de las ideas que Semler defendió han logrado llegar a audiencias mayores y que miles de compañías ya eligieron y aplicaron algunos de sus preceptos, en general nadie se ha metido de lleno a aplicar toda su filosofía. O por lo menos, nadie lo ha hecho con éxito. Semco existe como un ejemplo maravilloso de lo que podría suceder, y no de lo que sucede.

Referencias y otras lecturas

Caulkin, Simon, "The boy from Brazil — Ricardo Semler", en *The Observer*, octubre 17, 1993.

Dawnay, Ivo, "Management: at odds with a Latin culture, why Ricardo Semler is a novelty in Brazilian industry", en *The Financial Times*, noviembre 11, 1998.

Dawnay, Ivo, "Survey of the State of Sao Paolo (11): corporate enfant terrible", en *The Financial Times*, septiembre 15, 1998.

Downie, Andrew, "Learn what you want", en *The Daily Telegraph*, febrero 9, 2004.

eWeek (Ziff Davis Media), "Ricardo Semler: set them free", abril 30, 2004.

The Financial Times, "At Odds With a Latin Culture", noviembre 11, 1988.

Gardner, Darren, "A boss who's crazy about his workers", en *The Sunday Herald*, abril 13, 2003.

Keegan, Victor, "Has work reached the end of the line? Semco", en *The Guardian*, septiembre 28, 1993.

Kellaway, Lucy, "How and why of the workers' paradise", en *The Financial Times*, abril 14, 2003.

"In touch. Ricardo Semler: still a maverick", en *Management*, abril 1, 2007.

Capítulo Veinticuatro
Herb Kelleher

En los últimos 20 años, muchas industrias han sufrido cambios. La aérea es una de ellas, sin embargo, su proceso de transformación fue bastante peculiar. Muchos de los sectores que cambiaron hasta el punto de que resulta difícil reconocerlos (como el de la música, los períodicos o el video), debieron su cambio al hecho de que la tecnología prácticamente reescribió las reglas del juego. En otros casos, como el de los alimentos, el sector se vio alterado de una forma radical porque el público cambió de gustos. No obstante, la industria aérea hace hoy lo mismo que hacía hace 30 años. Sigue transportando gente del punto A al punto B, y la gente sigue volando por las mismas razones de siempre. Por otra parte, a pesar de que los aviones ahora son más avanzados, en esencia siguen siendo el mismo artefacto. Incluso hay muchas aeronaves con veinte años de edad que continúan en servicio.

El gran cambio de las aerolíneas radica en que pasaron de ser una costosa industria de alto nivel, a una industria de márgenes bajos para un mercado masivo. Hasta finales de los ochenta volar fue muy caro. Como regla general la gente común no volaba de fin de semana a España ni se iba de compras a Nueva York. No obstante todo empezó a cambiar y el mundo que ahora conocemos, en el que hay vuelos tan económicos como una taza de café y en el que la elegancia de la era dorada de la aviación es sólo una memoria borrosa y distante, se formó, en muy buena parte, gracias a un solo hombre y su compañía. Me refiero a Herb Kelleher y a Southwest Airlines. La compañía sirvió como modelo para aerolíneas como Ryanair, easyJet, SpiceJet y Dragonair. Southwest fue la primera aerolínea económica y mucha gente piensa que sigue siendo la mejor.

A quienes no son estadounidenses les podrían sorprender los siguientes datos, pero hasta hace poco Southwest tuvo el título de la aerolínea más grande del mundo por su volumen de pasajeros y, a pesar de que ninguno de sus aviones sale de Estados Unidos o Canadá, tiene 3,200 vuelos diarios. También está con mucha frecuencia en la cima de las encuestas de satisfacción contestadas por los usuarios. En un mundo en el que las aerolíneas batallan y terminan en quiebra, el estado financiero de Southwest goza de excelente salud, como siempre. Resulta interesante que la aerolínea internacional más grande (también basándose en la medición por número de pasajeros) es Ryanair, cuyo modelo de negocio es una copia al carbón de Southwest (ver recuadro). Esta aerolínea estadounidense incluso dio origen a un fenómeno epónimo "El efecto Southwest" que describe la forma en que la entrada de una aerolínea o empresa similar a una comunidad provoca un decremento en los precios de boletos, mejoras en el servicio y aumento en la cantidad de gente que viaja por avión.

Ryanair

Southwest ha tenido muchos imitadores en todo el mundo. De hecho el paso de imitación ha sido impulsado en gran medida por la desregulación. En cuanto un mercado desregula, surge un grupo de Southwests en chiquito. Tal vez uno de los casos más notables es el de Ryanair, una aerolínea con base en Irlanda que se inspiró de manera directa en Southwest (Michael O'Leary visitó Southwest y luego aplicó el modelo en la aerolínea para la que trabajaba). No obstante, excepto por los precios económicos, las dos organizaciones son bastante distintas. Esto se debe en gran parte a que sus directores ejecutivos tienen caracteres diferentes. Kelleher es sencillo y encantador, mientras que O'Leary es bien conocido por su "mala actitud" que se describe bastante bien con la frase: "Obtienes lo que pagaste, y nada más." O'Leary es uno de los directores ejecutivos más corrosivos del mundo y se deleita con decirle a sus clientes lo que piensa con todo desenfado. Estas son algunas de sus frases más memorables: "El consumidor europeo gatearía desnudo sobre cristales rotos para conseguir precios bajos." y: "No vamos a pagarte el hotel sólo porque se murió tu abuelita." O'Leary ha llegado a decir que le gustaría cobrarles a los pasajeros por usar el baño y que los copilotos representan un gasto que le agradaría recortar, sin embargo nunca decepciona a la gente: Ryanair es en la actualidad la aerolínea de bajo costo más importante de Europa. Según O'Leary, su actitud beligerante es el precio que los otros tienen que pagar por la democratización para volar: "Ahora todo mundo puede pagar un viaje en avión."

Herb Kelleher también fue director de Southwest pero nunca se comportó como un ejecutivo tradicional. A menudo lo describían como carismático, pintoresco, con gran personalidad y sumamente pleno. Le encantaban los puros y el whisky, y logró infundirle su desenfado al negocio. Su originalidad como director ejecutivo lo llevó a disfrazarse como Elvis para un comercial (y como gnomo para la celebración de San Patricio). Fumaba cinco cajetillas de cigarros al día y le encantaba desvelarse toda la noche en fiestas. Los empleados lo invitaban a ir de cacería con ellos pero sin la esperanza de que se les uniera. Pero él lo hacía. Recibía a los nuevos empleados con un *rap* y, de hecho, cualquier lector curioso puede encontrar videos en Youtube del ejecutivo rapeando.

Tal vez lo anterior parezca una locura, pero la verdad es que Kelleher también era un excelente jefe y muy a menudo era aclamado como el mejor director ejecutivo de los Estados Unidos. Dijo cosas como: "Una compañía es más fuerte si lo que la une es el amor y no el miedo." Sus empleados lo querían mucho de verdad y se lo demostraban con productividad fuera de lo común, razón por la que Southwest ha tenido tanto éxito. Efectivamente Kelleher tiene una mezcla de gran personalidad y sapiencia empresarial, y esto ha hecho pensar a muchos que, aunque el modelo de Southwest puede ser imitado en todo el mundo, en realidad no es posible aprender de Kelleher mismo. ¿Por qué? Porque es único y porque no hay nadie más como él.

Kelleher nació el 12 de marzo de 1931 cerca de Camden, Nueva Jersey. Fue estudiante distinguido, un atleta connotado y, además, fue presidente de la asociación de estudiantes. Al terminar la escuela entró a la Universidad Wesleyan para estudiar Literatura Inglesa. Luego asistió a la Escuela de Derecho de la Universidad de Nueva York. Estando ahí trabajó durante el verano para la Compañía de sopas Campbell, en donde su papá se desempeñaba como gerente general. Mientras estudió en la Universidad de Nueva York, Kelleher vivió en Greenwich Village. Se cuenta que era un individuo muy gracioso al que le gustaba ir de fiesta, y que por eso eligió ese barrio. Kelleher dijo: "Tenía un departamentito en Washington Square y sólo era necesario abrir la puerta para que entrara gente divertida y comenzara la fiesta."

En cuanto salió de la Escuela de Derecho empezó a trabajar como empleado en la Suprema Corte de Justicia de Nueva

Jersey. Luego se mudó a Newark, también en el mismo estado, y se casó con una mujer texana. En una visita que el matrimonio le hizo a la familia de ella en San Antonio, a Kelleher le empezó a gustar el lugar tanto por lo agradable que parecía ser vivir allí como por las oportunidades que ofrecía. La pareja decidió mudarse a Texas y Kelleher abrió un despacho para trabajar ahí como abogado. En 1966 Rollin King, uno de sus clientes que acababa de volver de una visita a California, le contó sobre PSA, una aerolínea de bajo costo. King creía que en Texas podría funcionar algo parecido. En 1967 King y Kelleher fundaron Southwest Airlines. En aquel entonces volar era un negocio muy caro pero también de alto margen de ganancias, y la gente se vestía de gala para volar. La estrategia del dúo era doble. En lugar de usar aeropuertos centrales tratarían con los secundarios porque eran más económicos, y se desharían de todos los servicios extra. Su plan era que volar se hiciera más barato.

Se cuenta que la idea para crear Southwest se escribió en una servilleta. King y Kelleher dibujaron un triángulo que describía la figura que se formaba entre Dallas, Houston y San Antonio. Su plan era atender a las tres ciudades pero tener base en la primera. Originalmente la aerolínea se llamó Air Southwest y se estableció en 1967, sin embargo, no comenzó a volar sino hasta 1971 debido a las regulaciones y litigios que llevaron a cabo miembros de la competencia, quienes tenían la esperanza de asfixiar al incipiente negocio desde su nacimiento (y por supuesto, en los años siguientes no dejaron de desear haberse esforzado mucho más por lograrlo). El principio de la década de los setenta fue muy difícil; Kelleher incluso ha llegado a decir que en aquel tiempo "sólo tratábamos de llegar bien al día siguiente".

A pesar de todo, 1973 fue el primer año lucrativo de Southwest. Al siguiente año, aunque continuaba siendo una pequeña aerolínea local, transportó a su pasajero número un millón. En 1977 transportó al pasajero número cinco millones y se sumó a la lista de la Bolsa de Valores de Nueva York bajo el símbolo LUV. Un año después Lamar Muse dejó el cargo de presidente y Kelleher asumió el de director ejecutivo interino; cuatro años después el puesto se hizo permanente. La aerolínea continuó creciendo a ritmo acelerado. En 1979 añadió el servicio a Nueva Orleans. En 1981 celebró "una década de amor al estilo Southwest", y en 1982, cuando el puesto de presidente que ocupaba Kelleher se hizo permanente, Southwest agregó destinos más lejanas como San Francisco, Los Angeles, Las Vegas y Phoenix.

La compañía también comenzó a recibir halagos extraordinarios. Sus clientes, tanto los viajeros de placer como la gente que viajaba por trabajo, la adoraban. Los empleados también estaban muy contentos y siempre se ponían la camiseta por la empresa. Kelleher era el jefe de porristas de un negocio en el que todo mundo parecía estarse divirtiendo. En 1989 la aerolínea tuvo ganancias por mil millones de dólares. En 1990 estableció un comité especial porque le interesaba conservar la originalidad de su cultura corporativa durante el proceso de crecimiento. En 1991 celebró veinte años de volar con el lema "¡20 años de quererte!" Además con fiestas en las 32 bases. Para finales del mismo año contaba con 124 aeronaves y 10,000 trabajadores. Entre finales de los ochenta y mediados de los noventa la compañía triplicó su tamaño.

Poco después se extendió a la Costa Este y, con la expansión geográfica, aprovechó para probar muchas ideas innovadoras. Todos sus aviones eran Boeing 737 porque tener un solo modelo facilitaba las labores de mantenimiento y definición de horarios. Southwest fue la primera aerolínea que ofreció vuelos sin boleto y la primera aerolínea grande que hizo reservaciones en línea. También la extravagancia estaba por todos lados. Los aviones, por ejemplo, estaban pintados como orcas. En 1993, cuando Southwest adquirió Morris Air, una aerolínea de Utah, montaron la representación de una boda. Kelleher desafió a otro director ejecutivo a jugarse los derechos para usar un eslogan en un enfrentamiento de lucha libre. Los asistentes de vuelo hacían bromas cuando daban las instrucciones de seguridad. También hay una anécdota muy conocida sobre cómo, después de un aterrizaje forzoso en Salt Lake City, el piloto anunció: "Vaya, fue un tremendo salto y sé lo que están pensando, pero estoy aquí para decirles que no fue culpa de la aerolínea, ni del piloto ni de la asistente de vuelo... ¡fue culpa del bache!"

Pero a pesar de toda la extravagancia que atrae la atención de los encabezados, la mayor diferencia entre Southwest y otras aerolíneas, tanto de alto como de bajo costo, es el vínculo que Southwest tiene con sus clientes. Para dar un ejemplo reciente, podemos hablar de la política de las aerolíneas de bajo costo que empezaron a cobrar a los usuarios por el equipaje, y que utilizan un complejo sistema de reglas y tarifas que parecen estar diseñadas para confundir al cliente y vaciar su cartera. Southwest, por el contrario, se jacta de que permite que los usuarios lleven su equipaje extra de manera gratuita, y en una industria en la que el modelo de negocios de la competencia parece sostenerse cada vez más en los cargos ocultos, la política de Southwest es muy buena.

En el fondo de todo siempre estuvo Kelleher y la fe que tenía en sus empleados. En 1994, un artículo de la revista *Fortune*, preguntaba: "¿Herb Kelleher es el mejor director ejecutivo de Estados Unidos?" (Labich, 1994). Al parecer la respuesta era "sí", ya que en 1998 *Fortune* designó a Southwest como la mejor empleadora. Kelleher siempre ha dicho que ser un buen jefe es sólo una suerte de interés personal bien intencionado. "Los empleados", explicó en 2003, "son lo primero, y si se les trata de la manera adecuada, tratarán bien a la gente de afuera. La gente de fuera, a su vez, volverá a usar los productos de la compañía y hará felices a los accionistas". De hecho, Southwest es un lugar muy bueno para trabajar y, en concordancia con la bonhomía de Kelleher, ofrece salarios muy generosos a pesar de que la industria de la aviación se caracteriza exactamente por lo contrario. La compañía incluso se empeña en reclutar a personal con buen sentido del humor.

En 1999 se le diagnosticó cáncer de próstata a Kellheher pero él continuó trabajando mientras estuvo en un tratamiento que, al final, resultó exitoso. En 2001 dejó el puesto de director ejecutivo de la aerolínea pero continuó como presidente. En 2008, a los 71 años, también renunció a este puesto después de llevar a cabo la trigesimoprimera Reunión general anual. No obstante, continuará siendo empleado de la compañía hasta 2013 con un salario de 400,000 dólares al año, y dice que hace todo lo que le indican que haga.

Por supuesto, deschavetado o no, la prueba máxima para un negocio es si hace dinero o no lo hace. Los locos que hacen dinero son genios temerarios, y si medimos con este criterio a Kelleher y Southwest, se puede decir que su desempeño ha sido extraordinario. En 2010 Southwest cumplió 37 años consecutivos de ser lucrativa. Esto sería bastante impresionante en cualquier industria, pero en la aérea lo es mucho más, en especial porque la aerolínea logró seguir haciendo dinero tanto en la crisis financiera reciente como en el año posterior a los ataques del 11 de septiembre. El precio de las acciones de la aerolínea se disparó hasta el cielo entre finales de los ochenta y principios de la década del 2000. Incluso ahora, no está sufriendo tanto como cabría esperarse.

A pesar de todo lo anterior Southwest también tiene algunos detractores. En 2008 tuvo que pagar una fuerte multa por cuestiones de mantenimiento y seguridad relajada, y en 2009 uno de sus aviones tuvo que hacer un aterrizaje forzoso en West Virginia porque se le hizo un agujero del tamaño de un balón de futbol en el fuselaje que ocasionó la despresurización de la cabina de pasajeros. Aunque en un incidente menos serio, en 2010 el director de cine Kevin Smith arremetió contra la aerolínea porque le pidieron bajar del avión porque era demasiado obeso y no cabía en el asiento. El consenso general, sin embargo, podría resumirse con los comentarios que hizo un empleado en Amazon sobre el libro *Nuts! Southwest Airlines' crazy recipe for business and personal success* (*¡Qué chifladez! La loca receta de Southwest Airlines para tener éxito en los negocios y en lo personal*):

> Leí las reseñas en las que se dice que este libro es "sentimentaloide". Pero creo que las escribieron porque no pueden creer que exista una compañía tan buena como ésta... ¡Yo puedo asegurar que en el libro no se exagera! La tendencia a que todos se sientan bien de la que se habla una y otra vez en el libro, es real. Los empleados se preocupan los unos por los otros. Como se indica en sus páginas, todos los días te hacen sentir valioso, y eso te hace querer trabajar con más ahínco e inteligencia, y propagar el AMOR.

Referencias y otras lecturas

Bird, J. B., "An entrepreneur for all seasons", en *Revista de la Escuela de Negocios McCombs*, Primavera/Verano.

Freiberg, Kevin y Freiberg, Jackie, *Nuts! Southwest Airlines' crazy recipe for business and personal success*, Crown Business.

Kelly, Brad, "He gave Southwest its wings", en *Investor's Business Daily*, febrero 8, 2008.

Koenig, David, "Kelleher steps down as Southwest Airlines chairman; he and client started business; employees give emotional send off", en *Associated Press*, mayo 22, 2008.

Labich, Kenneth, "Is Herb Kelleher America's best CEO?", en *Fortune*, mayo 2, 1994.

Sitio de Internet de Southwest, www.southwest.com

WATS (IATA).

Capítulo Veinticinco
Andy Grove

Este hombre, a quien le han llamado el Henry Ford de los microprocesadores, pertenece a la primera generación de Silicon Valley, tomando en cuenta que la gente como Steve Jobs y Bill Gates perteneció a la segunda generación y que las personas a partir del auge de las *dotcom* en adelante, es la tercera generación. Debido a lo anterior, Grove estaba involucrado en *hardware*, no en *software*. Tal vez esto suene anticuado ahora, pero en realidad no lo es. Los *chips* de Intel han tenido y seguirán teniendo un impacto en el mundo de la tecnología tan profundo como el sistema operativo Windows o los hermosos artefactos de Apple. De hecho, se podría argumentar con facilidad que los *chips* son más importantes. Intel dirige, en muy buena medida, el corto ciclo de mejoramiento tecnológico. Los nuevos *chips* de Intel aparecen con más frecuencia que las versiones nuevas de Windows.

Grove fue el tercer empleado de Intel y tiempo después llegó al cargo de director ejecutivo. La historia de su vida es extraordinaria y podría incluso usarse para describir la historia misma del siglo XX. Grove nació en Hungría, sobrevivió a los nazis y huyó de su país para ir a los Estados Unidos a donde llegó como un inmigrante inmerso en la miseria. Hombre independiente y exitoso por sus propios medios, Grove llegó a ser uno de los hombres más importantes del ámbito de la tecnología y, después, uno de los pensadores de negocios más influyentes. Ha escrito varios libros que van desde el best seller *Only the Paranoid Survive* (*Sólo los paranoicos sobreviven*, 1996) hasta su conmovedora autobiografía del año 2001 titulada *Swimming Across* (*Cruzando a nado*). Grove también se convirtió en una personalidad de gran relevancia en la lucha contra el cáncer de próstata. Y a pesar de moverse en el mundo de los grandes egos del *management* de los Estados Unidos, continúa siendo un hombre muy modesto.

Como se anotó, Grove nació en Hungría, en Budapest en 1936, y su verdadero nombre es András Gróf. De niño tuvo fiebre escarlatina, estuvo a punto de morir y perdió una cantidad importante de su capacidad auditiva. Su padre desapareció en la Segunda Guerra Mundial pero él y su madre lograron eludir a los nazis. Al final de la guerra la opresión y la brutalidad nazi fueron sustituidas por las de los rusos. Tal como reveló en *Cruzando a nado*, un soldado ruso violó a su madre. Luego apareció su padre terriblemente consumido por el tiempo que pasó en los campos de concentración. Grove ha dicho que pasaron muchos años antes de que él pudiera hablar de estas experiencias. Cuando los rusos abatieron el levantamiento húngaro en 1956, Grove y un amigo suyo escaparon hacia la frontera con Austria. Con ayuda de varias personas logró atravesar Europa y abordar un barco que se dirigía a los Estados Unidos. Cuando llegó a Nueva York, en 1957, no tenía ni un centavo ni hablaba inglés.

Como era refugiado húngaro recibió una beca de un año para estudiar en el City College de Nueva York pero tuvo que lavar platos para mantenerse. Se graduó en 1960 con el título de ingeniero químico. Luego estudió un doctorado en la Universidad de California, en Berkeley. Por ese tiempo se dio cuenta de que el futuro, y por lo tanto el dinero en grandes cantidades, no se encontraba en los químicos sino en la electrónica. Debido a eso, después de graduarse en 1963, se unió a Fairchild Semiconductor como investigador. Fairchild era una empresa pionera en la fabricación de circuitos integrados. El joven químico fue subiendo de nivel hasta llegar a ser director asistente de investigación y desarrollo en 1967.

Fairchild, sin embargo, comenzó a tener problemas al poco tiempo y sufrió una pérdida masiva de personal. Gordon E. Moore (por quien se nombró a la Ley Moore) y Robert Noyce estaban entre la gente que dejó la compañía. Juntos fundaron Intel en 1968. Andy Grove fue el tercer empleado. En aquel entonces era una empresa muy pequeña pues sólo contaba con el plan de negocios y una promesa de financiamiento. La idea era fabricar circuitos integrados y *chips* de memoria porque el campo parecía promisorio aunque en realidad no había ninguna posibilidad de innovación en el mismo.

En un principio Moore y Noyce pensaron que Grove se encargaría de los asuntos de investigación pero él notó que, a pesar de sus estudios, le interesaba más la manufactura y que su verdadero talento radicaba en la organización industrial. Lo que quería era hacer que la fabricación de la compañía fuera lo más eficiente posible, y en muy poco tiempo se ganó la reputación de un hombre que confrontaba los problemas de frente y haciendo preguntas difíciles. En cierta forma su estrategia podía llegar a ser brutal para las personas involucradas. Grove tenía dos cualidades que lo separaban de los rudos pensadores tradicionales. En primer lugar, era muy bueno para articular lo que decía; le gustaban las frases pegajosas, e ideas como "confrontación constructiva" le agradaban bastante. En segundo lugar era increíble para la organización industrial y su forma de hacer más eficaces los procesos de producción, que eran bastante burdos comparados con los de ahora, daban como resultado incrementos enormes en la rentabilidad. En *The Washington Post* lo describieron como "el sargento del taladro de Intel".

En la década de los setenta se vieron las primeras señales del tsunami tecnológico que tuvo como resultado la revolución informática, la computarización de todas las áreas y el internet. Intel introdujo el primer microprocesador comercial al mercado en 1971, y con eso, las ventas de la compañía se elevaron. Sus *chips* fueron la base para las primeras computadoras personales de los setenta, pero aunque Intel encontró un nicho en el mercado, los fundadores comenzaron a intuir que no duraría mucho y que deberían concentrarse en los *chips* porque estos podían tener aplicaciones mucho más importantes. Debido a eso invirtieron enormes cantidades de dinero en investigación y desarrollo. Ya para 1979 la compañía era uno de los grandes jugadores del mercado y Grove fungía como su presidente. Los *chips* seguían siendo el producto principal.

En 1979 la compañía se propuso establecerse como el fabricante de microprocesadores predilecto a través de una campaña llamada Operación pulverización (*Operation Crush*) con la que planeaba aplastar a todos sus competidores en el mercado. Su objetivo específico era dejar atrás a IBM, lo cual logró hacer. En cuanto la misma IBM empezó a usar sus chips 8086, Intel se apoderó del mercado de los miroprocesadores. Pero incluso después de este éxito, la empresa tuvo que seguir esforzándose muchísimo sólo para permanecer en pie. En el mercado que controlaba los precios siempre estaban a la baja. Los competidores más adinerados (para ese momento la condición para participar en el mercado era exclusivamente económica) le estaban pisando los talones y su mercado de *chips* de memoria estaba siendo inundado por modelos japoneses más baratos. A principios de los ochenta Grove decidió retirarse de esa área del mercado y enfocarse en los microprocesadores. Esa otra área creció gracias a IBM y a otras empresas que la imitaban, pero en general, Intel podría marcar el paso. Era, sin embargo, un paso muy arriesgado hacia lo desconocido.

En esa coyuntura Grove se convirtió en el operador principal de la compañía. Creía firmemente en el trabajo duro y en las jornadas laborales largas. Tenía una lista de los trabajadores que llegaban después de las 8 de la mañana. En poco tiempo se ganó el apodo de "El General prusiano", pero era un excelente administrador. Además de su preocupación por el trabajo arduo, Grove poseía la habilidad de organizar y motivar. También permitió el empoderamiento porque, como muchos otros jefes extraordinarios, le permitió a la gente trabajar a su manera. A medida que pasó la década de los ochenta, la compañía se dio cuenta de que sus *chips* estaban yendo de las oficinas a los hogares.

Grove ocupó el puesto de director ejecutivo en 1987. El mercado para los chips continuó su desarrollo y la velocidad con la que se daban los cambios aumentó exponencialmente. Cada vez que Intel lanzaba un nuevo producto tenía que estar preparando el siguiente porque nunca pasaba mucho tiempo antes de que el producto se estandarizara y el precio bajara. Además, a pesar de que la empresa era líder en el mercado, tenía muchos competidores que la seguían de cerca. Uno de los aforismos más conocidos de Grove (también título de uno de sus libros más vendidos) es: "Sólo los paranoicos sobreviven", y es fácil darse cuenta de que él llegó a esta conclusión debido a que trabajó en un mercado en el que mirar hacia atrás por encima del hombro era un reflejo natural.

En 1989 Intel comenzó a desarrollar el *chip* Pentium, sucesor del 386 y el 486, que sostenían la capacidad de la mayor parte de las computadoras de todo el mundo. Resulta interesante que en lugar de nombrarlo 586 eligieran Pentium porque las cortes prohibieron la comercialización de dicho número. La compañía tuvo muchas dificultades en la recesión de principios de los noventa, pero Grove, estricto y exigente como de costumbre, dispuso que todos los empleados profesionales trabajaran 50 horas a la semana sin aumento de sueldo. La situación comenzó a mejorar en 1993 y entonces se lanzó el *chip* Pentium con el mismo bullicio que si se presentara un nuevo automóvil o un álbum musical muy esperado. Tal vez era una señal de lo importantes que se habían vuelto las computadoras a nivel masivo. La compañía gastó una cantidad exorbitante en publicidad (algo nunca hecho por un fabricante de componentes) y creó el famoso *jingle* "Intel inside".

Todo parecía genial pero al siguiente año Grove cometió un terrible error y su *chip* distintivo le causó el mayor dolor de cabeza de toda su carrera. En 1994 Thomas Nicely, profesor de matemáticas de Lynchburg College descubrió una falla en la Unidad Floating Point del Pentium P5. Antes que nada, Grove respondió como lo habría hecho un ingeniero y señaló que la falla prácticamente no le afectaría a nadie. Afirmó: "Si uno sabe en dónde caerá un meteorito puede ir a ese lugar para que le caiga encima." La respuesta no fue bien recibida por las legiones de usuarios que usaban computadora en casa, por lo que Grove después admitió que no se había dado cuenta de que tratar con los consumidores era muy distinto a tratar con gente versada en electrónica. Al final la compañía ofreció reemplazar los procesadores sin cargo extra para sus clientes. La crisis tuvo un costo de 500 millones de dólares pero el consenso general fue que, la forma en que se manejó la situación benefició mucho a la imagen de la empresa a largo plazo.

Excepto por lo anterior, la década de los noventa fue muy buena para Intel porque en ella fortaleció sus cimientos como líder del mercado y los precios despegaron. En 1996 Grove publicó su *best-seller, Sólo los paranoicos sobreviven,* y la combinación de atractivo genio de la administración en la industria de la tecnología y hombre con los pies bien plantados en la tierra, convirtieron a Grove en una de las superestrellas de la administración a mediados y finales de los noventa. Su asombroso éxito como tecnócrata de altura, sin embargo, estaba a punto de pasarle la factura a su salud. En 1995 le diagnosticaron cáncer de próstata. Grove fue muy abierto y directo al respecto. De hecho, en mayo de 1996 apareció en la portada de la revista *Fortune* debajo de un título que decía: "Enfrentando el cáncer de próstata." En el artículo, escribió:

> Vi el rostro de mi secretaria en la ventana de la sala de conferencias y supe que se trataba de la llamada que ha-

bía estado esperando. Me disculpé y salí de inmediato de ahí. Cuando estuve afuera ella me confirmó que era mi urólogo y yo corrí a mi oficina.

Me habló sin rodeos: "Andy, tienes un tumor. Está principalmente en el lado derecho y un poco en el izquierdo. Es de agresividad moderada." Luego me dio un poco de esperanza: "Hay muy pocas probabilidades de que se haya propagado." Toda la conversación fue muy desapasionada, como si estuviéramos hablando de unos resultados de laboratorio que indicaban que tenía estreptococo en la garganta.

Pero no, no era estreptococo, era cáncer en la próstata.

La franqueza del empresario sirvió para elevar aún más su perfil y aumentar el aprecio que le tenía la gente. Catherine Fredman, su asistente en las labores de lo que él escribía, recuerda: "Le pregunté, '¿Incontinencia o impotencia? Eso es lo que todo mundo quiere saber.' Hubo otra pausa y me dijo lo que necesitaba saber." En 1997 la revista *Time* lo nombró Hombre del Año. En respuesta al interés que la gente mostró en él después del nombramiento, comenzó a trabajar en *Cruzando a nado* (publicado en 2001), en donde reveló mucho material que hasta entonces no se conocía sobre su niñez.

Para combatir su enfermedad Grove aplicó el mismo tipo de esfuerzo y empuje que utilizaba en la dirección de Intel. Después de investigar exhaustivamente, hablar con una gran cantidad de especialistas y ponderar todas las opciones, se sometió a un tratamiento de radiación relativamente nuevo que le ha funcionado bien hasta ahora. En 1998 dejó el cargo de director ejecutivo y presidente y tomó el de presidente del Consejo administrativo. En 2005 renunció a este cargo y ahora tiene el título de asesor senior.

Tristemente, la historia de Grove tiene un final inapropiado para un hombre que logró superar tantos obstáculos. En 1999 notó que la mano le temblaba. A pesar de que sobrevivió a la escarlatina, a los nazis y al cáncer de próstata, ahora tiene

Parkinson. En esta ocasión fue más discreto pero hizo pública la noticia en una biografía de 2006. "No quería volver a aparecer en todas las revistas otra vez por enfermedad. Estaba harto de ser la primera y la última referencia del cáncer de próstata", comentó. "El cáncer no se ve, pero esta enfermedad te hace lucir como un hombre viejo y yo soy algo vanidoso." Dicho lo anterior, Grove empezó a luchar con el mismo vigor con el que se defendió del cáncer. Todavía le queda bastante tiempo antes de que la situación se torne insostenible, y si hay alguien que tiene la capacidad de sacar lo mejor del Parkinson, ése es Andy Grove.

En cuanto a Intel se puede decir que, habiendo tantas empresas de tecnología, es natural que el precio de las acciones jamás haya vuelto a alcanzar las alturas que ocupó en los años gloriosos de las *dotcom*. No obstante aún conserva su parte del mercado que es bastante parecida a la que tenía a principios de los ochenta. Incluso ahora, a pesar de la fuerza y la constancia de sus competidores, Intel sigue siendo la número uno en todos sus mercados principales, y sus *chips* continúan marcando el paso de los cambios tecnológicos.

Como dato interesante tal vez vale la pena señalar que, en términos de los estándares de Silicon Valley, y de los que él mismo ha logrado, la fortuna de Grove es relativamente modesta y se puede medir en cientos y no miles de millones. Así es, a lo largo de su vida Andy Grove se ha caracterizado por ser un hombre que desdeña los típicos elementos que conlleva la mega riqueza de los directores ejecutivos: los jets, las mansiones diseñadas por renombrados arquitectos, las islas y todo lo demás. En una ocasión mencionó en *The Wall Street Journal*: "Una visión te indica que debes esforzarte un poco para que la gente se entere de lo que haces. La visión contraria te dice, mira, de todas maneras nunca te vas a llevar todo el crédito, así que nada más sigue trabajando. Además, si anuncias tus logros lo más probable es que, de todas maneras, termines pareciendo un imbécil. Por eso me inclino por la segunda visión."

Referencias y otras lecturas

Corcoran, Elizabeth, "Intel's blunt edge", en *The Washington Post*, septiembre 8, 1996.
Corcoran, Elizabeth, "Intel CEO Andy Grove steps aside", en *The Washington Post*, marzo 27, 1998.
Dolan, Kerry A., "Andy Grove's last stand", enero 28, 2008.
Gross, Daniel, *Forbes Greatest Business Stories of All Time, Wiley*, Oxford, 1996, pp. 246-65.
Grove, Andrew S., *Only the Paranoid Survive, Profile Books*, Londres, 1996.
Grove, Andrew S., *Swimming Across, Warner Books*, Nueva York, 2001.
Intel, Biografía, Andy Grove, www.intel.com
Parker, Ciaran, *The Thinkers 50: The world's most important and influential business thinkers*, London Business Press, Londres, 2006.
Rigby, Rhymer, "Ghosts and the corporate gurus", en *The Financial Times*, febrero 22, 2010.
Wallace, G. David, "The struggle to become Andy Grove", en *Businessweek*, diciembre 3, 2001.

Capítulo Veintiséis
Roman Abramovich

Visto desde la trágica y pobre niñez que tuvo en el interior de Rusia, hasta los miles de millones de dólares que ahora posee gracias al petróleo, Roman Abramovich es tal vez el hombre que mejor representa a la nueva Rusia. Ya sea en un escenario de Londres, rodeado por un séquito de guardaespaldas, relajándose en su mega yate, o comprando importantes obras de arte como si se tratara de periódicos, Abramovich es la encarnación viva de lo que ha pasado desde la caída del comunismo y el surgimiento de Rusia como estado capitalista. De la misma forma que la Nueva Rusia, este magnate pudo fácilmente haber surgido, con todo su poder, de las páginas de una novela de John le Carré.

Es curioso que en el Reino Unido se le conozca mejor por su continua aparición en los tabloides. Y no porque a los lectores del períodico *Red Tops* les fascinen los oligarcas rusos, sino porque es el propietario del equipo Chelsea Football Club, o "Chelski", como la gente lo rebautizó cuando fue adquirido por Abramovich. Sin embargo, a pesar de esta notoria tarjeta de presentación, el pasado de Abramovich es tan oscuro y está tan mal documentado que se pueden leer fácilmente 10 versiones distintas y terminar con otras 10 historias que difieren demasiado. El magnate es conocido por el misterio y el poder que rodean su vida, y estos elementos suelen alimentarse entre sí. Por otra parte, es más bien tímido con los medios y no le agrada dar entrevistas.

A la gente que conoció a Abramovich en su niñez jamás se le habría ocurrido que terminaría siendo un playboy multimillonario en Londres. Nació en 1966 en Saratov, una ciudad mediana del Río Volga, al sur de Rusia. Su madre murió cuando él tenía año y medio, y su padre falleció tres años y medio después, en un accidente en una obra en construcción. La muerte de sus padres fue sólo un capítulo más en la trágica historia de la familia. Sus abuelos paternos estaban bajo la vigilancia de la KGB de Stalin. La familia se separó, los padres de estos abuelos terminaron como prisioneros en los *gulag* o campos de trabajo, y la única que sobrevivió fue su abuela materna. Quienes buscan pistas sobre el origen de la extraordinaria fuerza de voluntad del magnate, a menudo estudian el hostil entorno de su infancia.

El joven Roman fue adoptado por un tío paterno que era funcionario de la industria petrolera, y por su esposa. Vivían en Ukhta, un pueblo con explotación petrolera y de gas, al sur, y apenas afuera, del Círculo Ártico. Sus tíos lo criaron como si fuera su hijo, pero Roman se enteró a los 16 años de que no eran sus verdaderos padres. Se dice que, al enterarse del asunto, sólo lo asimiló y no volvió a mencionarlo jamás. La otra figura de importancia de su niñez fue su abuela, quien era sobreviviente de los campos de trabajo. Abramovich estudió en el Instituto Industrial de Ukhta y luego trabajó para el Instituto Gubkin de Petróleo y Gas, antes de enlistarse en el ejército para hacer el servicio militar.

Al salir del ejército se casó con su primera esposa. Los padres de ella le dieron 2,000 rublos a la pareja como regalo de bodas. Abramovich usó el dinero para comerciar en el mercado local. Así logró subir en la cadena de valores para después comerciar cerdos de granja. Eran los últimos años del comunismo y era evidente que Abramovich se inclinaba por el régimen antagónico. Daba la impresión de que sólo era como otros miles de comerciantes que eran demasiado jóvenes para tener un espíritu empresarial bien cimentado en el comunismo, sin embargo, la diferencia radicó en que, desde muy joven, Abramovich consiguió contactos en la industria del gas y del petróleo, y estaba aprendiendo a usarlos.

En poco tiempo consiguió una posición bastante acomodada para los estándares. Abrió un negocio de neumáticos en Moscú y empezó a comerciar petróleo y gas natural. Su estrategia era comprar petróleo ruso a muy bajo precio y luego venderlo en los mercados abiertos a los precios de Occidente. En 1992 fue sujeto de una investigación por el robo de 55 cisternas de diesel transportados en tren para hacer un negocio en Moscú pero terminaron en Latvia. La investigación llegó hasta la ciudad en donde él vivía y luego se cerró. En los siguientes años Abramovich fundó más negocios y extendió sus actividades al extranjero. Llegó un momento en que ya era un hombre rico según los estándares de Occidente, aunque no inmensamente rico.

En aquel tiempo comenzó la privatización de las empresas rusas. Los trabajadores de los negocios que le pertenecían al gobierno recibieron vales que podían intercambiar por acciones. Muchos de ellos no tenían la menor idea de lo que eso significaba pero no era el caso de Abramovich, quien llevaba practicando el capitalismo desde mediados de los ochenta. El joven entendía lo que representaban los vales, por lo que a menudo se habla de que estuvo involucrado en ardides para comprarlos en masa. Su gran oportunidad llegó en 1995 cuando conoció a Boris Berezovsky, quien lo presentó al círculo privado del poder en Rusia... y a Yeltsin.

Luego se dio la jugada coyuntural. Para mediados de los noventa Rusia estaba casi en quiebra y la administración de Yeltsin se tambaleaba. La solución era venderles los bienes del estado a los "oligarcas", nombre con el que se les conocía a las personas como Berezovsky. Los precios tendrían que ser bajos y las retribuciones servirían como préstamos al gobierno para que éste conservara su solvencia. Yeltsin y los oligarcas también querían evitar el regreso al gobierno comunista por distintas razones. Yeltsin porque perdería el poder, y los oligarcas porque las ganancias de sus activos se volverían a nacionalizar de inmediato. Berezovsky y Abramovich reunieron una serie de compañías de corta vida y, por sólo poco más de 100 millones de dólares, lograron comprar la compañía petrolera Sibneft, la cual tenía un valor de más de 2.5 mil millones de dólares. Como muchos de los otros participantes, Abramovich admite que el gobierno vendió los activos por precios ridículos, pero también señala que la razón para hacerlo fue que los riesgos eran demasiados (incluyendo el de un posible retorno al régimen comunista). Para muchos, esta no es una razón del todo convincente.

Después Abramovich se fijó en la industria del aluminio en un periodo en particular al que se le llamó, "Las guerras del aluminio". El magnate salió triunfante y sin un rasguño. Para 1996 tenía tanto dinero que era amigo cercano de Yeltsin, incluso recibió una invitación para mudarse a un departamento en el Kremlin.

Abramovich tenía talentos de los que Berezovsky carecía: tenía carisma y era diplomático. Hizo alianzas mientras su antiguo mentor se llenaba de enemigos. En 1999 Putin subió al poder y Berezovsky dejó el país poco después a pesar de que él mismo lo había ayudado a subir al poder. El empresario estaba harto de la actitud autoritaria del nuevo presidente y se comportaba como un antagonista del nuevo régimen. Abramovich, por otro lado, era mucho más afable. Él y Putin encontraron que tenían rasgos en común y, debido a eso, la gente empezó a apodar al empresario "el oligarca oculto" y "el oligarca que llegó de la nada".

En 1999 Abramovich entró a la política. Fue gobernador de una gélida y desolada región de la zona más lejana del este de Rusia. Su nombre era Chukotka, tenía poco más de 50,000 habitantes y era más o menos del tamaño de Alemania. De hecho, la única ventaja del lugar era su gran tamaño y las poco explotadas reservas de petróleo, gas y minerales. En 2005 fue reelecto por un periodo que terminó en 2008. Si bien es cierto que la provincia le sirvió a Sibneft como un paraíso fiscal, en los dos periodos de gestión de Abramovich hubo mejorías importantes para muy buena parte de la gente común. Esto se debió a que invirtió miles de millones de rublos de su propia bolsa.

En 2003 Abramovich realizó una maniobra peculiar para alguien que siempre protegió su privacidad a capa y espada. Compró el equipo londinense de futbol, Chelsea, por 140 millones de libras. Esa adquisición le aseguró un lugar bajo los reflectores. En una ocasión dijo: "Me encanta este juego. Me encantan los deportes. Me encanta esta liga. ¿Por qué no comprar mi propio equipo?" Abramovich estaba dispuesto a invertir para convertir al Chelsea en campeón (lo cual todavía no ha sucedido) y tenía el dinero suficiente para hacerlo. La respuesta a la pregunta que los fanáticos del equipo le formularon al magnate sobre la fuente de su riqueza, fue que provenía, en mayor parte, de la gente de Rusia. En un artículo que apareció en 2004 en *The Guardian*, un trabajador petrolero de Noyabrsk, llamado Mikhail Karpenko, dijo: "(Abramovich) les arrebató sus acciones a aquellos que eran demasiado pobres e ignorantes para conocer su verdadero valor. Estafó a miles de personas a las que despojó de sus acciones de petróleo ruso cuando la economía colapsó. Él ganó. Rusia perdió." (Levy y Scott-Clark, 2004). Posiblemente esta visión es algo maniquea, ya que la gran fortuna de Abramovich es, en varios sentidos, producto de un golpe de suerte. La década de los noventa fue una locura en Rusia, una etapa caótica, y él sólo estuvo en el lugar y el momento indicados. Su extraordinaria riqueza es, de alguna forma, un accidente histórico, ya que, si él no hubiera aprovechado la oportunidad, alguien más lo habría hecho. Dicho lo anterior, podemos mencionar que Abramovich ha sido mucho más cuidadoso que otros oligarcas en la forma en la que maneja sus negocios, y también ha llegado a reconocer que la riqueza puede comprar una influencia enorme en la Rusia de Putin, pero hay líneas que sencillamente no se deben cruzar.

Mientras tanto hay muchas otras distracciones. Abramovich tiene mansiones y familia, y en 2009 presentó su nuevo yate que, por cierto es el más grande del mundo y tiene su propio submarino. A pesar de que ahora su perfil es mucho más elevado, el magnate continúa siendo enigmático y ocultando datos sobre sí. Efectivamente, si no fuera por el Chelsea, probablemente la gente no sabría gran cosa de él. Uno de sus dichos favoritos reza así: "Al dinero le gusta la tranquilidad." Al verlo tan protegido por sus filas de guardaespaldas, personal de relaciones públicas y abogados, podría decirse que a Roman Abramovich, también.

Referencias y otras lecturas

Buckley, Neil y Belton, Catherine, "Man in the news: Roman Abramovich", en *The Financial Times*, diciembre 7, 2007.
Conradi, Peter y Lewis, William, "The tsar of SW6", en *The Sunday Times*, julio 6, 2003.
The Daily Mail, "Tortured past of Britain's richest man", octubre 22, 2005.
Kennedy, Dominic, "Roman Abramovich admits paying out billions in political favours", *Times*, julio 5, 2008.
Kirby, Terry, "From Chukotka to Chelsea", julio 3, 2003.
Levy, Adrian y Scott-Clark, Cathy, "He won, Russia lost", en *The Guardian*, mayo 8, 2004.
Levy, Geoffrey, "Shadowy tsar of Stamford Bridge", en *The Daily Mail*, julio 3, 2003.
Lloyd, John, "The autumn of the oligarchs", en *The New York Times*, octubre 8, 2000.
Meek, James, "From Russia with £3.4bn", en *The Guardian*, julio 3, 2003.
O'Connor, Brian, "Russian revolution, the billionaire oil baron who has shaken up Britain's social elite", en *The Sunday Telegraph*, octubre 23, 2005.
Stewart, Will, "Roman and the KGB file that unearths tragic family secret", en *News of the World*, diciembre 20, 2009.
Sunday Business Post, "Roman's empire", mayo 2, 2010.
Vander Weyer, Martin, "The winner of Russia's free-for-all", en *The Sunday Telegraph*, octubre 31, 2004.

Capítulo Veintisiete
George Soros

¿Santo o pecador? ¿Filántropo o despiadado especulador? ¿Rostro inaceptable del capitalismo o activista de izquierda con un peculiar sesgo filosófico? ¿Forastero, como le gusta describirse, o perpetrador extremo? George Soros, el hombre que, a vista de todos, quebró al Bank of England en los noventa, es todas estas cosas y mucho más.

A lo largo de su carrera se ha ganado el odio de un buen número de políticos (particularmente de Norman Lamont y John Major, cuyas reputaciones dañó de manera irreparable) por atacar sus divisas. Soros fundó el Open Society Institute, una organización a la que apoya de manera muy generosa y que opera en todo el mundo. Según sus detractores, el instituto ha ocasionado que su fundador desarrolle un complejo de superioridad, que se sienta inmenso, casi divino. Hace poco prometió donar 100 millones de dólares a Human Rights Watch. Los representantes de la derecha de los Estados Unidos detestan a Soros porque a menudo funda organizaciones que parecen estar diseñadas para oponerse totalmente a lo que ellos quieren hacer, y en contraste, mucha gente del antiguo bloque socialista, le tiene mucho aprecio. Los académicos y los políticos por lo general se burlan de los ataques que realiza contra sus ámbitos, pero en ocasiones él está en lo correcto. Como inversionista ha tenido seguidores cuya devoción a veces parecería más apropiada para los fanáticos del pop. Y en el aspecto personal, con frecuencia se dice que es bastante carismático.

Soros nació en Budapest en 1930, en una familia de clase media alta. Su padre era abogado y tenía un fuerte interés en el esperanto. Su familia poseía una casa en una isla del Río Danubio, y disfrutaba de un estilo de vida envidiable, en una ciudad con un ambiente rico en los aspectos cultural e intelectual. A pesar de lo anterior, Soros ha dicho que su padre no creía que todo fuera como parecía. Fue prisionero de guerra en Rusia durante la Primera Guerra Mundial y esa experiencia le provocó una proclividad a la aprensión que, más adelante, se tornaría premonitoria.

Los nazis llegaron a Budapest en 1944. Soros comentó: "Mi padre estaba más que preparado y sabía bien qué hacer." La familia se separó y el padre del niño le pagó a un funcionario del Ministerio de agricultura para que lo alojara por algún tiempo. Soros describiría el suceso más adelante como "una aventura de alto nivel, como estar en *Los cazadores del arca perdida*". También comentó que la experiencia sembró las semillas que más adelante darían fruto a sus reflexiones filosóficas.

El plan del padre de Soros funcionó y, gracias a ello, la familia sobrevivió. Se cuenta que George tuvo un temprano escarceo en las finanzas durante el caos que le siguió a la guerra. Comerció con oro y joyería cuando la hiperinflación cobró fuerza.

En 1946 la Unión Soviética tomó gradualmente el control de Hungría y Soros desertó de su país mientras estaba en la parte occidente de Hungría, en una conferencia de Esperanto. En 1947 emigró a Inglaterra en donde trabajó como camarero en trenes y mesero mientras estudiaba en la Escuela de Economía de Londres (LSE, por sus siglas en inglés). Debido a la fuerte impresión que le causó, durante su estancia en la escuela se interesó mucho en el trabajo del filósofo Karl Popper. Soros se presentó con Popper, escribió varios ensayos para él, jugueteó con la idea de convertirse en académico, incluso escribió una tesis llamada "El peso de la conciencia". Luego se graduó, en 1952, pero sus intentos por dedicarse a la filosofía no llegaron a ningún lugar; las finanzas fueron lo que finalmente le atrajeron. Entró a trabajar al banco de inversión Singer & Friedlander, en el área de arbitraje y con un enfoque en el oro.

En 1956 emigró a los Estados Unidos. Consiguió un empleo en FM Mayer como cambista de arbitraje y analista. Su labor consistía en trabajar con valores europeos, los cuales se encontraban muy alejados del radar de gran parte de los valores norteamericanos. Stanely Druckenmiller, segundo al mando en el área de Soros, dijo en 1988: "Las cosas que George estaba haciendo a los 35 años, apenas se pusieron de moda aquí en esta década." El mismo Soros dijo: "Nadie sabía nada acerca (de los valores europeos a principios de los sesenta), por lo que yo podía imputarles cualquier ganancia a las compañías europeas que analizaba." La carrera del joven despegó; en 1959 se fue a trabajar a Wertheim & Co, y en 1961 adoptó la ciudadanía estadounidense. En 1963 empezó a trabajar en Arnhold and S. Bleichroeder, empresa líder en campo de los valores foráneos. Soros tenía el perfil adecuado, encajo muy bien y llegó a ser vicepresidente. Resulta interesante que en aquel tiempo siguió trabajando en la filosofía y enviando ensayos a la LSE para Popper.

En 1967 estableció un fondo de inversión en el exterior llamado First Eagle, y luego, en 1969, estableció el fondo de cobertura Double Eagle. Al siguiente año su carrera despegó de verdad cuando fundó su propio fondo de inversión llamado Quantum Fund. Lo hizo con Jim Rogers, otro famoso inversionista. En este punto Soros todavía quería ser filósofo y su idea era continuar siendo cambista para subsidiar esa otra actividad. El fondo resultó ser un gran éxito y colocó a Soros a la cabeza de los inversionistas globales. En 1981 la revista *International Investor* mencionó lo siguiente respecto al inversionista: "George Soros es al manejo de dinero lo mismo que (Bjorn) Borg es al tenis, Jack Nicklaus al golf y Fred Astaire al tap."

A pesar de todo lo anterior Soros no era conocido fuera de la comunidad financiera y la prensa de negocios, pero todo cambiaría una década después. En septiembre de 1992 hizo la mayor y más afortunada apuesta de su vida. Básicamente, apostó 10 mil millones de libras a que la libra caería frente al marco alemán. Su corazonada era que la divisa del Reino Unido entraría al mecanismo del tipo de cambio europeo (ERM, por sus siglas en inglés; el ERM era un sistema diseñado para reducir la volatilidad del tipo de cambio en Europa) a un nivel demasiado alto, y que su valuación constante a ese precio sería insostenible. Con esa idea en mente, usó Quantum y varios otros fondos, apostó en contra y cambió sus 10 mil millones de libras por marcos alemanes.

Norman Lamont y John Major, canciller y primer ministro del Reino Unido, respectivamente, dijeron que defenderían la libra a cualquier costo y que la divisa británica no saldría del ERM (Soros más adelante comentó que esas palabras carecían de convicción). Los funcionarios parecían no entender lo que "cualquier costo" significaba, pero lograron gastar 6 mil millones de libras para defender la divisa. Y no funcionó. El 16 de septiembre la libra fue expulsada del ERM y, efectivamente, se devaluó. Major y Lamont fueron humillados. Soros volvió a cambiar sus marcos alemanes a libras y se embolsó la friolera de mil millones de dólares. Muchos han dicho que, hasta cierto punto, cuando Soros empezó a decir que la libra estaba sobrevaluada, la aseveración se convirtió en profecía. Casi inmediatamente después de que se supo que Soros y otros cambistas estaban especulando con la libra, la divisa se desplomó. Las ganancias de Soros las cubrieron los ciudadanos del Reino Unido, a un promedio de cerca de 12 libras por persona.

Después de eso, a Soros comenzaron a seguirlo con mucha más vehemencia los adictos a las inversiones, pero él continuó acumulando dinero. Hacia el final tuvo que soportar un par de golpes bajos. En 1998 perdió 2 mil millones de dólares en la crisis financiera rusa. Curiosamente aquella era un área que se creía que el inversionista conocía bien. Soros pensó que los rusos habían logrado hacer exitosamente la transición de capitalismo gángster a un capitalismo más ordinario, pero no era así y, por lo tanto, salió perdiendo. Más adelante comentó que su propia fe en Rusia fue lo que lo engañó. Lo único que comenta ahora sobre el incidente, es: "No quiero hablar sobre Rusia porque no voy a invertir ahí."

Soros también tuvo muy mala sincronía con la caída de las empresas *dotcom*. Apostó que las acciones de tecnología se desplomarían pero movió su dinero un año antes de cuando debió hacerlo y perdió 700 millones de dólares. Luego volvió a las acciones que también se colapsaron en marzo del 2000. Sus pérdidas totales fueron de alrededor de 3 mil millones de dólares. En ese momento anunció que se retiraba de Quantum. A pesar de las dificultades, había logrado establecer un récord increíble. De haber invertido 1,000 dólares en el Fondo Quantum cuando comenzó en los setenta, para el año 2000 habrían valido 4 millones de dólares, equivalentes al incremento porcentual anual de las últimas tres décadas. Es un récord extraordinario.

Por supuesto, un hombre como Soros jamás se retiraría en silencio para ir a cuidar su jardín de rosas, y además, contaba con una segunda carrera para apoyarse (pero no, no era la filosofía). El inversionista comenzó su actividad filantrópica a principios de los setenta pero se interesó particularmente en Europa del Este y dio bastante dinero para promover la democracia en los países que alguna vez pertenecieron al bloque comunista. En total, Soros ha dado aproximadamente 6 mil millones de dólares a varias causas, y ahora, después de que Gates y Buffett hicieron entrega de sus espléndidos obsequios, Soros es el cuarto mayor filántropo de todos los tiempos (el tercero es Li Ka-Shing). Soros ha dicho: "No me gusta encontrar maneras en qué gastar grandes cantidades de dinero. Creo que es como una obligación que conlleva una gran pérdida de tiempo y, además, no me complace." El inversionista también se convirtió en un sólido oponente de la administración Bush y a menudo se le ha escuchado haciendo declaraciones como: "El presidente Bush pone nuestra salud en riesgo, ataca nuestros intereses vitales y está socavando los valores norteamericanos."

Lo anterior le hizo ganarse el odio de la Derecha norteamericana, y probablemente explica algunos de los peores rumores que corren acerca de él. Efectivamente, Soros fue tan estigmatizado por la Derecha y atacado por grupos como Fox News, que su apoyo a Obama pasó inadvertido. Soros explicó que Obama quería servir como unificador y él era una figura que tendía a dividir. Actualmente es difícil no verlo en las noticias haciendo alguno de sus típicos pronunciamentos condenatorios o donando fondos a causas progresistas. Soros ocupaba el número 35 de la lista de multimillionarios de *Forbes* (2010) con unos 14 mil millones de dólares asignados a su nombre. De hecho, a pesar de todo el escándalo que se ha hecho por los fundadores de fondos de cobertura que se han convertido en nuevos ricos en los últimos diez años, Soros continúa siendo el más rico entre ellos, y en 2009 añadió mil millones de dólares más a su fortuna.

Lo más extraño es que tal vez este inversionista termine recibiendo el reconocimiento intelectual que tanto anhela. Lleva algún tiempo siendo una especie de vaticinador de desgracias, pero su obra más reciente, *The New Paradigm for Financial Markets*, publicada en 2008, se convirtió en *best seller* y le valió una invitación para testificar frente al Congreso. Dicho lo anterior, la mayoría lo recordará como uno de los más grandes especuladores de todos los tiempos, y como un hombre que tuvo una tremenda intuición para los mercados. También se le recordará como filántropo y activista en varios rubros y, por supuesto, en el Reino Unido se le recordará como el hombre que mandó a la quiebra a un banco, suceso que él considera una tragedia. La filosofía, por cierto, seguramente seguirá siendo un terreno de exploración interesante.

Referencias y otras lecturas

Bates, Daniel, "Billionaire financier George Soros hands $100m gift to U. S. human rights group", en *The Daily Mail,* septiembre 8, 2010.
Clark, Neil, "The billionaire trader has become Eastern Europe's uncrowned king and the prophet of 'the open society'. But open to what?" en *New Statesman,* junio 2, 2003.
Deutschman, Alan, "George Soros", en *Salon,* marzo 27, 2001.
Ellis, Charles D., *Wall Street People,* vol. 2, Wiley, Hoboken, en Nueva Jersey, 2001.
Forbes, "The world's billionaires", marzo 10, 2010.
Freeland, Chrystia, "The credit crunch according to Soros", en *The Financial Times,* enero 30, 2009.
PBS, Bill Moyers journal, octubre 10, 2008.
Rieff, David, "The Soros touch", en *The Observer,* enero 16, 1994.
Slater, Robert, *Soros: The life, ideas, and impact of the world's most influential investor,* 2009.
Soros, George, *The New Paradigon for Financial Markets: The credit crisis of 2008 and what it means,* Public Affairs, US, Nueva York, 2008.
Steiner, Rupert, "Last mission of the man who broke the bank", en *The Sunday Times,* abril 15, 2001.
Steiner, Rupert, "Bill Gates is just a figurehead, I am actively engaged", en *Spectator,* julio 1, 2006.
Sylvester, Rachel y Thomson, Alice, "The man who broke the bank says that we're facing global meltdown", en *Times,* marzo 28, 2009.
Thompson, Susan, "Business big shot: George Soros", en *Times,* enero 22, 2008.
Tyler, Christian, "Private view: the man who broke the Bank of England", en *The Financial Times,* enero 2, 1993.

Capítulo Veintiocho
Akio Morita

Al final de la primera década que vio al iPod arrastrar a todo lo que existió antes que él, y hacerse tan popular que ahora es más natural decir iPod que reproductor de MP3, vale la pena recordar que algunos estuvimos aquí desde antes. En 1979 Sony lanzó el Walkman, que fue el primer reproductor portátil de *cassettes* del mundo puesto en venta para el mercado masivo. El Walkman fue una sensación y modificó la manera en que escuchamos la música. Al igual que el iPod, el Walkman dominó al mercado por completo y fue, en todos sentidos, el antecesor de la creación de Apple.

El Walkman también fue un indicador del poder masivo y global del gigante japonés de la electrónica, Sony. Desde los 80 y hasta la fecha, esta marca ha tenido como objetivo a la parte superior del mercado masivo. Por supuesto, en la actualidad es una de las mejores compañías fabricantes de enseres electrónicos, sin embargo, su mercado es ahora mucho más maduro y, además, hay muchos competidores que fabrican productos similares. Pero Sony fue mucho más en los 80. La compañía y su icónico cofundador, Akio Morita, también fueron símbolos del éxito del Japón de la postguerra, de su compromiso con la calidad y de la amenaza electrónica que aquel país supuso entonces para los Estados Unidos. Efectivamente, si sustituimos a Japón por China, y al Walkman por el iPod, entonces 1980 y 2010 no parecen estar tan alejados el uno del otro.

Además de que Morita personificó la economía japonesa de la postguerra para mucha gente fuera de Japón, también fue una especie de iconoclasta que le brindó al mundo la frase: "Al clavo que se asoma lo golpea el martillo." Muy a menudo Morita nadaba contra la corriente y desafiaba el pensamiento tradicional. También fue uno de los internacionalistas más vehementes de Japón. Por lo anterior, en sus buenos tiempos fue el hombre de negocios más conocido de su país, y tal vez, el único que la gente reconocía fuera del mismo.

Morita nació en 1921, en Nagoya, al centro de Japón. Sus padres eran adinerados y él fue heredero de una dinastía que fabricaba sake y cuyas líneas ancestrales se podían trazar hasta el siglo XVI. Como fue el primogénito se asumió que trabajaría para la empresa de la familia, pero la fortuna de sus padres se opuso. Siendo niño quedó fascinado con el fonógrafo importado que tenían en casa; uno de los primeros que llegaron a Japón. Morita comenzó a construir sus propios aparatos eléctricos, incluyendo un radio receptor y otro fonógrafo que él mismo diseñó. Esto lo llevó a estudiar física en la Universidad de Osaka, en lugar de economía como su padre quería. Durante la Segunda Guerra Mundial se enlistó en la marina y participó en un grupo de investigación cuya labor consistía en ser "pensadores originales y audaces". En su trabajo en el sector de armas conoció a Masaru Ibuka, un ingeniero 13 años mayor que él, quien se convertiría en el genio técnico de Sony. Ibuka también ayudó a Morita a convencer a su padre de que lo dejara hacer una carrera en la electrónica en lugar de fabricar sake.

En 1946, en un Tokio devastado por la guerra, Morita e Ibuka fundaron una compañía llamada Tokyo Tsushin Kogyo (Corporación de Ingeniería en Telecomunicaciones Tokio). La mayor parte de los 500 dólares que sirvieron como capital provinieron de la familia de Morita. Los jóvenes, de 25 y 38 años, abrieron un taller en una tienda departamental que fue dañada durante un bombardeo. Contrataron a 20 empleados y se fijaron la meta de ser un negocio en el que se celebraran y se estimularan la perfección técnica y la innovación. Los recursos eran muy limitados en el Japón de la postguerra por lo que el par de hombres tuvo que improvisar. En lugar de usar un plástico grueso, trabajaron con celofán como cinta, y el polvo magnético que sujetaba al componente de grabación se calentaba en una sartén. La grabadora salió a la venta en 1950 pero nadie se interesó en ella. No fue sino hasta que Morita les mostró a los estenógrafos de las cortes lo útil que podría ser, que comenzó a venderse. Morita ha dicho que eso le enseñó una valiosa lección acerca de cómo crear mercados para nuevos productos cuyos usos no siempre son evidentes.

El siguiente producto de la empresa fue el que le valió su nombre y su fortuna. El transistor fue desarrollado por Laboratorios Bell, en los Estados Unidos, y en 1952 Morita compró los derechos por 25,000 dólares para usarlo a pesar de la fuerte oposición del poderoso ministro japonés de Comercio internacional y de la industria (MITI, por sus siglas en inglés). Esa decisión fue tal vez la más importante de su vida porque las aplicaciones del transistor se consideraban entonces muy limitadas. En 1955 la compañía produjo el primer radio comercial de transistores. En 1957 produjo el primer radio de transistores de bolsillo, aunque tal vez llamarlo de bolsillo fue un poco exagerado. La empresa tuvo que darles a sus empleados camisas con bolsillos más grandes de lo normal para que los radios cupieran en ellos. Con el éxito del radio comenzaron las verdaderas innovaciones. En 1960 la compañía desarrolló el primer televisor de transistores, y en 1967, la televisión Trinitron a color. La tecnología de la televisión se desarrolló con el objetivo de no infringir las restrictivas patentes estadounidenses, y el resultado fue una imagen de mayor calidad que le brindó una gran ventaja. Durante décadas, la gente quiso tener Trinitrons.

La compañía en realidad no estaba innovando en términos de productos. En el Japón insular de la post guerra, la empresa de Morita tenía fija la mirada en el futuro. En 1958 se decidió cambiar el nombre de la compañía a pesar de que ya era bastante conocida en Japón. A los consumidores del país no les agradó el cambio pero Morita defendió la decisión y dijo que era necesario porque estaban interesados en otros mercados y necesitaban un nombre que no les costara trabajo a los extranjeros. Eligieron Sony (del latín *sonus*) porque era fácil de pronunciar y de recordar. En 1960 la compañía fundó Sony Corporation of America y, en un Japón todavía muy conservador, Morita se volvió un internacionalista. En 1961 Sony fue la primera compañía japonesa en ofrecer recibos depositarios de Estados Unidos, lo que le permitió captar capital fuera de Japón.

En 1963 Morita dio un paso más y se mudó a Nueva York con su familia un año para entender mejor la manera en que vivían y trabajaban los estadounidenses. En 1966 escribió un libro que intituló *Never Mind School Records* (*Que no te importen las calificaciones escolares*) con el que desafió las prácticas de empleo japonesas al decir que las compañías deberían enfocarse en las destrezas de los empleados y no en sus antecedentes escolares. El libro causó revuelo. A principios de los setenta Sony construyó una fábrica en los Estados Unidos y, tiempo después, también incluyó ejecutivos occidentales en su consejo directivo. El mismo Morita socializó con hombres de negocios de Estados Unidos y aprendió un excelente inglés, lo cual era muy raro en aquel entonces.

El récord de innovaciones de la compañía continuó a pesar de que cometió un fuerte error a finales de los setenta. Sony desarrolló algunas videograbadoras en 1965 pero no sacó al mercado la Betamax para uso en el hogar sino hasta 1975. No obstante se negó a conceder licencias para que otros usaran la tecnología. Eso condujo a un grupo de empresas japonesas a desarrollar la VHS, que, tiempo después atacó a la Betamax con fuerza hasta dejarla en el olvido a pesar de que era un sistema que muchos consideraban superior en el aspecto tecnológico. Pero Sony se recuperó. En 1979 desarrolló el que tal vez fue su producto más icónico: el Walkman. Una vez más, muchos dudaron de él pero Morita lo defendió a capa y espada. Sony produjo un estéreo que permitía al consumidor escaparse del mundo sin importar en dónde se encontrara, y que resultó muy adecuado para una década de egoísmo. Se vendieron 230 millones de estos aparatos.

A finales de los 80 Sony tenía fábricas en todo el mundo. En los primeros años de la década desarrolló el CD en conjunto con Philips, producto que, para los noventa logró firmar el acta de defunción de los LP. El uso del CD después se extendió hasta convertirse en un medio grabable para las computadoras. Sony lanzó la primera videocámara casera. A finales de la década cometió lo que muchos consideraron un gran error al adquirir Columbia y Tri-Star Pictures (la noción general es que pagó demasiado por ellas). Sin embargo se convirtió en una de las disqueras más grandes del mundo. Las innovaciones no dejaron de aparecer: formó parte del consorcio del DVD, inventó el MiniDisc (que tuvo un éxito rotundo en Asia pero nunca fue totalmente bien recibido en Occidente), y lanzó el primer PlayStation. Por muchas razones Sony fue, durante la mayor parte de los noventa, la marca más conocida de los Estados Unidos.

Por desgracia los noventa también fueron el fin del camino para Morita. A sus sesenta y tantos, y con un legado asombroso tras de sí, por fin fue aceptado por los dirigentes de la industria japonesa tradicional con quienes siempre tuvo una relación difícil. Morita estaba a punto de ocupar el puesto de presidente de Keidanren, la organización de negocios más influyentes de Japón, pero en 1993, en un juego de tenis, sufrió una hemorragia cerebral. En 1994, cuando Sony anunció su fracaso en Hollywood, Morita renunció a su cargo. A pesar de la rehabilitación su salud empeoró, y en 1999 murió de neumonía a la edad de 78 años en un hospital de Tokio. Poco después de su muerte la revista *Time* lo incluyó en su lista de los genios de negocios más influyentes del siglo XX. Nobuyuki Idei, anterior presidente de la compañía, dijo: "No es una exageración decir que fue el rostro de Japón."

Tal vez ese fue el aspecto más contradictorio de Morita. Muchos en Japón siempre creyeron que viviría más feliz en Occidente que en su país por el sencillo hecho de que tenía un espíritu forastero. En un país en el que hasta la fecha la ostentación es mal vista, Morita tuvo un jet corporativo y un helicóptero, fue un ávido practicante de deportes, se reunió con celebridades y apareció en un anuncio de American Express. También fue lo suficientemente temerario para criticar la cultura de negocios de Japón y decir que era demasiado insular. Incluso exhortó a su país a abrir su mercado del arroz.

Resulta interesante que su hijo haya dicho que todo era una fachada, y que otros hayan sugerido que se sentía sumamente incómodo con ser el rostro de Japón para el mundo. Se ha llegado a decir que esta "actitud" es producto de los efectos sicológicos y del complejo de inferioridad que toda una generación de japoneses sufrió por haber perdido la Segunda Guerra Mundial. Sea cual sea el caso, a los extranjeros les agradó: compraron muchos productos de Sony para convertirla en una empresa global, y las actividades internacionales de Morita le dieron reconocimiento en Occidente. Recibió la Medalla Albert de la Real Sociedad de las Artes en el Reino Unido, La Legión de Honor de Francia, y muchos otros reconocimientos de otros países.

Referencias y otras lecturas

The Economist, "Guru: Akio Morita", noviembre 16, 2008.
The Financial Times, Obituario, octubre 4, 1999.
The Guardian, "Akio Morita — the man who gave the world the Sony Walkman", octubre 5, 2009.
Nahan, John, "Asian millennium — Akio Morita 1921-1999", en *Far Eastern Economic Review*, noviembre 25, 1999.
New Straits Times, "Akio Morita", septiembre 10, 2000.
Pollack, Andrew, "Obituary", *The New York Times*, octubre 4, 1999.
Purcell, William, "Sony founder led electronic revolution", en *The Australian*, octubre 5, 1999.
Sony, Sitio de Internet, Biografía, Historia, www.sony.com
Times, Obituario, octubre 4, 1999.
Tsuruoka, Doug, "Akio Morita made Sony shine", en *Investor's Business Daily*, septiembre 23, 2009.

Fuentes generales

BBC
Businessweek
Economist
Financial Times
Forbes
Fortune (especialmente la lista de los más ricos y la de multimillonarios)
Guardian
New York Times
Observer
Sunday Telegraph
Sunday Times
Telegraph
Time
Times
Wall Street Journal
Wikipedia

Este libro se terminó de imprimir en junio de 2012
en Quad/Graphics Querétaro, S. A. de C. V.,
Fracc. Agro Industrial La Cruz El Marqués
Querétaro, México.